TAKASHI OGURA

*I*nternational
*N*egotiation

小倉　隆

国際交渉・調停論

and

*M*ediation

商事法務

はしがき

　企業マンとしての36年間、様々な国際契約交渉や紛争解決に関与してきた。国際契約交渉は概ね妥協が成立して契約書が締結されるのを確認したが、国境を越えた企業同士の国際商事紛争解決は容易ではなかった。

　もっと準備したいと思っても、その時間がなく、見切り発車することが多かった。

　いつも準備不足のまま、海外出張のフライト出発の時間を迎えていた感があった。

　ある時、お世話になっていた国際弁護士に「私の仕事は航空自衛隊員に似ているかもしれません」と話したら、「小倉さんのお仕事は、むしろ、国際的なファイヤーマン、つまり国際消防隊員と表現した方が適切かもしれませんね」というコメントをいただいた。

　海外の現地に行ってから、もっと日本国内に資料があったのではないか、とか、大学の先生方はこの分野について調査・研究していないのか、といったボヤキが出ることが多かった。一方、出張先のある都市の会社宿舎で、本棚に置いてあった数十冊の書籍全て、出張中の数日間をかけて読み漁ったこともあった。初めて行く国々で、紛争解決の糸口をどのように見出すか、いつも喉が渇いているような感覚であった。

　確かに、プロフェッショナルである国際弁護士は、国際仲裁手続を熟知している。また、当該国の優秀な弁護士は、その国の訴訟手続に詳しく、英語で丁寧に解説をしてくれる。

　また、法務パーソンとして一定の経験を積んでからは、社内にて関係各位にヒアリングを行い、書類やemailを集めて事実関係をまとめることは、それほど難しいことではなかった。

　しかし、いくら事実関係をしっかり調べて、優秀な弁護士チームに法的にバックアップしてもらっていても、相手方当事者の国の歴史や、文化・宗教といった深いところを知らなければ、相手方の真意（Interest）の把握、すなわち交渉のツボを見つけることはできない。

　セオリーとしては、国際紛争を解決する手段として、交渉、仲裁、訴訟、調停がある。

　2007年以来、カリフォルニア州駐在員として私が深く関与した調停は、コストが高い米国での訴訟や仲裁を終結させるのに大きな効果があることがわかった。本書の第Ⅲ章以降の部分はその時以来の経験に触発されて、研究を行った成果である。

　私は、2017年に、日本において初めて行われたCEDRの公式Training（於神戸大学）に参加し、同年、調停人（Mediator）としての資格を得た（CEDR Accredited Mediator）。

　2019年3月に大成建設株式会社を円満退社し、同年4月から、同志社大学法学部および法学研究科において、国際ADRを教える立場となった。資料を整理して授業に臨み、優秀な学生諸君と対話する中で、様々な示唆を受けた。特に、法学部以外の学部の1年生からは、ハッとさせられる根本的な質問をいただくこともあり、学際的な研究の必要を痛感させられることがしばしばあった。

　2020年度の入学生は、コロナ禍によって入学式もなく（1年遅れで2021年4月に挙行されたが）、2020年の秋まで今出川キャンパスに入ることができなかった。しかし、バーチャル・ネット授業を通じて、彼等からは、学びに対するハングリーな叫びを聞いた。そして、2020年秋に再開された対面授業で、初めてリアルに彼等と教室で向き合い、大いにエネルギーをもらうことができた。特に、教室における交渉や調停のロール・プレイとその事後的評価のプロセスや質疑応答のフィードバックから、大学教員としての私に、あらたな気づきがもたらされた。

　2021年の秋学期には、新たな問題意識を持った学生の皆さんと教室で出会うことができた。

　また、授業以外でも、一貫してアカデミックな研究をされている同志社大学法学部の先生方や、様々なバックグラウンドをもって大学・大学院に採用された法学部以外の先生方、そして、国際商取引学会に所属しておられる諸大学の先生方からは、私が会社員時代には知らなかった知見や御示唆をいただき、大いに勉強になった。

　私の研究は、まだ序盤の域を出ないかもしれない。その意味では、本書は、私が会社員時代にしばしば行った「中間報告」の段階にあるのかもしれない。

　当事者以外の中立なプロフェッショナルが登場し、当事者間の和解を導く「国

際調停」(International Mediation) が、近時、注目を集めている。しかし、日本企業は、幸か不幸か、国際仲裁を多く経験した企業が少ないし、その先にある国際調停を経験した企業はもっと少ないのが実情である。このような国際調停をもっと深く知ることができれば、たとえ国際調停人に依頼をしなくても、当事者同士による交渉によって、最も効果的に複雑な商事紛争を低コストで解決できるのではないであろうか。本書はそのような問題意識によって、生み出されることになったのだが、理論的に明快な回答を出すまでには至っていない。

　しかしながら、本書に書かれた具体例や考え方を通じて、日本企業の実務家、研究者、関係各位のお役に立てれば幸いであると考えている。

　本書を出版するに際しては、同志社法学会から出版助成費を受けた。茲に感謝を申し上げる。

　最後に、構想段階から相談にのっていただいた公益社団法人商事法務研究会の大久保文雄さん、新井桂さん、株式会社商事法務の吉野祥子さん、そして支えてくれた家族、特に、妻・小倉美奈子に深く感謝を申し上げる次第である。

2022 年 1 月

北東の方角に比叡山を望む京都市にて

小倉　　隆

目　次

第 I 章　イントロダクション～なぜ、今、交渉と調停か

第II章　国際交渉～準備、開始、終結

第Ⅰ章

イントロダクション
〜なぜ、今、交渉と調停か

1　国際交渉について

　昨今、企業関係者の間で、国際交渉への関心がたいへん高まっている。

　その背景にあるのは、日本企業の新規海外進出意欲が衰えないことであろう。なかでも米国に「新たに進出したい」とする企業の割合が増加していることが、ジェトロの2020年度アンケート調査の分析において明らかにされている[1]。

　一企業の命運を左右するような大きな国際交渉ともなれば、その企業のトップが交渉の総司令官となり、交渉の状況によっては、最前線に立つ局面もあり得る。そのような場合、法務部門は、あらゆる知見を活かし、全力で経営トップを支えなければならないであろう。しかしながら、企業は人なり、である。武田信玄の「人は石垣、人は城」という言が伝わっているが、法務人財の発掘および育成はそう簡単なことではない。

　企業法務実務担当者の情報交換の場である経営法友会においては、国際法務人財の育成が必要であるとの問題意識から、中堅法務パーソンを対象とした国際交渉ワークショップが行われていた。このワークショップの言語は英語であり、講師は、米国人弁護士、ロンドンや東京で活躍する日本人の国際弁護士、ベテランの企業法務マンなど多彩かつ強力な顔ぶれであった。

　一方、より若い世代は、シニアや中堅世代と比べると、国際交渉力への潜在的な対応力がより高いと思われる。

　若手の交渉イベントの代表的なものとしては、毎年、上智大学で行われているIntercollegiate Negotiation Competition（INC）が挙げられよう[2]。2020年に第19回が行われたこの大学対抗交渉コンペティションは、英語部門と日本語部門から成る。英語部門では、例年、やはり英語圏の大学が強いようであるが、日本の各大学の学生達も果敢にチャレンジしている。日本の大学が総合優勝をした実績はあるようだが、そのうち、日本の大学チームが英語部門で優勝する日が来るのかもしれない。一方、日本語部門へは、モンゴル等、外国の大学がチャレンジしているのが目を引く。

　ちなみに、国際交渉ではなく、国際商事仲裁の分野では、毎年、模擬仲裁の世

---

1) https://www.jetro.go.jp/news/releases/2021/3ae53c9f535e9263.html, last visited as of 31 May 2021

2) http://www.negocom.jp/comp/result.php?tno=19, last visited as of 31 May 2021

界大会が行われており、その代表格は、いわゆる Vis Moot[3] であろう。世界中の大学チームがオーストリアのウィーンに集まって模擬仲裁弁論が行われている。2021 年はコロナ禍の影響があり、オンラインで第 28 回大会が行われた。この世界大会に対応するための準備として、神戸大学、早稲田大学、同志社大学の 3 校が協議し、日本大会を立ち上げてから早や 14 年、2021 年 2 月には第 14 回 Vis Moot Japan 大会が行われた。また、アジアの法律家の団体 LAWASIA も、毎年、学生の模擬仲裁試合を開催している。2017 年 9 月の LAWASIA 東京大会では、ホテル・ニューオータニにおいて模擬仲裁の決勝戦が行われた[4]。この決勝戦は、University Teknologi Mara（UiTM）of Malaysia と Singapore Management University of Singapore との対戦であったと記憶している[5]。

　さらに、国際投資仲裁の学生向け模擬仲裁大会もある。FDI Moot という世界大会は、ICSID[6]（投資紛争解決国際センター）での仲裁を模した大会である。投資仲裁とは、投資家と投資対象国との紛争解決のための仲裁であり、その活用は世界で普及し、日本企業による利用機会も拡大している[7]。商事仲裁の当事者は、中小企業から巨大国営企業まで幅が広いが、投資仲裁の一方当事者は、必ずどこかの国である。「国」を相手にする紛争は平均的に、商事紛争よりも大規模であるといわれている。たとえば、イタリア企業がパナマを相手に提訴した投資仲裁[8] は、パナマ運河拡張工事に係る追加費用の紛争である。この紛争額は、"32 億 7700 万〜56 億 7300 万ドル" といわれる[9]。少なくとも 3000 億円以上である。もともとマイアミ市（米国フロリダ州）で行われている ICC 仲裁での紛争解決が困難とみたイタリア企業が投資仲裁に踏み切ったことで、この建設紛争は、パナマ共和国を巻き込む紛争に格上げされてしまったものと推察される。

3）Willem C. Vis International Commercial Arbitration Moot, can be accessed through：https://vismoot.pace.edu, last visited as of 31 May 2021

4）*LAWASIA "The 12th LAWASIA International Moot Competition 2017"* p.48

5）https://www.lawasiamoot.org/internationalrounds2017-aspx, last visited as of 31 May 2021

6）International Centre for Settlement of Investment Disputes, can be accessed through：https://icsid.worldbank.org

7）https://www.jetro.go.jp/biz/areareports/2020/2c7c30fd310221a2.html, last visited as of 31 May 2021

8）ICSID Case No. ARB/20/10, https://icsid.worldbank.org/cases/case-database/case-detail?CaseNo=ARB/20/10, last visited as of 27 April 2021

9）Irene Nuviala Lapieza *"The Expansion of the Panama Canal and its Ruling International Contract: A Mega Project Sailing in Troubled Waters?"*(2017), [33]Revista Electronica de Estudios Internacionales, visited through www.reei.org, p.36

　昔話で恐縮であるが、筆者がインドネシアのジャカルタに駐在していた 1990 年代に、海外に駐在している日本人の海外留学生・駐在員とその家族は 70 万人程度であったと思う。外務省の統計によれば、2020 年 10 月 1 日現在、その数は 135 万人を超える規模であり、そのうち約 50 万人は北米に居住している[10]。上述した INC や模擬仲裁日本大会の英語の部では、米国の現地校や欧州・アジアのインターナショナル・スクール等において英語で学んだ帰国子女が活躍している姿が目立ち、存在感が大きい。彼等の英語でのスピーキング能力・表現力は、総じて日本で学んだ学生よりも高いレベルにあるように思われる。筆者の尊敬している先輩は、かつて父親の仕事の関係で、小中学生時代をカリフォルニア州で過ごしてから帰国したが「当時は『帰国子女』という名称すらなかった」と語っていた。時代は変わるものである。

　従来、日本人は英語が苦手で、国際的な場に出ていくと発言できないという、伝統的な先入観に基づくと思われる悲観的な意見もあった。しかしながら、筆者の周りにいる国際系の科目を履修している若者達の中には、英語での堂々たる情報発信に躊躇しない者が多くなってきている。「この若者は日本人ではないな」と思っていたら日本人であった、ということも時々ある。現代人は、国籍の相違よりもジェネレーション・ギャップの方が大きいように感じる。ボーダーレス化した現代の若い世代は、国際交渉への対応力は高い人財が多いのではないか、と期待している。

　2020 年度、筆者は、同志社大学において「交渉・調停論」という講座を開講させていただいた。思い返せば、1989 年、米国ワシントン DC において、ジョージ・ワシントン大学（GWU）のロースクール比較法修士の学位を取るために、最後に選んだ科目が "Negotiation" であった。"Negotiation is everywhere！" というフレーズを授業中に何回も聞いたので、今でも記憶に残っている。授業の中で、交渉のロール・プレイがなされたことが印象深かった。課題は、「米国対パナマ」の運河施設権の争奪であった。学生数人ずつがチームを組み、極秘に入念に準備をしていた。交渉ロール・プレイの当日、両チームは各々の国旗を持って現れた。

　パナマ・チームの男女の中にはキューバのフィデル・カストロを想起させる戦闘服を着ている者もいた。彼等は、大きな声で国益を追求し、机を叩いて模擬交渉をしていた。一触即発で戦闘状態が勃発しそうな迫力を感じたものである。

10）https://www.mofa.go.jp/mofaj/toko/tokei/hojin/index.html, last visited as of 6 November 2021

小学生から教室で Debate をやっており、ホワイトハウスに程近い GWU ロースクールに進学した米国の学生達らしい、迫力のある模擬交渉であった。この交渉ロール・プレイの約 4 カ月後の 1989 年 12 月、米軍はパナマに侵攻してノリエガ将軍を軍事的に屈服させた。パナマについては、**第Ⅳ章**で述べる。

　当時の米国での交渉論は、国家間の紛争を念頭においたパワープレイが主流であったように思われる。とにかく、強い者が勝つのだ、弱みはもちろんのこと妥協的な態度を相手方に見せてはならない、弱い犬は叩かれてしまう、というのが基本的考え方であった。優れた交渉者イコール「タフ・ネゴシエーター」であった。翻って我が国の過去に想いを馳せれば、日本史に登場する人物の中では、織田信長がこのようなスタイルだったかもしれない。

　1990 年代になり、米国での交渉論の流れが変わった。いわゆるハーバード流交渉術 11) が注目される時代となった。その後に出版された諸々の書籍の中で、このハーバード流交渉術が非常に多く引用されていることから、基本的に現在までこの交渉術の影響は続いていると思われる。

　以下、本書の前半では、上記の諸点を踏まえつつ、具体的事例を念頭において、国際交渉の準備から終結までの各段階を検討し、論ずることとする。

11) R. フィッシャー＝ W. ユーリー著、岩瀬大輔訳『ハーバード流交渉術──必ず「望む結果」を引き出せる！』（三笠書房、2011）、原書は "Getting to Yes"（2010）。

② 国際商事紛争の解決手段

　国境を越えた企業同士の国際商事紛争解決は容易ではないことは、国際取引をご経験された方々が日々、肌で感じられていることであろう。

　正当で健全なビジネスを進めている日本企業が、望んでいるはずもないのに紛争に巻き込まれる。紛争解決のプロフェッショナルである国際弁護士を探し、どうすればよいか相談するが、出口をクリアに見通すことができない。弁護士からビジネスサイドに突き付けられる諸々の質問に即答することもできない。調べなければならない事実関係、そして、理解しなければならない法律論が多くあり、日本企業およびその担当者にとっての負担はたいへん重い。

　このように大変深刻かつ面倒な国際紛争を解決する選択肢としては、裁判、仲裁、調停、および交渉が考えられる。

　では、実際のところ、日本企業はどのような点を考慮し、比較検討したうえで、国際紛争解決手続を選択すればよいのであろうか。以下、各々の選択肢についてみていくこととする。

（1） 裁判について

① 日本での裁判

　「紛争解決」と聞いた場合、多くの日本企業がまず意識するのは「裁判」であろう。

　確かに、日本国内の取引から生ずる紛争については、最終的には日本の裁判所で解決されるとするのが、日本企業のスタンダードとなっている。我が国の裁判官は、難関である司法試験を突破して養成された成績優秀な法律の専門家なのであるから、基本的に、予測可能性のある常識的な判断を下してくれるであろう、という期待が日本企業にはある。一時は、日本の裁判手続はあまりに遅いと批判された時期もあったが、最近においては、司法改革によって審理のスピードが早くなった我が国の裁判所に対する日本企業の信頼は総じて厚いといえる。

　日本国内の紛争であれば、東京に本社がある会社の場合、「最終的には東京地方裁判所における裁判において解決するものとする」という規定がスタンダード・クローズである。大阪本社であれば「大阪地方裁判所における裁判において解決するものとする」となっている。

　しかし、ひとたび外国企業と日本企業との紛争解決となれば、日本の裁判所が利用されることは多くはない。外国企業にとってみれば、日本語という特殊な言語で手続が行われる日本の裁判は、負担が大きく避けたいところである。外国企業は、日本国弁護士を雇用し、国際取引の事実上のスタンダードである英文契約書を日本語に翻訳しなければならない。日本の弁護士のフィーは英米に比べれば割安感のあるレベルであるが、契約書類等の証拠を日本語へ翻訳する際にかかる時間と費用は膨大である。

　また、国際取引において日本企業が日本の裁判所の専属管轄を定めた場合、勝訴しても海外の財産に対して執行できないという「悲劇」があり得る。外国の裁判所が日本の裁判所の判決を執行してくれなければ、苦労して得た勝訴判決は、ただの紙切れになりかねない[1]。

② 外国での裁判

　では、外国の裁判所で解決するという方策はいかがであろうか。

　今度は、日本企業にとっての負担が重い。一口に「外国」といっても様々な国がある。たとえば、日本企業の取引相手がイタリア企業であった場合「最終的な紛争解決手段をイタリアの裁判所にしましょう」と提案すれば、彼等は喜んで受け入れるであろう。しかし、後日、取引からトラブルが発生してイタリアでの裁判となった場合どうなるのか。まず、イタリア弁護士を起用しなければなるまい。そして、英語で作成されていた契約書類をイタリア語に翻訳し、日本からイタリアの裁判所に証人として誰かが出頭しなければならなくなる。イタリア語ができる通訳も必要である。このような事態は、日本企業にとって悪夢である。

　相手企業が米国企業ならどうか。米国での裁判ならもちろん英語である。契約書が英語であれば、紛争が生じた場合、米国において英語で裁判をしてもらえばよいのではないか。米国弁護士は 132 万 7910 人（2021 年）もいるのであるから[2]、おそらく信頼できる弁護士[3] を見つけることができるであろう。裁判官のレベルも高い。なるほど、訴訟社会の米国であればそうであろう。

---

1) 関戸麦「裁判と仲裁――国際商取引について、裁判と仲裁はどっちが有利なのか」NBL 1192 号（2021）p.68

2) https://www.abajournal.org/about_the_aba/profession_statistics/, last visited as of 6 November 2021

3) 米国弁護士（Lawyer）には、弁理士（Patent Lawyer）、税理士（Tax Lawyer）等も含まれるので、日本国の弁護士との数値比較の際は注意を要する。

　しかし、訴訟「先進国」といえる米国においては、日本での裁判所における「常識」は通用しない。

　まず、訴訟法に注意しなければならない。米国連邦裁判所においても、また、各州の裁判所においても、米国訴訟は、証拠開示（Discovery）から始まり、陪審員の審理（Jury Trial）および評決（Verdict）を経て判決（Judgment）が下る。証拠開示手続では、まず、関係ある書類やe-mailをお互いに全て提出しなければならない（Production of Documents）。関係ある書類やe-mailを廃棄したりすると裁判所に制裁を科される。そこで、関係ある書類やe-mailを整理するためにAIを使う専門業者に頼むとコストがかかる。そして、次に、悪名高き証言録取（Deposition、以下「デポ」）が待っている。

　このデポという手続は、陪審員の前に立つ証人として喚問する価値があるかどうかを、相手方弁護士が精査し、コートレポーターが記録する、日本法にはない手続である。朝から夕方まで、微に入り細に入り、「どこで英語を勉強したか？」とか、「どういう学歴や資格を持っているか？」という、いわば序盤戦から始まり、「どういう意図で契約書を作成したか？」とか、「違法行為をしたと認識したのではないか？」という争点の核心部分に至るまで、根掘り葉掘り訊かれる。日本人にとっては、拷問とはいかないまでも、警察や検察官の尋問に近いものと感じるかもしれない。この証言録取の手続には、米国人も疲弊し、辟易するのが通常である。もっとも、米国人の中には「今まで受けたデポは100回以上だ」などと証言し、デポが日常茶飯事であるかの如き強者もいる。

　以上のような手続においては、日本人が証言録取を受ける場合は、優秀な米国弁護士および通訳に脇を固めてもらうのがセオリーになっている。相手方弁護士のたたみかけるような質問の嵐に対抗するためである。もちろん、このような優秀なディフェンス・ロイヤーおよび、高いレベルの日本語をマスターしている通訳の費用は大変高価である。

　他方、開発途上国の裁判所はいかがであろうか。

　Transparency Internationalは、国ごとの腐敗認識指数ランキングを公表している。2021年2月の時点で、日本は19位、インドネシアは102位である[4]。数年前「ジャカルタ地方裁判所において、当事者から賄賂をもらわないクリーンな裁判官は少数派である」旨、東南アジアに駐在する日本人の弁護士から伺った。果たしてこのような状況に変化があったのであろうか。

---

4) https://www.transparency.org/en/news/cpi-2020-global-highlights/, last visited as of 6 November 2021

　そのような裁判官が当事者から賄賂を受け取るプラクティスは、インドネシアに特有の状況ではあるまい。そもそも、司法制度は国により、発展状況が大きく異なっている。

　その国の裁判官や弁護士はどのように育成されているのか？　ベトナムは日本の法制度整備支援を受けて1990年代に司法試験制度を整備した[5]。ラオスでは2020年、国際協力機構（JICA）が起草を支援してきた民法典が施行された[6]。

　ちなみに、上述した腐敗認識指数ランキングであるが、ベトナムは104位、ラオスは134位である[7]。このような国々において裁判の当事者となることを、日本企業は基本的に避けなければならない。

　上記のような「訴訟先進国」である米国と、腐敗度が高い開発途上国は、両極端な想定であるかもしれない。

　そうであるとするならば、両極端でない第3国の裁判所で紛争解決するという方策は採用し得るだろうか？

　まず、日本の司法制度に近い、ドイツ、フランス等、大陸法系の国の裁判所はいかがだろうか？

　この場合、日本企業にとっては、先に挙げたイタリアの例と同様の問題がある。すなわち、言語の壁である。ドイツではドイツ語、フランスではフランス語が基本的な裁判言語である。もっとも、両国では、最近の司法改革によって、英語による商事裁判への道が開かれてきている[8]。

　英語で裁判を行うことを是とするならば、英国やシンガポールの裁判所がある。両国は英米法系であるが、米国流の証拠開示手続や陪審員制度はない。英国は1895年以来の Commercial Court の伝統・蓄積がある[9]。シンガポールは2013年に Singapore International Commercial Court（SICC）を設立して諸外国から裁

5）2018年3月に入手したパンフレット、独立行政法人国際協力機構（JICA）「JICAの法整備支援事業——すべての国に、『法』という礎を。」、および、「JICA's World」April 2011 No.31, pp. 08-12参照。

6）https://www.jica.go.jp/laos/office/information/event/20200527.html, last visited as of 6 November 2021

7）前掲注4）

8）フランス、ドイツ、オランダの裁判所には英語での審問が可能な商事専門の裁判所が設立されたようである。小倉隆「企業から見た、国際化時代の日本法」法律のひろば71巻8号（2018）p.36注14。

9）https://www.judiciary.uk/you-and-the-judiciary/going-to-court/high-court/queens-bench-division/courts-of-the-queens-bench-division/commercial-court/about-us/, last visited as of 20 May 2021

判官を招聘している[10]。日本企業および相手方の外国企業にとって、かかる裁判所は紛争解決の選択肢にはなり得るであろう。しかし、これらの国での裁判を遂行するには、その訴訟制度を熟知している必要があり、優れた訴訟代理人を確保できる目処が立っていなければならない。

　以上、概観したように、米国における裁判の諸問題、開発途上国における裁判の腐敗、言語の障壁、裁判制度および手続を熟知する必要性に鑑みれば、国際取引に関する紛争を解決するための手段としての裁判には問題が多い。もっとも、新たに国際的かつ中立・公平な裁判所を設立するということであれば、それはまた別論である[11]。

(2)　仲裁について

　上述したように、「裁判」という制度は、国際取引に関する紛争解決手段としては問題点が多い。そのため、仲裁（Arbitration）は、国際商取引における紛争解決手段として、多くの場合、最も合理的な手段となっている[12]。そのため、日本企業と外国企業は、取引をする場合、紛争解決手段として仲裁を選択し、これを契約書の最後の方にある Dispute Resolution Clause に規定するのが、前世紀から現代に至るまでのスタンダードとなっている。

　例えば、1913 年に設立された国際コンサルタント・エンジニア連盟（いわゆる FIDIC[13]）の発行した国際建設工事契約約款では、1977 年の第 3 版以降、ICC Arbitration が紛争解決のスタンダードとされてきた。

　この間、1928 年のジュネーブ条約を進化させたニューヨーク条約が締結されたのは、1958 年であった。以来、私的な裁判ともいえる仲裁に執行力を付与したニューヨーク条約が、国際商事紛争解決の要であることについて異論は聞かれない。

　ところが、国際仲裁も最近「訴訟化」が進んでおり、時間とコストがかかり過ぎる、というのが世界のユーザーの声である[14]。国際仲裁をいかに改革してい

10）https://www.sicc.gov.sg/about-the-sicc/establishment-of-the-sicc, last visited as of 20 May 2021

11）EU は、カナダおよびベトナムと、投資裁判所を新たに設立して国際間の投資紛争を解決する合意を行い、日本に対しても同様の紛争解決手続を迫ってきている。これは、後述する国際仲裁への疑問・批判に基づくものであろうが、新たな国際紛争解決組織を立ち上げることはグランド・デザインから運営費用に至るまで多くの課題があり、簡単なことではない。

12）関戸・前掲注 1）p.69

13）Fédération Internationale des Ingénieurs - Conseils

くべきであろうか？

　上記の問題に関し、筆者は、2017年に企業法務の立場から考察し発表を行った[15]。

　国際仲裁のコストの約8割を占める弁護士コストの縮減が焦点となるが、この課題を克服するためには、専門家である外部弁護士と十分な意思疎通を図ることが必要である。したがって、企業法務の側の一層のレベルアップが必要となる、というのが当時、筆者がたどり着いた結論であった。

　近年、世界中の仲裁機関および仲裁関係者が仲裁コストの削減に向けて知恵を絞り、努力を続けてきている。しかしながら、パナマ運河拡張工事の追加費用にかかるICC仲裁の例からみても明らかなように、仲裁コストの削減は容易ではない。抜本的な国際仲裁改革の方策は見いだせていないのが現状であろう。

　1つの解決の方向としては、プラハ・ルールやJCAAの新仲裁ルールのような、仲裁手続の簡素化がある。これらが成功することによってJCAAの認知度および存在感が高まってくれば、日本により多くの国際仲裁を呼び込むことはできるであろう。

(3)　調停（Mediation）について

　上記(1)において「裁判」、そして(2)において裁判に替わる紛争解決制度、すなわちADR（Alternative Dispute Resolution）の代表格ともいえる「仲裁」の問題点を各々概観した。

　国際商事紛争の解決方法として、現在主流をなしているのは国際仲裁であるが、その手続の複雑化、それにともなう長期化・高額化への対応として、国際商事調停の利用が増加している[16]。

　そもそも、当事者同士の「交渉」によって、紛争を解決することができれば、「裁判」か「仲裁」かという選択で悩む必要すらない。ところが「交渉」は最もコストがかからないが、成功させることは容易ではない。

---

14)　*"2021 International Arbitration Survey: Adapting arbitration to a changing world"* Queen Mary University of London, White & Case, pp.12-14, www.arbitration.qmul.ac.uk/research/2021-international-arbitration-survey/, last visited as of 20 May 2021

15)　小倉隆「日本企業が国際仲裁を利用するにあたり克服すべき課題に関する一考察──企業法務の視点から」JCAジャーナル64巻9号（2017）p.12

16)　山田文「ADR和解への執行力付与に関する総論的検討──UNCITRAL国際商事調停和解の執行に関する審議からの示唆」加藤哲夫ほか編『上野泰男先生古稀祝賀論文集・現代民事手続の法理』（弘文堂、2017）p.723

　そこで、当事者以外の中立なプロフェッショナルが登場し、スムーズに当事者を和解へと導くシステムが発達し、近時、たいへん注目を集めている。これが「調停」（Mediation）である。

　日本国内では、聖徳太子が604年に裁定したとされる十七条の憲法第一条にある「和を以て貴しとなす」以来、伝統的に「調停」を尊重する歴史的な文化がある。一言でいえば、日本の民事紛争解決の歴史は調停の歴史であるともいえるであろう[17]。

　International Mediation は、日本語に直訳すると「国際調停」となりそうであるが、この日本語訳で本当によいのであろうか？　国内調停と International Mediation とでは、内容、特にプロセスや技法が大きく異なるのではないか？　日本における調停は、Mediation ではなくて、Conciliation ではないのか？　そのような疑問が実務家・研究者から呈されている。

　以上に鑑みれば、日本国内の伝統的な「調停」と峻別するために、国際的要素がある「調停」は「メディエーション」または「ミディエーション」と書き分けた方がよいかもしれない。しかし、上述した、「裁判」および「仲裁」と対比する観点から、本書では International Mediation を「国際調停」と呼ぶことを基本とする。

　なお、国レベルでの紛争を調停で解決しようとする試みもある。たとえば、かつてアメリカ陸軍のジョージ・マーシャル参謀長は、1945〜1947年、トルーマン大統領によって中国に派遣され、内戦を繰り広げていた国民党と共産党との調停を試みたことがあったとされる[18]。

　上記のような分野の研究は重要であり、その成果に期待するところではあるが、本書ではビジネス紛争を解決する手段としての国際調停を主たる検討対象とする。

（4）　交渉（Negotiation）について

　上記(1)〜(3)において、裁判、仲裁、および、調停について概観した。これらは、いずれも、当事者以外の人的リソースを必要とする紛争解決手続である。そのような手続による場合には、時間とコストがかかる。

　これに対して、交渉は、当事者間で行われ、当事者以外の人的リソースを必要としない。

17）宮武雅子「グローバル時代の調停人養成──調停理念を学び、スキルを習得する」JCAジャーナル67巻7号（2020）p.13
18）松尾文夫『アメリカと中国』（岩波書店、2017）p.258

　したがって、時間とコストの面からみればベストな選択と思われる。しかしながら、当事者同士の交渉がまとまらない場合は、結局、中立である第三者の支援を必要とする[19]。これは国際交渉を多く経験された方々が痛感するところではないだろうか。すなわち、国際交渉をまとめることは容易なことではない。

　このような国際交渉について、本書では**第Ⅱ章**において詳述する。

(5)　国際商事紛争の解決手段の比較検討

　「裁判」「仲裁」「調停」「交渉」について、どういう場合にどの手段を選択することが適切なのであろうか？　この問題に対する回答は、従来、各企業の法務担当者が、ケース・バイ・ケースで悩み、考えてきたことであろう。筆者自身もつい先日までそうであったように、時間に追われながら、外部の複数の弁護士事務所と相談し「本当にこれでよいのだろうか？」とやや不安を持ちながら、対応しているのではないだろうか。

　「裁判」については、上記(1)において、我が国以外の外国の裁判所における裁判は、原則的に避けるべきであることを述べた。もっとも、ある自動車メーカーの知財部門のように、商標等に分野を限定して、例えば中国において徹底的に戦うという戦略は、この例外として正当化される場合であろう。また、企業には「裁判」を回避できない場合がある。それは、自分達で作成する契約書等には記載がない裁判所において訴えられる場合である。このような場合、欠席裁判を甘受したくないのであれば、コストと時間をかけて応訴し、戦うほかはあるまい。

　「仲裁」については、時間や費用面での問題はあるものの、国際取引のスタンダードであることに変わりはない。国際取引を行う企業は、基本的に仲裁条項を紛争解決条項として契約書に記載する基本動作を怠るべきではないだろう。

　「調停」は必ずしも紛争解決条項として契約書に記載されていなくとも、当事者が合意すれば開始できる。手続も「裁判」や「仲裁」に比べて柔軟である。このような国際調停について、本書では**第Ⅲ章**において詳述する。

　「交渉」は、第三者すら必要としない点において「調停」よりもさらに柔軟である。成功すればベストな紛争解決方法であろう。なお、「交渉」が機能するのは紛争解決の場合に限定されるわけではない。

　このような国際交渉について、**次章**において詳述する。

---

19) 小林秀之編・安達明久ほか『交渉の作法——法交渉学入門』（弘文堂、2012）p.356

第II章
·······
国際交渉
〜準備、開始、終結

1 国際交渉の準備

(1)　序

　「交渉」とは、問題を抱える当事者同士で話し合って、解決策を作り出すプロセスをいう[1]。国際交渉とは、広義では、クロスボーダーの複数当事者が、各々の利益のために行う対話のことをいう、と一応定義することができるだろう。しかしながら、その内容は当事者の関係性によって千差万別である。

　まず、当事者同士が相手方を全く知らないという場合がある。このような場合は、両当事者が初めて接触するところから交渉は開始される。

　ところが、交渉相手が不明な例もある。ある賃貸借契約に関し、賃借人が「あなたの行動は賃貸借契約違反だ」という電話を受け取った事例があった。ところが、この電話の主が名乗った不動産会社に電話して確認したところでは、名乗られた名前のスタッフはいない、ということであった。契約のトラブルになりかかったと思われたケースだったが、これ以上接触すべき相手方が不明となった。

　賃貸借契約違反があったのか否か、というイシューは宙に浮いた。これは交渉相手不確定による「交渉不能」のケースである。

　一方、当事者がお互いの状況についてある程度の知見を有している場合がある。このような場合、当事者間には既に懸案の問題や事項などがあり、当事者は各々この課題を解決したいという思いを有している。

　いずれにしても、異なる国を背景に持つ当事者が、他人の力を借りることなく、自分達だけで成果を出すことが要求されるのが国際交渉である。これは、基本的に厳しいミッションといえよう。ビジネス交渉ではなく、国を代表して外国を相手にする外交交渉となればさらに厳しい。

　しかしながら、自分達だけで成果を出すことができれば、納得感、満足感は大きく、何よりも、第三者に登場をお願いする場合と比して、コストがそれほどはかからない。

　このような理由によって、初対面であれ、かなり以前からの知り合いであれ、

---

1) 鈴木有香『人と組織を強くする交渉力──あらゆる紛争を Win–Win で解決するコンフリクト・マネジメント入門〔第3版〕』(自由国民社、2017) p.18

お互いの共通基盤が大きく、考え方のギャップが小さい場面では、国際交渉は有効であるために、多く利用されている。

　例えば、各々の当事者が仲の良い隣国の会社同士である場合、友好的なムードが既に存在する。あるいは、離れた国の会社であっても同じ業種の会社同士であれば、お互いの苦労や課題について共通の知見があり、既に暗黙知の共通理解がある。このような場合には、国際交渉を行うことが適切であるといえよう。

　そもそも、交渉は「準備8割、まずは準備から」といわれている[2]。昔話で恐縮であるが、この「準備8割」は、筆者が会社の新人研修で学んだ標語「段取り八分に仕事二分」と全く同じ割合なのであるが、偶然の一致なのであろうか。

　ところで、我々は、現在、2019年に発生し世界を席巻したCOVID-19ウイルスとの闘いを続けている。対面での会議ではウイルス感染のリスクがあることから、実務上、オンラインでの国際交渉が要請される状況である。以前から相手方を知っている当事者同士の場合であれば、オンラインでの交渉はさほどリアルな交渉とは変わらないであろう。

　しかしながら、初対面の場合、スキンシップが皆無のバーチャルの画面越しということになると、信頼関係の醸成が難しいと思われる。まず、リアルな面談であれば、お互い、360度のアングルから人となりを理解するヒントが得られるはずなのであるが、バーチャルであると基本的に1つのアングルから相手の顔および上半身しかみることができないだろう。飲み物や軽いスナックも別々に用意され、共有されることがない。また、バーチャルであると少なくとも技術的に画面に人工的な操作ができる。手元のキーをワンクリックするだけで実際の背景は仮想背景によって隠すことができるので、当事者同士の同席感が薄くならざるを得ない。

　訴訟や仲裁の世界においては、近時、オンラインによる手続（ODR）の導入が進んでいる。ODR研究の成果はオンライン交渉にどこまで生かせるか、あるいは、交渉論の中で、何を独自に考察しなければならないか、ということは今後の研究課題であろう。

　いずれにしても、オンライン交渉を行う場合には、準備の際に、通信環境や機器等のセッティング、秘密保持等、技術的にクリアしなければならない点も含めて、考えなければならない点が対面の交渉よりも多いはずである。オンライン国際交渉については、本章の最後において再考する。

　交渉の対象については、関係性の薄い当事者同士の「契約締結交渉」とトラブ

2）田村次朗＝隅田浩司『戦略的交渉入門』（日本経済新聞出版社、2014）p.103

ルが起こった後の「紛争解決交渉」を二分して考える[3]のが妥当であろう。

　以下では、より複雑な後者の例の中から、米国で訴訟になったが、交渉で解決されたケースを具体例として、対面での国際交渉の準備段階を考えてみたい。やや長くなるが、背景となった現地の状況も重要であるので、そこからみていくこととする。

　カリフォルニア州は全米50州の中で一番人口が多く、面積は日本の約1.1倍であり、経済活動が活発な州である。したがって、この地でのインフラストラクチャー工事に取り組んで行こうという建設会社のビジネス・プランは十分に理解できる。

　ちなみに、日本の建設会社の中で、米国ビジネスの実績がトップである会社は、1964年のカジマ・インターナショナルから出発し、1986年にカジマ・ユー・エス・エー（KUSA）を設立した鹿島建設[4]であろう。2010年に北米のヘッドクォーターをアトランタに移したKUSAの2016年度の売上高は約2200億円、鹿島建設グループ全体の連結売上の12%を占める存在になった[5]。

　カリフォルニア州をベースに活発な建設ビジネスを展開し、北米での存在感を示すのは、大林組である。1979年に同社土木直轄事業の拠点として出発したサンフランシスコ事務所に、2010年に関係子会社の事業推進に向けて設立された北米統括事務所を統合し、2019年に同社の北米支店が新設された[6]。かつて、サンフランシスコ市でトンネル工事を受注して以来、北米での大型建設プロジェクト実績がある同社は、シリコンバレーでデジタル化に取り組んでいる[7]。なお、スタンフォード大学に留学していた大林剛郎会長が1997〜1999年に日本スタンフォード協会の会長を務めていたことからもうかがえるが[8]、大林組とスタンフォード大学の産学の結びつきが強いことも、カリフォルニア州と縁が深い同社

3）加藤新太郎編・柏木昇ほか『リーガル・ネゴシエーション』（弘文堂、2004）p.188、杉浦保友『イギリス法律英語の基礎』（レクシスネクシス・ジャパン、2009）p.371

4）https://www.kajima.co.jp/tech/overseas/global-network/kusa/index.html, last visited as of 11 September 2021

5）鹿島建設副社長 梶山秀義「アメリカで活躍する日本企業インタビュー」（2018.12.15）、https://ny-benricho.com/business/interview-kajima/, last visited as of 11 September 2021

6）https://www.obayashi.co.jp/company/detail/post_116.html, last visited as of 11 September 2021

7）TECHBLITZ「建設業を『デジタル化』せよ」（2020.5.14）、https://techblitz.com/svs2019-sv-obayashi/, last visited as of 11 September 2021

8）www.japanstanford.org/history, last visited as of 11 September 2021

の重要な特徴であろう。

　では、そのような米国における建設ビジネスの出発点はどのようになっているのであろうか。

　まず、米国における公共工事は、一般公開競争入札が基本である。米国における公共工事の最大の発注者は連邦政府であり、連邦調達規則（Federal Acquisition Regulation: FAR）は、一般公開競争入札を基本としている。各州の調達規則も、概して FAR の影響を受けており、カリフォルニア州も例外ではない。

　カリフォルニア州における公共工事の一般競争入札は通称 "Hard Bid" といわれ、価格重視の入札となっている[9]。まず、発注者は、発注予定工事の図面および仕様書を作成し、与条件である工事の内容、工期、等を公示する。建設会社各社は、公示内容を基に当該工事の見積書を作成し、入札に臨む。最低価格を提示した建設会社が、発注者に資格をチェックされた後に落札者すなわち受注者となる。この段階で、発注者から受注者に出される書類は、Letter of Award（LOA）である。発注者は受注者と交渉して、正式契約に至る。

　このような競争入札を前提としたシステムにおいては、発注者と受注者間の交渉で決められる事項は少ない。契約内容は、発注者から既に提示されており、建設会社の入札（Bid）すなわち価格提出によって契約の申込み（Offer）がなされ、LOA の受諾（Acceptance）によって工事契約の大枠が確定するからである。

　もちろん、建設工事は単品生産であるので、プロジェクトのロケーション、ロジスティックス、地質条件、環境問題、労働者の availability 等、そのプロジェクトに特有の課題があり、それらを詳細に決めて契約内容に盛り込むための交渉は必要である。しかしながら、そのような交渉は、対立する当事者によるゼロからの交渉とは異なり、むしろ「打ち合わせ」に近い共同作業といえる。日本や米国だけに限らず世界の建設業界において、LOA の受諾（Acceptance）によって工事契約の大枠が決まることになり、工事開始日が目前に迫ってくる中で「あとは、実際の現場レベルで決めていこう」という合意が成立するプラクティスが確立されているといってよいと思う。

　特に注意を要するのは、工事開始の第１日目の段階で、工程（Schedule）の大枠しか決まっていないことが多い点である。近代的な工程管理は、コンピュータ・ソフトウェアを使ってなされるが、通常、正式契約までにあらゆる

---

9) 米国の発注者は、必ずしも Hard Bid 一辺倒ではなく、特に学校関係の建築では、様々な経験を通じて発注形態を工夫していることについては、下記の論考を参照されたい（小倉隆「アメリカにおける契約方式の新展開」土木施工 2010 年 12 月号 pp.24-26）。

工事関係データがインプットされるわけではない。契約時点で合意された工程（Schedule）が何なのかというころが、契約論的にたいへん重要である。

　以下、検討の対象とするケースAおよびBは、共に、カリフォルニア州のインフラストラクチャー工事プロジェクトについて、工程が遅延し、追加コストが発生したケースであった。この工事のトラブルは、当事者同士での話し合いが平行線をたどり、共にカリフォルニア州裁判所における訴訟に至った。

　日本国内での経験を基に育った方々は「訴訟」という言葉を聞いただけで嫌悪感を持たれる方も多い。**第III章**でも触れるが、「和」を尊ぶ日本の文化は、「反訴訟」的といえる。しかしながら、上述したような訴訟は訴訟社会といわれる米国では決して珍しくない。

　特に建設紛争に関しては、連邦調達規則（FAR）自体が、多くの業者（Government Contractors）からの訴訟の結果、生み出された判例から成り立っている。かかる判例は、"Federal Common Law"という一分野を形成しており、ワシントンDCエリアにおいては、この分野を専門とする多くの弁護士や、3軍（Navy, Army and Air force）の契約担当官（Contracting Officers）が、これらの判例をベースに日々の政府調達契約実務を行っているのである。

　今では米国に確固たる実績を確立している鹿島建設およびカリフォルニア州を拠点にして北米に根を下ろしている大林組の両社も、様々な訴訟を経験してきたと承知しているが、米国のような究極的訴訟社会において一貫して逞しく生き抜いているところにアドバンテージがある。

　さて、**ケースA**では、インフラストラクチャー工事を請け負った元請負者（X社）が、発注者および設備業者Y社（不具合のある設備機器を納入して工程遅延の大きな原因となった業者）を訴え、結果的に数百万ドルを回収した。このケースでは、陪審審理が開始される前に和解が成立し、X社は訴訟を取り下げた。この過程で重要であったのは、X社とY社との交渉であった。Y社が不具合を認め、責任保険金を原資に200万ドル程度を拠出することを決定した時点で、発注者も納得し、X社に対する保留金の解除に同意して三者間の紛争は一気に解決をみた。このケースAにおいては、発注者と元請負者X社との間で、Y社が工程遅延の主たる起因者であったという共通理解が既に証拠開示の初期段階で醸成され、そのような共通理解を軸として全ての紛争が解決されたように思われる。

　ケースBでは、ケースAと同様の工事を請け負った元請負者（X社）が、発注者および電気業者等2社を訴え、結果的に数百万ドルを回収した。このケースで

も、陪審審理開始前に和解が成立し、X社は訴訟を取り下げた。しかしながら、この訴訟の両当事者が和解に至る道のりは、ケースAよりも大変であった。それにはいくつかの要因があると推察される。

まず、第1に、ケースBの工事は、ケースAの工事の約4倍の規模があった。

第2に、ケースBの発注者はケースAの発注者よりも経験豊富であり、元請負者の追加工事代金請求について、簡単には納得しない組織であった。

第3に、ケースBでは、ケースAにおけるY社のような主たる起因者が存在せず、発生した工事の遅延に関し、発注者側の責任がより重いのか、それとも元請負者側の責任が重いのか、両当事者の帰責性が曖昧であったことである。実は、このような状況は、国際建設契約の紛争においてはよくあることであるが、米国における民事紛争の和解交渉は、訴訟が最終的な解決手段の場合、あくまで陪審員がどう感じるか、ということを着地点として見据え、そのような着地点を意識して行われる。そのため、素人的に誰が「悪者」なのかということが常に実務上重要なチェックポイントとなる。ケースBにおいては、発注者も、元請負者（X社）も、電気業者等2社も、プロジェクトの完成遅延に関し、各々、少しずつミスを犯していた。すなわち、ケースBは「悪者」を特定するのが困難な事案であったのである。

このような "close game" の場合においては、訴訟担当弁護士事務所の力量が大きく結果を左右する。

X社の訴訟を担当したT弁護士は、最後まで原告弁護士としての強気の姿勢を貫いて、発注者および電気業者2社との交渉にあたった。交渉は難航し、州裁判所の設定した陪審員審理の日が迫ってきた。既に裁判所から陪審員選任手続の書類が原告・被告、各々の弁護士事務所に届いていた。最終的に和解が成立したのは、裁判所における陪審員の選定の打合せ当日の朝であった。

T弁護士は、ケースAおよびケースB、2つの訴訟を担当した。T弁護士はいずれのケースにおいてもX社が原告となって他社を訴える積極的な攻めの戦略を提案した。そして、X社はいずれの提案も受け入れて相手方である発注者と交渉し、最終的に紛争は解決をみた。

なお、X社は、ケースAおよびケースBとほぼ同時期に、米国西海岸において、米国企業との共同体により、大型インフラストラクチャー工事を成功裡に完成させた立派な実績がある。この工事における紛争事例は極めて小規模なもののみであった。

実は、ケースBについては、弁護士報酬に関し、X社とT弁護士との間でも

交渉があった。通常であれば、依頼者と米国弁護士との間では交渉はほとんど行われない。実際、ケースAを受任するに際し、T弁護士は時間単価を提示し、X社はこれを受け容れた。訴訟が開始されると、T弁護士は毎月X社に提供したリーガル・サービスの時間数の合計に時間単価を掛けて請求額を確定した。T弁護士からの請求書を受け取ったX社はそれをチェックして支払いを行っていた。いわゆるタイム・チャージ・ベースの弁護士報酬支払方式であった。

　ところで、X社は、ケースBはケースAよりも勝訴するのが困難であるとの認識を有していた。ところが、T弁護士は「ケースBもケースAと同様に発注者から十分な追加代金を取得できる」という強気の見立てを主張した。そこで、X社は「それほどいうならば、ケースBについては成功報酬（Contingent Fee）にしよう」と提案した。T弁護士は「一流の米国弁護士は訴訟の勝ち負けについてのリスクは取らない。しかし、ベストなリーガル・サービスを提供してその対価をタイム・チャージ・ベースでいただく」との認識を示して、成功報酬方式に難色を示した。この反応は、米国の著名な法律事務所の弁護士としては標準的なものであろう。

　上記の弁護士費用に係る議論は半年程続いたが、両者は最終的に、費用の70％はタイム・チャージとして支払われ、残りの部分は獲得額に比例する部分的成功報酬方式に合意した。ケースBの和解結果によって、総額をタイム・チャージ・ベースにした場合よりも10％程上回る報酬を得たので、T弁護士は満足したと思われる。一方、X社もT弁護士にインセンティブを与えて力を出してもらい、予定を上回る追加代金を発注者から獲得した。

　民間の事業会社が、交渉のプロフェッショナルであり、さらには案件や依頼者が嫌になれば辞任という最終的な切り札を有する「弁護士」を相手に弁護士費用の交渉を挑むのは勇気がいることである。しかし、冷静な状況判断と熟慮によって、X社とT弁護士の両者が納得のいく部分的成功報酬方式を合意できたのは、交渉の成功事例といえるであろう。

　ケースAおよびBについて上述したように、米国における公共工事契約の紛争例では、入札 ⇒ 落札 ⇒ 工事契約の履行 ⇒ 紛争の顕在化 ⇒ 訴訟提起 ⇒ 和解という典型的なプロセスが存在する。このようなプロセスの中での実際の「交渉」は、訴訟が提起されてから、その解決という時間軸の中で行われるが、紛争の種は入札、いや、その前のプロジェクト計画段階から存在するとみるのが妥当であろう。このような紛争の種をどのようにして摘むか、また、摘むことはできないまでもどこまでミニマイズしていくかは、予防法務の課題を超えて、プロ

ジェクト・マネジメント論の範疇になるが、筆者の専門外であるので、本書では立ち入ることを控える。

　いずれにしても、発注者によるプロジェクトの計画段階から問題の発生までの間、発注者と請負者間の一連のプロセスが、全て最終的な紛争解決に向けての「準備段階」であったと捉えることができるものと思われる。

(2)　交渉戦略

①　総論

　国際交渉において、交渉戦略が重要であることについては多くの論者が強調してきた。

　では、交渉戦略とはどのようにあるべきであろうか。まず第1に、交渉の目的をはっきりさせることが必要である。そして、交渉の目的が定まったところで、第2に、交渉への取り組み方を決めることが重要であろう [10]。

　この交渉戦略を間違えれば、最終的に良い結果を得ることは難しい。(1)において上述したケースAでは、X社は、まずカリフォルニア州裁判所における「原告」のポジションを確保する、という戦略が立てられた。シンプルにいえば、先手必勝、すなわち「被告」にならないという戦略である。これは日本の裁判所でも同じであろうが、裁判所の裁判官は、まず、原告の訴状を読む。その後、被告から出された答弁書を読む。すなわち、訴訟は原告のイニシアティブによって開始されるので、良く出来た訴状は、原告の主張が正しそうであるというアンカリング効果を裁判官に与える。このアンカリングとは、最初に見た数値や情報が印象に残り、それが基準点（アンカー）となってその後の判断が左右される心理現象をいう [11]。「原告」のポジションを確保することは、狭く考えれば単なる訴訟戦略なのであるが、終盤の和解交渉に大きな影響を与えるので、広い意味では、交渉戦略といえると筆者は考えている。

　日本では訴訟は最終的な非常手段である。建設工事の元請負者が、日本の国土交通省や地方公共団体の発注者を訴えた事例は寡聞にして聞いたことがない。かつて明治時代に、陸軍省の一方的な対応に嫌気がさした竹中藤右衛門以来、竹中工務店は、インフラストラクチャー工事から撤退して民間建築事業に特化した、という話は有名である [12]。

---

10)　鈴木・前掲注1) p.44
11)　田村＝隅田・前掲注2) pp.45-46
12)　岩崎脩『建設工事請負契約の研究』（清文社、1987) p.255

　しかしながら、訴訟社会の米国においては、権利の実現は訴訟がベースとなる、という確固たる文化的背景がある。

　特に米国の民事紛争については、いずれ訴訟になる確率が高いだけに、「被告」ではなく、「原告」になることによるアドバンテージが大である。そこで、原告になるための準備をいかに整えるかということが、初期の交渉戦略の内容となるのである。

　以上は、既に契約を締結した当事者同士がトラブルに至った場合である。その意味では、相手方のことは、お互い一定程度はわかっている。では、全くの初対面である当事者が、契約を目指して交渉する場合はどうであろうか。

　このような場合は、交渉相手方を知ることが交渉戦略の第一歩となろう[13]。

　「相手方を知る」ということは、その文化・宗教的なバックグラウンド、その当事者の国の歴史や社会構造を知ることである。

　例えば、日系建設会社が初めてトルコの発注者と大型インフラストラクチャーの工事契約をする場合はどうであろうか。

　発注者は、建設会社の技術水準、工事経歴等のデータを調査する。

　一方、建設会社は、当該工事の重要性、発注者の資金源、政治情勢、周辺諸国との関係、現地工事業者等を調査することになろう。

　これらの調査が全て、建設会社の契約交渉の事前準備の範囲となる。

　しかしながら、現実には、事前準備の時間とリソースとが常に十二分にある場合ばかりではない。

　そこで、最低限押さえておくべき考え方として、以下のファイブ・ステップ・アプローチ[14] が実戦的であると思われる。

　1)　　状況の把握
　2)　　ミッションの明確化
　3)　　自分の強みを探すこと
　4)　　ターゲティング
　5)　　合意できなかったらどうするかを考える

②　交渉理論の基本的分析概念[15]

　国際交渉を考察するにあたって、最近の交渉学の成果といえる基本的な分析概

---

13)　鈴木・前掲注 1) p.94
14)　田村＝隅田・前掲注 2) pp.104-138

念を確認しておきたい。国際交渉の戦略を練り、上述したような交渉準備をする
ためには、これらを共通言語として交渉チーム内で議論することが重要となる。

ⅰ）分配型交渉と統合型交渉

分配型交渉とは、限られた大きさの利益（しばしば、パイに例えられる）を当
事者間で分配するために両者が競い合う交渉である。敵対的交渉、win-lose 交渉、
または、ゼロサム交渉ともいわれる。

これに対し、統合型交渉とは、双方が交渉の動機・目的を提示する等、利益の
最大化を目指して協力し合うことにより、両者が利益を新たに創造し、それを
獲得していく交渉である。協力型交渉、問題解決型交渉、価値創造型交渉、win-
win 交渉、ジョイント・ゲイン型交渉などといわれることがある。

ⅱ）留保価格 [16)]

留保価格（Reservation Price）とは、取引に合意できる最低水準をいう。
この概念は、以下に述べる合意可能領域と合わせて考えると理解が容易である。

ⅲ）合意可能領域（ZOPA）

ZOPA（Zone Of Possible Agreement）とは、合意可能領域、すなわち、当事者の
留保価格の重なり合う部分をいう。

売買契約交渉の一例をモデルとして、留保価格および ZOPA との関係を図示す
ると以下のようになる。

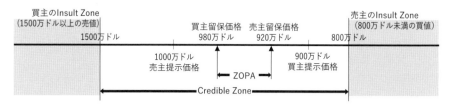

図および用語（2017.4.30 CEDR Training 教材にて使用されたもの）の解説

上図は、ある品物の売買につき、売主が最初に 1000 万ドルをオファーし、買
主が 900 万ドルをオファーして開始された交渉例を示したものである。

売主は、なるべく品物を高く売りたいが、920 万ドル未満であれば、取引を

15）太田勝造＝草野芳郎編著・奥村哲史ほか『ロースクール交渉学〔第2版〕』（白桃書房、
　　2007）p.16
16）太田＝草野編著・前掲注 15）p.23

止めようと思っている。この場合、売主の留保価格は920万ドルである。なお、もしも、買主からのオファーが、ある価格を下回った場合、売主は「侮辱された」と感ずる価格帯のことを売主の「Insult Zone」という。この取引における売主の「Insult Zone」は、800万ドル未満である。

　一方、買主は、なるべく品物を安く買いたいが、980万ドルより高ければ、取引を止めようと思っている。この買主の留保価格は980万ドルである。なお、もしも、売主からのオファーが、ある価格を上回った場合、買主は「侮辱された」と感ずる価格帯のことを買主の「Insult Zone」という。この取引における買主の「Insult Zone」は、1500万ドル以上である。

　両者の「Insult Zone」の内側を「Credible Zone」という。「Credible Zone」であれば、両者は交渉を中止せず信頼し合って交渉を継続することになる。

　上記の場合、買主の留保価格980万ドルと売主の留保価格920万ドルとの間が、ZOPAとなる。交渉は、2つの留保価格の中間で妥結されることが予想される。

iv）BATNA

BATNA（Best Alternative To a Negotiated Agreement）とは、交渉がまとまらない場合に選択しうる最善の状態・代替案のことをいう。No Deal Optionともいわれる。BATNAが何か把握しておくことによって、取引が妥当なものか、その取引から手を引くべきか否かを冷静に判断することができる[17]。BATNAが強い者はより有利に交渉を進めることができ、BATNAが弱い者は交渉において不利な立場に立たされることになる。

③　交渉文化論

　当事者の背景にある文化の違いがどのような影響を交渉に与えるかということについては様々な書籍が出版されている[18]。

　相手方の外国当事者について、あらかじめその文化を知っていれば、無用の摩擦や調査コストを削減できる。他方、個別の体験や報告に誤解がある場合に、それらを鵜呑みにすると偏見が生じ、かえって交渉を混乱させたり難しくしてしまうというリスクもある。

　かつて、日本人の交渉スタイルは、相手方に対する「性善説」をベースに、自

17）太田＝草野編著・前掲注15）p.21
18）太田＝草野編著・前掲注15）p.123

らは寡黙に思慮深い態度を取り、集団で行動すれば相手はやがてわかってくれる、という前提に立つようにイメージされていた[19]。

一方、アメリカ的交渉スタイルとは、相手方に対する「性悪説」に立ち、自分の正当性をベースに相手方の矛盾や弱点を衝いて勝ちにいく、とされていた[20]。

しかしながら、最近のアメリカ人は日本の交渉文化を研究して「根回し」を知っていたり[21]、日本人の方も国際化しており個々人の主張が論理的に明確になっているように思われる。また、日米以外の国や地域の特色もあるだろうが、ボーダーレス・エコノミーの進展やインターネット等の普及に伴って、そのような特色にあまりこだわらなくともよいように思われる。むしろ、ジェネレーションのギャップが交渉に与える影響を考えるのが現代的な戦略かもしれない。

なお、ジェンダーについても、男女での交渉文化の違いがあろう。かつて男性ばかりだった交渉チームに女性が入ることによって、前向きな交渉ができるようになった、という成功例も耳にする。これは、次項のチームアップに関わる議論である。

(3) チームアップ

大規模な国際交渉は、1人でできるものではない。膨大な情報量や専門領域を1人でハンドルすることは不可能である。そこで、チームアップが重要となる。例えば、交渉最高責任者（トップ）、ビジネス・リーダー、リーガル・ヘッド、等である。

第Ⅰ章のイントロダクションで紹介した経営法友会の国際交渉ワークショップでは、米国の巨大企業を相手に日本企業が英語で契約交渉をするワークショップが実践されている。日本企業チームは、通常、トップ、営業または事業部門代表者、および、法務担当者の3名から成っている。もちろん、実際の国際交渉においてテーブルにつくのは、もっと人数が多い場合や、あるいは少ない場合もあるだろう。

しかし、これから新しい国際契約を締結する一方当事者の場合、契約を進める者、契約締結に際するリスクを見出してそれを最小化する者、そして、その両翼を統括して国際交渉の一方当事者を代表する者、の3者モデルが基本となると思われる。

---

19) 太田＝草野編著・前掲注15) p.127
20) 太田＝草野編著・前掲注15) p.128
21) 太田＝草野編著・前掲注15) p.137

　一方、契約締結後に紛争が発生し、紛争解決のメカニズムとして交渉が選択された場合はどうだろうか。前述したケースAおよびケースBのような事例である。

　発注者のチームは、トップの責任者、工事部門代表者、および、インハウスの法務担当者の3名から構成されるのが一般的である。一方、受注者側は、トップの責任者、工事契約を遂行するプロジェクト・マネージャー、および、インハウスの法務担当者の3名から構成されるであろう。もっとも、ケースAおよびBは、いずれもカリフォルニア州裁判所における訴訟の段階に移行していた。このような場合は、紛争解決の専門家である弁護士チームが発注者・受注者、各々によって選任される。すなわち、当事者チームに訴訟遂行の小チームが加えられることとなる。

(4)　交渉回避～ソニーとブローバとのケースを念頭に

　そもそも交渉を開始するかどうか、という論点は意外に見過ごされがちである。

　しかしながら、交渉のテーブルにつくこと自体、当事者にとって良いかどうかは、慎重な判断を要する重要問題である。

　ここでは、かつて、東京通信工業として五反田の町工場から出発したソニーの米国における最初の本格的国際交渉を念頭に、交渉回避を論ずることとする。

　ソニーについては、盛田昭夫氏を抜きに語ることは難しい。阿川尚之氏は、彼の著書において「戦後活躍した日本人のなかで、アメリカ人に最もよく知られた人物」の1人として盛田氏を挙げている[22]。

　1955年、未だ無名の小さなメーカーであったソニーは、新製品のトランジスタ・ラジオを完成させた[23]。

　価格も29ドル95セントに決まり、当時のソニーの取締役であった盛田氏は、世界最大のマーケットである米国でこのラジオを売るべく、ニューヨークに飛んだ。

　盛田氏が売り込みを続けた結果、当時のエレクトロニクスの名門企業「ブローバ」という会社がこのラジオに関心を持った。

　ブローバは、ソニーのラジオを10万台購入し、ブローバの全米ネットワークで販売したいといってきた。この注文量は、当時のソニーの年間生産能力の数倍

22）阿川尚之『アメリカが見つかりましたか──戦後篇』（都市出版、2001）p.66
23）G・リチャード・シェル著、成田博之訳『無理せずに勝てる交渉術──段階的なアプローチが分かりやすい』（パンローリング、2016）p.55

であった。

　ブローバは、購入にあたって1つだけ条件を付けてきた。その条件とは、ラジオに「ブローバ」の商標を付けることであった[24]。

　盛田氏は、1週間後にブローバを訪問し、契約はしたいが「ブローバ」の商標を付ける条件（Original Equipment Manufacture：OEM 契約）はのめないと伝えた。

　ブローバの担当者は驚いて「我が社は50年も続いた有名な会社なんですよ。あなたの会社のブランドなんてアメリカでは誰も知らない[25]」と盛田氏に言ったという[26]。盛田氏は「50年後には、きっとあなたの現在の会社に負けないくらいわが社を有名にしてご覧に入れます[27]」と言って、取引を降りたとのことである。

　まもなくして他のアメリカ企業から、ブローバよりもずっと安値での取引の申し入れがあった。ただし今回はソニーの名前を表に出して良いという条件だった。盛田氏はこの企業と交渉を開始し、最終的にソニーはこの米国会社と1万台を納入する契約を締結した[28]。

　この一連の経緯から、我々は何を学ぶべきだろうか？

　まず第1に、オファーがあった場合に、それに対して積極的に対応する（すなわち、受け容れるか、または、カウンター・オファーをする）だけが選択肢ではないということである。

　盛田氏が下した決断は、取引から降りる、すなわち、交渉を打ち切るという選択であった。

　交渉を開始しない、というのも重要な選択肢であることを忘れてはならない。

　盛田氏がこのような大胆に見える決断を下したのは、ハーバードにおいて、BATNA が定式化される10年以上も前のことであった。盛田氏の決断時点でのソニーの BATNA は、一から新たな交渉先を探すことであったと思われる。

　第2に、目標設定の重要さである[29]。盛田氏の目標は、ソニーの名前をアメリカ市場で売ることであった。ソニー製のトランジスタ・ラジオを OEM 生産して米国市場に流通させることではなかったのである。

---

24)　Akio Morita "Made in Japan —— Akio Morita and Sony" Harper Collins publishers（1987）p.84
25)　シェル・前掲注 23）p.57
26)　阿川・前掲注 22）p.75
27)　阿川・前掲注 22）p.75
28)　Morita 前掲注 24）p.86
29)　シェル・前掲注 23）p.57

　第3に、組織における個人の役割である。盛田氏がブローバとの商談を断り、他の企業と契約したことを疑問視する声がソニー本社内にあったという。しかし、盛田氏はソニーの社内ルール違反であったと指弾されたことはなかった。組織の方針が曖昧な場合、一個人がリスクを取って会社のために決断するリーダーシップを発揮することは肯定されてしかるべきと考えられる。

(5)　交渉場所・ロジスティクス

①　交渉地

　「交渉のテーブルにつく」という表現がよく使われる。この表現から、交渉というのはテーブルのある会議室で行われるものであるという連想がなされるのは自然であろう。

　しかしながら、会議室だけが交渉の場所ではない。例えば、前述のカリフォルニア州における建設工事のケースBにおいて和解が成立したのは、セットアップされた会議室で陪審審理の打ち合わせが始まる前の、カリフォルニア州裁判所の廊下だったようである。

　なお、別の案件で、話がまとまったのは休憩時間中、手洗いの鏡の前であったという実例を聞いた。

　また、最終的な交渉が、面談ですらないこともある。たとえば、中近東のプラント工事における元請負業者と設備業者との紛争（ケースC）が、トップ同士の電話会議で行われ、2億円程度の和解金額が妥結されたことが実際にあった。

　やはり中近東の別のプラント工事における元請負業者と設備業者との紛争（ケースD）のケースでは、両社の本社が同じ都市にあったことも幸いして、夕方の喫茶店における担当者レベルの面談により、1億円程度の和解金額が妥結されたことがあった。

　これら2つのケースは、いずれも日系企業同士の紛争解決交渉であった。日系企業同士であれば、契約履行地が海外であっても、和をもって尊ぶ日本の文化が共通していることは、国内での契約履行の場合と異なることはない。従って、なるべく早期に紛争を解決しようというモメンタムが働く。

　では、日系企業と外国企業の場合はどうだろうか。

　かつて、1980年代に行われた日系企業と米国企業との間の大規模ホテル・マネジメント契約交渉（ケースE）は、東京とボストンの「中間地点」としてのハワイ州ホノルル市で行われた。

　当時のホノルルは日本人観光客ラッシュに沸いていた。ワイキキビーチ近くの

ホテル会議室での長時間にわたる英文契約交渉は、日系企業の担当者をたいへん疲れさせたようである。後知恵ではあるが、ホテル・マネジメント契約に詳しい米国東海岸の弁護士を起用するのであれば、物理的な「中間地点」としてのハワイ州ホノルル市ではなく、米国東海岸のニューヨーク市またはワシントンＤＣを交渉場所として選択した方が、ベターであったかもしれない。

いずれにしても、従来、契約交渉を行うのは、人間同士であった。人間は疲労するし感情がある。薄暗い会議室で契約条文をチェックするよりも陽光があるビーチで風に吹かれたい心情は人間として理解できる。

近時、ゲームの分野では人工知能（AI）の発展が顕著である。既に、チェスでは人間はAIには勝てない。将棋もAIがトップ棋士を破りつつある。また、現代のトップ棋士はAIを駆使して棋戦を研究しているとも聞く。AIは機械であるので、様々な弱点があるが、ホテル・マネジメント契約のように、語数は多いがパターン化されている米国流の契約の交渉に際しては、AIが補助的な役割から主役になる日が近いのではあるまいか。

②　国際交渉の部屋

交渉の場所は、テーブルと椅子のある会議室であることが多い。前述した日米企業のホテル・マネジメント契約交渉にかかる**ケースE**の部屋はワイキキビーチが見える部屋であったと聞いている。

国際交渉においては、そもそもどのような施設のどのような部屋を取るかということが、戦略的に重要であろう。例えば、ある国のプロジェクトの推進方法について、現地からの出張者（複数）と本社側（複数）との会議につき、会社内での会議日程が決まった場合を想定しよう。総勢10名程度の参加人数であるが、定員8名の小会議室では手狭である。そこで、中会議室を取ることになったが、この中会議室は定員24名である（図1）。

なお、社内会議については「打ち合わせ」というような表現が用いられることもあるが、社内であっても本質的には交渉の一種である。

部屋が決まったとすれば、その次に重要なのは、机と椅子である。交渉の開始日（第1日目）を想定して机と椅子を選択することになる。プロジェクトのリーダーK氏は、会議の前日に中会議室を下見に来た。そして「椅子が多過ぎる」と事務局に言ってきた。幸い、この中会議室に設置されていた大きな楕円形のラウンド・テーブルは、四隅等がはずせるようになっていた。

事務局スタッフは、四隅をはずすと、一回り小さな楕円形のラウンド・テーブ

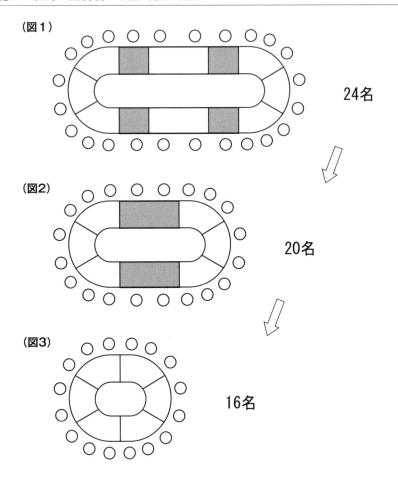

（図1）　24名

（図2）　20名

（図3）　16名

ルができた。

　椅子は 24 − 4 ＝ 20 個になった（図2）。リーダーK氏は「もう少し小さくならないか？」と事務局に言ってきた。事務局スタッフは、中央にある机2つ（椅子4つ）を中抜きした。

　椅子は、20 − 4 ＝ 16 個になった（図3）。K氏は首を縦に小さく振ってうなずきながら「これなら良い会議ができるだろう」と事務局スタッフに言った。

　会議当日、参加者は少し増えて 12 名になった。16 個の椅子は4個だけ空席となった。しかしながら、メイン・スピーカーのK氏は、大きな声を出すこともなく、和やかにスムーズに会議が進んだ。なぜなら、出席者の物理的距離感が、

K氏が理想と考える本社−現地のスタッフの心理距離感にマッチしたからである。

　結果的に、この日のプロジェクト推進方法について、現地からの出張者（複数）と本社側（複数）との会議は実りのあるものとなった。

　以上のような例をみると、逆に、机と椅子を見てから部屋を決める、という流れが必要な場合もあるかもしれない。必ずしも、四隅をはずすことができたり、中抜きできたりするラウンド・テーブルがあるとは限らないからである。

　机と椅子の選択に関しては鈴木有香氏が詳しく著述している[30]。

30）鈴木・前掲注1）pp.84 - 93

② 国際交渉の開始

(1) 当事者の紹介

　国際交渉の開始は、当事者の紹介から始まる。もちろん、当事者が個人2名のみの場合であれば、一方当事者は、相手方が誰であるかは既に知っているわけである。したがって、あらためて他方当事者から自己紹介を受けるまでもないだろう。

　しかしながら、当事者が会社等の組織体同士の場合、交渉の場に誰が来るのか、メイン・スピーカーは誰であるのか等、実は、関係する個々人のレベルは、明確にわかっていないことが多いのが実態である。参加者の確定も事前準備段階の業務範囲として位置付け、連絡を取り合うのがベターだろう。このような連絡が取れない場合は、交渉の場に誰が来るのか、わからないままに交渉開始当日を迎えることにならざるを得ない。

　そのような場合は、交渉開始日に、交渉当事者の紹介から交渉が開始される。

　ある程度の規模を持った会社同士の場合、典型的な交渉のスタイルは、会議室における複数参加者（交渉チーム）による会議であろう。

　この場合、会議室で、名刺を交換し、握手するところから交渉が始まる。

　しかしながら、このスタイルは標準的かもしれないが、常にベストかどうかということは考えておく必要がある。

　例えば、キューバ危機（1962年）での、核戦争リスク回避の最終局面における交渉当事者は、J・F・ケネディ大統領とフルシチョフ書記長の2名だけであり、通信手段はテレックスであった、といわれている。

　ビジネスの世界でも、例えば①で紹介したソニーのケースでは、盛田昭夫氏ただ1人がソニー側の交渉者であったようである。その他、米国におけるビジネスにおいては、例えば、銀行家のJPモルガンと鉄鋼王アンドリュー・カーネギーといったトップ同士の交渉・妥結が多く紹介されている[1]。

　このように、国際交渉は、究極的には、1人対1人のコミュニケーションとなることが多い。

1）G・リチャード・シェル著、成田博之訳『無理せずに勝てる交渉術──段階的なアプローチが分かりやすい』（パンローリング、2016）pp.103-104

(2)　信頼関係

①　序

　交渉が、コミュニケーションの一場面ということになると、両当事者の信頼関係が問題となる。

　しかし、交渉当事者が個人2名という最小単位の場合であっても、交渉開始時の信頼関係は、ケース・バイ・ケースで全く異なることは明らかであろう。

　例えば、過去の取引履歴が皆無である相手と初めての取引に入る場合と、既に契約実績があって、さらに新規契約の交渉を行う場合では、大きな差がある。

　前者は、飲食店に初めて来店する「一見さん（いちげんさん）」が、わかりやすい例であろう。このような潜在的な顧客を飲食店側が断ることを「一見さんお断り」という。京都市において今でもこのような商慣習を有する飲食店が多いかどうか、という議論が世間をにぎわせている。

　実は、建設業界でも、この用語は使われている。建設業者が、初めて工事契約を締結する発注者のことを「一見さん」と表現して、工事代金回収リスク等、気をつけなければいけない取引相手方というカテゴリーとしてマークしているのである。

　また、たとえ過去の交渉経緯がある会社同士であっても、信頼関係の構築をし直す場合がある。

　例えば、ロシアT社のワンマン社長L氏と、日本企業X社の国際交渉を例に取ってみよう。ロシア側の交渉者は常にL社長であった。一方のX社はスタッフも多く、T社からの代金案件は、経理と法務が関与していたので、いつも両セクション1名ずつから成る2名のチームによって、L社長との交渉に対応していた。しかし、交渉が数年にわたったため、転勤等によってX社のスタッフは交代することとなる。L社長の立場にたてば「また別の借金取りヤポンスキーが来たのか」ということになる。しかし、実はL社長は、日本と日本食が大好きで、東京の下町の寿司屋などをよく知っていた。X社と付き合っていれば、日本における会議出張のためにX社から招聘状をもらって日本入国ビザが取得できる。この国際交渉を継続していること自体、L社長にはインセンティブがあった、と推察される。

　ある年、X社は、新たに経理のN氏と法務のH氏をチームとしてロシアに出張させた。

　ロシアでの第1日目の昼頃、L氏はT社の応接室で、X社から初めてロシアに

出張してきた経理のN氏と法務のH氏の前にご馳走を並べた。キャビアにイクラ、酢づけの野菜などのザクースカ、そして、ウオッカの瓶1本であった。「会議の前にまず食事をしましょう」ということでL氏のペースで昼食会は宴会モードになってしまった。「ロシア人と付き合うにはウオッカなしではあり得ない」という話をロシア通の諸先輩から聞いていたN氏とH氏は、身体を駆け巡るウオッカを感じながらホテルにたどりついた。

　第2日目以降の交渉はロシア法独特の難しさもあって紆余曲折をたどった。当時のロシアは、モスクワと地方との関係が流動的であり、不動産登記制度が変わりつつあった。ロシア連邦政府は、地方の不動産についても、モスクワ中央政権が集中的に管理する方式に転換を進めていた。X社は、当初、T社の不動産物件に抵当権を設定し、地方で登記していたのであるが、新法の下では、ロシア連邦に登記をし直すことが必要となっていた。日本においてロシア法に詳しい弁護士と入念な打ち合わせを行い、助言を得ていたH氏は、ロシアにおいて的確な対応を行い、抵当権登記をし直した。一方、経理のN氏は、金利も含めた債権額の確定を行い、債務確認書にL社長のサインを取得した。L社長は、T社不動産のロシア連邦への登記および債務承認について、基本的に協力的であった。X社は最終的にT社からの代金を全額回収した。

　上述したロシアの例は、開発途上国における国際交渉の進め方に示唆を与えるものとなろう。このような交渉に際しては、現地法の特徴および商慣習をしっかり把握する準備が肝要である。日本に近い東アジアから東南アジアにかけての中進国および開発途上国においては、日本の弁護士事務所からの駐在員が年々増加しており、日本企業への助言が充実していくものと期待される。西南アジア、中央アジア、中近東については、欧米の事務所の力量を見定めながら、現地の法および商慣習についての的確な助言を得るべきである。

　開発途上国においては、法律も開発中、すなわち未整備なことが多い。我が国が法制度整備支援をしている国々[2]については、日本から現地に派遣され、あるいは出張している裁判官、検察官、弁護士、司法書士等と連絡を取り、方針を固めていくべきであろう。

　初めての国際取引の場合において、誰が、どのような契約書案を作成すべきかについては、実務家から度々情報発信がなされてきた。国際交渉の中でも、契約書交渉という局面に絞れば、国際弁護士は、経験に基づいてプロセスを整理する

---

2) 第IV章「国際調停の最前線」を参照。

ことによって、当事者に具体的な助言をすることが可能になるであろう[3]。

　既に取引実績がある当事者が交渉相手となる場合には、過去の取引実績が、新たな交渉の基準となるかどうかはともかく、少なくとも交渉に影響を与えることは確かであろう。程度の違いは千差万別であろうが、このような相手方同士であれば、何らかの信頼関係が存在するところから、新たな取引が開始されることになる。

②　信頼関係の構築

　優れた交渉とは、合意に至る賢明なプロセスを意味すると考えられる。

　賢明なプロセスを展開するためには、交渉者同士の信頼関係が必要である。典型的な交渉のスタイルである複数参加者（交渉チーム）による会議の場合は、交渉チーム同士の信頼関係が鍵であろう。

　しかしながら、全員が初対面という状況から、一気呵成に信頼関係を構築するのは難しい。そこで、一堂に会する前の準備が重要となる。

　交渉の一方当事者は、相手方に会う前にできることがある。それは、その相手方について調査をすることである。多くの情報を公開している人については、これは比較的容易であろう。そのような情報（著書、論文等）から、その相手の考え方を知ることができる。

　しかし、多くの情報を公開していない人であってもヒントはある。たとえば、交渉の準備段階でのメールは重要なヒントである。その交渉に対する熱意や考え方が表れていることが多いからである。

③　感情の有効利用

　第Ⅰ章にて紹介したハーバード流交渉術 "Getting to Yes" では、「人と問題を切り離す」ことが、交渉の鍵とされてきた[4]。しかしながら、人は感情の動物である。"Getting to Yes" の続編では、そのような人間の感情を、明確で合理的な思考を妨げるものとしてネガティブに捉えることに疑問が呈された[5]。この続編では、むしろ、感情が交渉においてポジティブに働く場合があるという主張がなされ、検証がなされている。具体的には、交渉当事者が、共有する次の5つの欲求

3）米盛泰輔「契約書交渉のプロセス」ビジネス法務 18 巻 11 号（2018）p.42
4）R. フィッシャー＝W. ユーリー著、岩瀬大輔訳『ハーバード流交渉術──必ず『望む結果』を引き出せる！』（三笠書房、2011）p.35
5）R. フィッシャー＝D. シャピロ著、印南一路訳『新ハーバード流交渉術』（講談社、2006）p.272

に焦点を当てることによって、有益な感情が刺激されると説かれている[6]。

　ⅰ）　相手の考えを理解していることを相手に伝えること

　ⅱ）　交渉者同士の個人的結びつきを築くよう努めること

　ⅲ）　相手方の自律性を認めること

　ⅳ）　様々な分野でステータスを認めること

　ⅴ）　十分な役割を果たせることを伝えること

　一方の交渉当事者が、以上のようなポイントについて、相手方の欲求に応えていくことによって信頼関係は深まり、良い交渉ができるようになると思われる。

(3)　交渉の中断

①　交渉を打ち切る旨のレターを受領した例～ケースF

　日系企業X社は、韓国のY社を通じて、将来実現される予定の高速道路建設プロジェクト（以下「本件プロジェクト」）運営のために設立された韓国法人に約数千万円を出資していた。この韓国法人は、同国のいわゆるBTO（Build Transfer and Operation）方式の公共事業を行うための特別法（BTO法）に基づいて設立されていた。

　ところが、リーマン・ショックの影響もあってか、本件プロジェクトは一向に開始される気配がなかった。X社はソウルに営業所を有していたが、本件プロジェクト以外の案件もなく、半島からの撤退も視野に入りつつあったことであろう。

　2009年6月、X社の法務担当H氏は同社営業所のあるソウルに出張した。

　この出張ミッションは、BTO法人からの脱退および出資金回収であった。BTO法によれば、外国法人の出資の開始および終了は、韓国側のパートナーの同意が必要となっていたため、この出資金回収の交渉相手はX社のパートナーY社であった。

　交渉はソウルのY社の会議室において、第1日目の冒頭の自己紹介から友好的な雰囲気で順調に開始された。韓国側Y社は3名の関係者が出席し、その中で法務担当I氏がH氏のカウンターパートであった。I氏は米国弁護士資格を有しており英語は堪能、しかも日本語も話すことができた。X社側は、ソウル営業所長J氏とH氏の2名である。H氏は挨拶以外の韓国語を話せず、ハングルを読めなかった。J氏は少し韓国語ができたが交渉には使えないレベルであった。Y

6）フィッシャー＝シャピロ・前掲注5）pp. 272 - 273

社も日本語で交渉するのは不利と考えたようである。交渉言語は、自然に英語となった。

第2日目になって、出資金返還書類を作成し始めた時、外国法人であるX社の出資の終了には韓国当局の許可が必要であることが判明した。

この許可取得をいずれの会社が行うか、万一、許可が下りない場合のリスクはいずれが負担するかという点について、両社は意見が合わなかった。X社の主張は「韓国法上の問題なのだから、Y社がすべきだ」というものであった。一方、Y社は「X社の脱退問題なのだから、X社が当局にコンタクトすべき。Y社は既に脱退に同意している」との立場であった。出資契約書には、上記の点について手がかりとなる取決めは全くなかった。

交渉はここで中断され、Y社はX社に「交渉再開の場合は通知する」と通告された。

H氏は出張ミッション未達のまま、一旦ソウルから日本に戻った。

2009年7月、X社の法務担当H氏はミッション完遂を目指して再びソウルに出張した。Y社の複数の部署にコンタクトして、交渉再開を迫った。

しかしながら、H氏が出張先のX社ソウル支店で受け取ったのは「Y社は、X社との本件交渉を打ち切ります」という一方的なレターであった。

実は、この時、Y社は、同国Z社から大型の企業を買収する案件にも取り組んでいることが、マスメディアで報道されていた。

H氏のカウンターパートI氏は、おそらく数百億円規模のM＆A案件に関与しており非常に多忙であったため、当時、X社のBTO法人脱退に付き合っている時間はなかったのであろう。上記の事情もあって、Y社は「交渉打ち切り」レターをX社に送付したものと推察される。

かつて韓国は建設技術が遅れていながら、外国企業の参入を制限していた時代もあった。X社は、LNGタンクの製造技術、高層ビルの建築技術や5つ星国際級ホテル建設ノウハウの技術援助で、かつて同国に関与していた時期もあったが、2009年の時点で日韓の建設技術の差は既に非常に小さくなっていたのであろう。

②　交渉中断についての考察

交渉は一方当事者だけでは成り立たない。両当事者が同じテーブルにつかなければ、「交渉中」とはいえない。上記の日韓「ケースF」において、X社とY社の間には信頼関係があったが、交渉が中断して信頼関係の維持ができるかどうか、際どい局面になってきていた。

　このような場合、どうすればよいのであろうか？

　上記のような状況は、次節で述べる「デッド・ロック」の１つの場合と考えられる。

　そこで、まず、デッド・ロックについて考察してみる。

（4）　交渉におけるデッド・ロック～NPBストライキ事件

①　序

　国際交渉に限らず、交渉中のデッド・ロックは、しばしば起こる事象である。

　デッド・ロックとは、一言で表現するならば、交渉のプロセスが止まってしまったように見える状況のことを指す。

　第Ⅲ章において後述する調停論の中でも「デッド・ロックをどう乗り越えるか？」ということは重要なポイントとされている。

　英国を代表するCEDRの調停人研修等において、デッド・ロックは詳細に論じられていたので、あらためて**第Ⅲ章**にて詳述する。

　ところで、我が国では、交渉に関して「ハーバード流」と冠する書籍が多い。

　その多くは、**第Ⅰ章**において引用した "Getting to Yes" の日本語訳 [7]（以下「日本語訳」）あるいは続編または解説の本といえるであろう。この日本語訳を読んでいて、あまりにもピンとこなかったので、原著の英語にあたってみると、意外にも、重要な場面で日本語のキーワードが英文表記されていることにあらためて気がついた。

　そのキーワードとは、"Jujitsu" である。原著の "Getting to Yes" においては、Contents（目次）の " Ⅲ YES,BUT" の "7 What if They Won't Play?" に、［USE NEGOTIATION JUJITSU］と書いてある [8]。本文にももちろん "Jujitsu" が出てくる。

　しかも、オリンピック種目となった武道である「柔道」と並べてわざわざ「柔術」が書き分けられているのである [9]。

　同書のこの箇所では、「デッド・ロック」という用語は使用されていない。しかしながら、「もしも、当方がアプローチを変えても相手方が動かないときどうするか」という課題設定に対して「交渉柔術」が「基本戦略その２」として登場

7）フィッシャー＝ユーリー・前掲注4）第Ⅰ章注11

8）Roger Fisher and William Ury with Bruce Patton, Editor *"Getting to Yes"* Third Edition, Penguin Books (2011)XXV

9）前掲注8）p.109

する文脈からすれば、デッド・ロック状態を乗り越えるためには「柔術」の技術（知恵と表現した方が適切か）が応用できるという示唆のように読める。

　日本語訳は、おそらく読者が短時間で読めるように、わかりやすさを優先させたと思われ、あまり深掘りされた翻訳はなされなかったようである。原著の"Getting to Yes"においては"Negotiation jujitsu"という項目が設けられ、例を挙げながら「交渉相手のポジションを批判する交渉スタイルは避け、多くの質問をすること、および間をとること」を推奨している[10]。

　この"Negotiation jujitsu"についての記述は、"Getting to Yes"の核心部分といえよう。

　ところで、同書の日本語訳が腑におちず、"Getting to Yes"の原著の英文に戻ったことにより、同じページで重要な発見がもう1つあった。それは、「交渉柔術」もうまくいかない場合の「基本戦略その3」についてである。

　"Getting to Yes"は、「インタレストと、オプション、および、基準（criteria）についての議論にフォーカスできる訓練された第三者を加えることを考慮すべきだ」と書かれている[11]。

　そして、さらに「おそらく、かかる第三者が使う最も有効なツールは"one-text mediation procedure"である」、と続けられている[12]。

　インタレストと、オプション、および、基準についての議論にフォーカスできる訓練された第三者、という表現から思い浮かぶのは、まさにCEDR等で訓練を受けた調停人である。実際、"Getting to Yes"では、ある夫妻による家の建築交渉の例において第三者である建築士の役割の重要性を強調しているが、その中で"Mediator"[13]および"Mediate"[14]という用語が使われている。"Getting to Yes"は巷間、「交渉学」のベストセラーと認識されているが、Mediationの具体的ケースについて紹介・分析もなされているのである。

　調停人および調停については、後ほど、**第Ⅲ章**以下で詳しく述べることとする。

②　交渉中断の後 〜 続・ケースＦ

　さて、前項「交渉の中断」で取り上げた日韓交渉「ケースＦ」は、中断の後、

10）前掲注8）pp.110-114
11）前掲注8）
12）前掲注8）
13）前掲注8）p.115
14）前掲注8）pp.117-118

どうなったのであろうか。

　デッド・ロックについての上記考察も踏まえて、振り返ってみることにする。

　X社は、Y社から「交渉打ち切り」のレターを受け取った。しかし、それに対して、X社はY社を責めることはしなかった。考えてみれば、X社にとって「交渉を打ち切ったとき最も良いオルタナティブ BATNA（Best Alternative To a Negotiated Agreement）」は、自社の作戦を変更しない限りは、韓国の BTO から脱退できない、という出発点に戻ることでしかなかった。出張者のH氏は「お前はソウルに遊びに行ったのか？」と日本で揶揄されるかもしれないが、大局的にみて、X社に直ちに大きなダメージが生じるケースでもない。

　"Getting to Yes" に書かれている典型的な BATNA は "file a lawsuit"[15] すなわち、相手方を訴えることであるが、「ケースF」においては、X社がソウルで非常に評判の高いT弁護士事務所に相談してみても、Y社を訴えられる材料はなかったのである。

　そこで、X社は、T弁護士事務所からの意見書を取得して、自ら韓国当局にBTO からの脱退許可申請を行うこととし、Y社にその旨の連絡をした。

　結果的に、Y社が予測していたとおり、さほど時間はかからずに、韓国当局からX社に対してBTO からの脱退許可申請が下りた。その結果、X社とY社の関係は悪化しなかった。

　"Getting to Yes" の「3種類の基本的アプローチ[16]」のカテゴリーでいえば、第1のアプローチを取った、ということになる。すなわち、X社は、当初の「ポジション」である「Y社が許可申請すべき」に固執することをやめて、X社が脱退許可申請をしてみる、という自社の「インタレスト」を追求する方向でのアクションをとり、結果的に成功したということになろう。

③　交渉とストライキ

　"Getting to Yes" の "Negotiation jujitsu" についての説明で、教員組合のストライキの例が出てくる[17]。しかしながら、この設例は「賃上げを認めないならストライキ」という米国労働法の古典的なパターンに則り単純なうえに、最終的にどういう結末になったのかも書かれておらず、「相手を非難せず、かわりに諸々

15）前掲注8）p.107
16）前掲注8）p.109
17）前掲注8）p.111

の質問をして、教員の立場をわかってもらう」という交渉戦術の一端の紹介にとどまっている。今一つ実感が湧いてこない例なのである。

　そこで、日本国内の例ではあるが、プロ野球の球団側との交渉が、日本プロ野球史上初めての選手会によるストライキに発展した実際のケース[18]を取り上げて考えてみたい。

　日本プロ野球選手会は、1980年、まず社団法人として設立された[19]。プロ野球選手達が第2の人生をスタートさせる時に困らないような退団退職金共済制度を構築することが当初目的であった。

　この各球団の枠を超える社団法人ができたことで、選手達の間で、選手の要望を球団ともっと交渉することができないか、という話が盛り上がり、日本プロ野球選手会を労働組合へと組織していく声が高まった。

　1985年、労働組合「日本プロ野球選手会（以下「選手会」）」が東京都地方労働委員会から正式に認定された。

　事件は、2004年6月13日、プロ野球球団「近鉄バッファローズ」と「オリックス・ブルーウェーブ」の合併というニュースから唐突に始まった。

　日本のプロ野球はセントラル・リーグ（セ・リーグ）、パシフィック・リーグ（パ・リーグ）各々6球団ずつ12球団であったが、当時、セ・リーグに比べて人気のないパ・リーグは、試合の入場者数が少なく、近鉄バッファローズの場合、毎年約40億円の赤字[20]が出ており、親会社の近鉄が「広告宣伝費」として補てんしている状況であった。

　球団側は、一枚岩ではなかったものの、12の球団数を10から8に減らし、セ・リーグとパ・リーグを合併させて1リーグ制にしようという大胆な構想を考えていた。

　2004年6月30日、ライブドア社が、このような球団側の構想に異議を唱え、近鉄バッファローズ球団買収の名乗りを挙げた[21]。

　選手会側は、各球団のファンや関係者のことを考えると、球団数の減少や1

18）このケースについては「アナザーストーリーズ 運命の分岐点」2021年9月9日放送 BS 3 チャンネル NHK BSP 8:00-9:00AM 放送（ナビゲーター：松嶋菜々子）がよくまとまっており参考になった。

19）日本プロ野球選手会『勝者も敗者もなく――2004年日本プロ野球選手会の103日』（ぴあ、2005）p.44

20）日本プロ野球選手会・前掲注19）p.203

21）日本プロ野球選手会・前掲注19）p.354

リーグ制は到底受け容れられないと球団側に反発、合併の凍結と交渉を球団側に要求し、スト権を確立した。

　球団側は「近鉄バッファローズ」と「オリックス・ブルーウェーブ」の合併を承認する総意を決定したが、球団買収者が出たら審査をすることを曖昧に表明していた。

　2004年9月16日、ライブドア社に続き、楽天が新規参入の名乗りを挙げた。

　2004年9月17日、両者の交渉が行われたが、新規参入者の審査を「2005年」と主張するプロ野球選手会に対し、球団側は「2005年以降」と先延ばしの構えをして譲らず、交渉は決裂した。

　2004年9月19日（土）および20日（日）、日本プロ野球選手会による1軍12試合、2軍6試合のストライキが行われ、両日に予定されていたプロ野球の試合はなくなった。

　日本プロ野球が始まって以来、初のストライキであった。

　2004年9月23日、球団側が2005年に12球団復帰のための新規参入審査を行うことで、103日に及んだ交渉は妥結した。

　以上の実例から我々は何を学べるであろうか。

　まず、第1に、交渉当事者間の信頼関係である。当初、球団側は被雇用者である選手達を見下していた。2004年7月、古田敦也選手会会長に対する「たかが選手が、分をわきまえろ」という渡邉恒雄オーナーの象徴的な一言がメディアで紹介され物議を醸した[22]。

　球団側は選手会を「交渉当事者」と認知しないポジションを取り、選手会が労働組合であることすら否定、ストライキを違法化し、近鉄－オリックスの合併を推進しようとした。

　これに対し、選手会は、2004年8月27日、日本プロフェッショナル野球組織（NPB）、近鉄球団、オリックス球団を相手方として東京地方裁判所に、選手会を「交渉当事者」と認めさせ、合併を凍結させる仮処分の申立てを行った。しかし、選手会も球団側も、法廷外で対話チャンネルを切ることはしなかった。球団側も毎週試合のあるシーズン中であったこともあり、選手あっての野球ビジネスなので、対話を継続したのであろう。

　第2に、交渉当事者内部のチームワークである。球団側は、12社の集まりである。親会社の業種は、マスコミ、電鉄会社、食品メーカー、小売業、金融等、

22）日本プロ野球選手会・前掲注19）p.90

様々なことからビジネス戦略や発想が異なる。球団レベルでは、テレビ放映権が1試合につき1億円というドル箱ともいうべき読売ジャイアンツを擁するセ・リーグとパ・リーグでは、ビジネスの規模が異なっていた。ところが、2004年8月、自由競争枠で獲得した大学生投手に対する不正な金銭授受問題が発覚し、球界再編を牽引していた読売ジャイアンツの渡邉恒雄オーナーが辞任した。

　一方、選手会の方は、日々の試合で鎬を削る12球団各々の選手会の集まりであったが、古田敦也第5代会長の下で、752名[23]の選手の結束力が強かった。各球団の選手会長も読売ジャイアンツの高橋由伸氏等、球団よりも選手会に対して献身的であった様子もうかがえる。彼らは、試合前の貴重な時間を使って12球団維持の署名活動を行った。また、1988年以来、選手会の事務局長として歴代会長と選手達を支えてきた松原徹氏の働きも大きかった。

　とりわけ古田敦也氏は、立命館大学卒業後、トヨタ自動車を経てヤクルト球団に所属、若い頃、データ野球を標榜した理論派の野村克也監督に鍛えられて日本一を3度経験した大スター選手であり、2004年当時39歳、文武両道の選手会のリーダーとして申し分なかった。

　第3に交渉戦略である。球団側は「野球ビジネスは経営者達が協議して考えること。選手は関係なし」というスタンスで、選手会と向き合っていた。ところが、選手会は、野球ファンを第一に考え、毎週の試合に出場しながら、国民的な娯楽であり感動を与えられる野球の発展を野球ファンの目線で考えていたのである。

　選手側が行った仮処分申請申立ては、東京地方裁判所で却下され、抗告審の東京高等裁判所でも棄却された。しかしながら、同高等裁判所は2004年9月8日の決定の中で、選手会の交渉当事者性を認定し、NPBのそれまでの交渉態度に誠実さが欠けていることに言及していた[24]。

　法律論としては、上記決定は、プロ野球選手会が労働組合法上の「労働組合」であり、団体交渉の主体たりうると裁判所がNPBの主張を退けた意義が大きかった[25]。選手会は、いわば東京高等裁判所のお墨付きを得たうえで、ストライキを行うことになったのである。高額年俸者が「労働者」なのかという疑問に対する司法の回答について研究者からも「プロ野球選手は個人の技能による差が

23）日本プロ野球選手会・前掲注19）p.366
24）東京高決平16・9・8 労働判例879号 p.91「日本プロフェッショナル野球組織（団体交渉等仮処分）事件」
25）森戸英幸「ディアローグ 労働判例この1年の争点」日本労働研究雑誌 No.544（2005）p.5

大きい年俸制下にはあるが、統一野球協約により興行主の管理と拘束のもとに置かれており、最低年俸、年金、障害補償、トレード制、等々の待遇につき、団体交渉の必要性と適切性が認められるといえる」との解説がなされている[26]。たいへん的確な分析であると思われる。

　第4に交渉戦術である。球団側は、選手会との思惑の相違もあって、決定事項をメディアに対して一方的にリークするという戦術を取った。この紛争は「近鉄−オリックス合併」のニュースから始まったのであるが、選手会は何も聞かされていなかったし、当初は情報戦で後手に回り苦労した。しかし、シーズン中の地道な情報収集とホーム・ページへの情報発信、そして第一線での野球ファンとの交流、古田会長他のメディアへの出演を継続していく中で、世論の圧倒的な支持を得ていった。

　2004年8月9日には東京・原宿において、選手会主催のシンポジウム「プロ野球の明日を考える会」が行われた。同年8月28日には東京・日比谷通りで「ストップ・ザ・1リーグ」「合併反対」というデモ行進があった。

　第5にビジネス・モデルの変革である。実は、選手会が球団側のビジネス・センスに疑問を抱いたのは、かなり初期であった。そのきっかけは、近鉄のネーミング・ライツ売却のアイディアであった。近鉄バッファローズは赤字に苦しんでいたが、ネーミング・ライツを売却すれば当面30億円程度捻出できることは選手会も知っていた。ホークスの親会社ダイエーも業績不振で、千葉ロッテが買収する話も出ていた。このような時期に大きかったのは、当時、未だ歴史の浅いＩＴ企業が新たな産業としてビジネス界に新風を送りこんでいたことである。

　ライブドアが近鉄バッファローズ買収の名乗りを挙げたのは、2004年6月30日、このスピード感は球団側の想定外であったと思われる。新興ビジネスの世界は筋書きのないドラマであるが、とにかく動きが早い。

　第6は時代の変化である。本件勃発後の球団オーナーの会議に、西武ライオンズ球団の社長ではなく、堤義明オーナーが自ら出席した。なんと26年ぶりとのことであった。

　一戸建てであれ、マンションであれ、20年経過すると設備機器の経年劣化が起きてくる。

　後知恵であるが、1993年に発足したＪリーグサッカーという強大なスポーツ・ビジネスが登場して11年、J1＋J2のサッカー人気が高まっていた当時、

26）菅野和夫『労働法〔第12版〕』（弘文堂、2019）p.832

プロ野球経営が旧態依然としていたことが、問題の根本にあったと思われる。本件ストライキを通じて、プロ野球経営は新たなビジネス・ステージにランクアップした感があった。

　第7は、デッド・ロック克服のタイミングである。

　2004年9月初旬、球団側の合併の主張と選手会の合併反対は、デッド・ロックに陥っていた。選手会がこれを打開する手は、ストライキ以外に考えられなかった。

　ストライキは、憲法28条の団体行動権によって保護を受けうる類型の行動である[27]。

　しかしながら、球団側にしてみれば、ストライキによって試合が行われない日は興行収入が入らず、ビジネスに打撃を受ける。そこで、メディアに「選手会に損害賠償請求をする意向」などとリークして牽制したが、これは、2004年9月8日の東京高等裁判所決定で無力化された。労働組合の正当なストライキに対する使用者の損害賠償請求はできないことは、労働組合法8条に明記されている。もっとも、ストライキを行えば、野球選手の側も年俸の一部をカットされるという代償を払わねばならない[28]。すなわち、ストライキという最終的な手段は、使用者側と労働者側の収入減の我慢比べという深刻性を有する。わが国では、1973年をピークとして、ストライキは急激に減少していた[29]。球団側にストライキの経験者がいたのか否か不明であるが、2004年9月18日（土）および19日（日）の1軍12試合、2軍6試合のストライキは極めて衝撃的であったと思われる。

　ストライキが明けた翌20日の6試合には、全国で20万人の観客が集まった[30]。ストライキによって野球人気がかえって燃え上がったことは、球団側にかなりのショックを与えたものと思われる。

　2004年9月22日および23日の交渉では、選手会の納得のいく線で妥結、さらなるストライキは回避された。デッド・ロック克服のタイミングは絶妙であったといえよう。

　選手会とNPBとの交渉の合意内容は以下のとおりであった[31]。

27）菅野・前掲注26）p.954

28）日本プロ野球選手会・前掲注19）p.342

29）菅野・前掲注26）p.954

30）日本プロ野球選手会・前掲注19）p.318

31）東京中日スポーツ「前代未聞のストライキ決行　忘れてはいけない球音が消えた2日間」（2018年7月28日）、https://www.chunichi.co.jp/article/15325, last visited as of 16 September 2021

- NPB は来季（2005 年）に 12 球団に戻すことを視野に入れ、野球協約に基づく参加資格の取得に関する審査を速やかに進め、適切に対応する。
- NPB は現行野球協約（当時）の加盟料、参加料を撤廃し、預り保証金等の制度を導入する。
- 新規参入が決まった球団の分配ドラフト参加を認める、統合球団のプロテクト選手（2 巡目、3 巡目の指名選手を含む）を除いて柔軟に対応する。既存球団は戦力均衡を図るため、参入球団に協力する。
- NPB と選手会は 1 年間をかけて、ドラフト改革、年俸の減額制度の緩和などについて徹底的に協議する。

　2004 年、新規参入の名乗りを挙げていた楽天のプロ野球新規参入が認められた。楽天は既に J リーグの神戸ヴィッセルを傘下に収めていたが、新たに仙台球場を拠点とする球場中心のビジネス・モデルを企画・実行して楽天イーグルスを誕生させた。

　また、ホークスはソフトバンクに買収された。

　近鉄バッファローズとオリックス・ブルーウェーブは、新たに「オリックス・バッファローズ」になった[32]。この球団買収は、選手会が阻止できるものではなかったのである。

　すなわち、パ・リーグは、全 6 球団のうち合計 3 球団が新たな出発となった。

　楽天の球場を中心とする新たなビジネス・モデルのノウハウは公開され、その後、パ・リーグ全球団が発展をみたのであった。

　プロ野球選手は過酷な職業である。2004 年の選手 752 名のうちシーズン終了後に、1 割以上の 84 名が退団している[33]。しかし、2005 年には 12 球団に 82 名の新人が迎え入れられた[34]。

　以上、日本プロ野球史上初の（そして野球ファンは「最後」であって欲しいと望んでいる）ストライキについて、交渉論の立場からみてきた。

　本件には、外国人選手が登場しなかった。外国人選手もストライキの影響で試合に出られなかったはずであるが、おそらく、彼等は選手会のメンバーではなかったのではないか。また、選手会の中には、後年、FA 権を行使して海外で活

32）日本プロ野球選手会・前掲注 19) p. 339
33）日本プロ野球選手会・前掲注 19) pp.358-359
34）日本プロ野球選手会・前掲注 19) p.362

躍する選手も当時の選手会に属していたが、そのような FA 権も交渉対象項目ではなかった。以上の意味で、本件紛争と交渉は、国際的要素が全くない。

そのような複雑な国際的要素を捨象したからこそ、プロ野球労使は、2004 年当時、ファンの心が離れないレベルでのストライキに留め、スムーズに、美しく妥結できたのではあるまいか。ビジネス面、そして法的手段も含めて諸々あった 103 日間であったが、日本という村社会の中での、日本法の枠内の、日本人同士の交渉および妥結の物語だったともいえる。

実は、選手会は、野球の本家であるアメリカのメジャーリーグ・ベースボール（MLB）の 5 回のストライキについて、参考事例として既にスタディーをしていた[35]。1994 年の長期間ストライキでファンがメジャーリーグから離れたことも認識していた[36]。

メジャーリーグのストライキについては、**第Ⅳ章**[1]「世界における調停」[2]「アメリカ合衆国」の項において、あらためて考察する。

また、それらを踏まえて、**第Ⅴ章**[2]の中で、日米プロ野球ストライキの比較にも言及したい。

(5) 交渉戦術（Tactics）

① 序

米国のハーバード・ロースクールで誕生した学問とされる交渉学[37]では、交渉戦略を重視する。しかしながら、実際の国際交渉では、当事者にロイヤーが同席しているとは限らない。それどころか、マンパワーが足りず、一方当事者は 1 人だけで交渉を担当しなければならない場面もあるであろう。そのような場合、相手方の交渉戦術で混乱させられたり、騙されたりして、不利な交渉結果となってしまうリスクがある。

「事前に交渉戦術についてスタディーしておけばよかった」という後悔をしないようにしておきたい。交渉は事前学習可能なのである[38]。

最も単純な交渉戦術にパワープレイがある。**第Ⅰ章**でご紹介した「米国対パナマ」のロールプレイで使われた戦術である。大きな声を出す、机を叩く等、物理

---

35) 日本プロ野球選手会・前掲注 19) p.128
36) 日本プロ野球選手会・前掲注 19) p.128
37) 田村次朗＝隅田浩司『戦略的交渉入門』（日本経済新聞出版社、2014) p.4
38) アラン・ランプルゥ＝オルレリアン・コルソン『交渉のメソッド──リーダーのコア・スキル』（白桃書房、2014) p.1

的に相手方を威嚇するスタイルが典型的であるが、自分は相手方の親会社と取引がある、とか、相手方の「先生」とはよく知った仲である等、会社関係・人間関係をちらつかせて有利に取引を進めようとする非物理的だが狡猾といえる戦術もある。

　このようなパワープレイも含め、実際の国際交渉でよく使われる戦術はブラフ（bluff）といわれる。「はったり」と訳されることもあるが、「虚勢、こけおどし、からいばり」等の訳もあり、少々日本語にしにくいので「ブラフ」のままの方がかえってわかりやすい。

　いずれにしても心理的なゆさぶり戦術の1つである。

　人間は、心理的に動揺すると、冷静かつ合理的な判断ができなくなる。これに備えるには、武道による鍛錬、あるいは、宗教による支え等が必要かもしれない。

②　交渉戦術の実例

　交渉学で研究されてきた交渉戦術につき、国際交渉で注意すべきと思われるものを先行研究を参考にして、以下、押さえておきたい。

ⅰ）アンカリング（Anchoring）

　アンカリングとは、根拠なく相手の提示した数値や条件を規定値にして、それに基づいて判断する心理傾向、と定義されている[39]。アンカーとは船の錨（いかり）のことである。

　アンカリング効果（係留効果）とは、最初のオファーが交渉のスタート地点として機能することと説明されている[40]。かかる最初のオファー（ファースト・オファー）は心理学的に極めて強力であり、アマチュアはもちろん、不動産業者のように訓練を受けたプロフェッショナルも、ファースト・オファーのアンカリング効果から逃れられないという実証実験結果が紹介されている[41]。例えば、売買契約交渉で、最初に出てきた数値（値段等）は、交渉の最終局面まで効いてくる、という経験は我々の経験と合致する。

　それでは、実際の交渉の場合、あなたがファースト・オファーをするべきであろうか？

39）田村＝隅田・前掲注37）p.45
40）マーガレット・A・ニール＝トーマス・Z・リース著、渡邊真由訳『スタンフォード＆ノースウェスタン大学教授の交渉戦略教室——あなたが望む以上の成果が得られる！』（講談社、2017）pp.194-195
41）ニール＝リース・前掲注40）p.201

これについては、定説はないという解説もあるが[42]、ファースト・オファーをデザインできる場合は、ファースト・オファーをするべきという説に説得力がある[43]。逆に、当方にファースト・オファーをデザインできる情報がない場合には、まず、相手方にファースト・オファーをさせて情報収集するという作戦である[44]。

いずれの場合であっても、アンカリング効果を受ける立場になった場合には、アンカリング効果が強力であることを十分に認識して、オファーを客観的に精査する対応が求められる

ⅱ）将来の取引の可能性

将来の不確実な取引を匂わせることによって、現在の取引の譲歩を迫る戦術[45]は、古典的ともいえるであろう。契約書に書かれない事項によって相手方に期待を抱かせて、譲歩させる心理的戦術である。人間は感情の動物なので、冷静・客観的に眼前の取引をみつめないと、このような口先の戦術にはまってしまうことがある。

将来の取引についての優先的交渉権等を交渉して契約書に的確に規定できるのであれば、別論であろう。

ⅲ）良い警官・悪い警官（Good Cop Bad Cop）

２名の相手方交渉者が、悪意に満ちた交渉者と好意的な交渉者の役割を分担する演技によって、ゆさぶりをかける戦術である。日本人はこの戦術に弱く、好意的な交渉者（Good Cop）を味方と勘違いしてしまう傾向があるので要注意とされる[46]。

対策としては、悪意に満ちた交渉者（Bad Cop）に退場いただくか、無視するか、であろう。Bad Cop の言動は、「序」のところで説明したブラフ（bluff）の一形態なのである。

ⅳ）ドア・イン・ザ・フェイス（Door in the Face）

まず法外なオファーをして動揺させ、次の譲歩案を受け容れやすくする戦術である。

相手方が譲歩したら、自分も譲歩しなければならないという心理傾向（返報性

42）田村＝隅田・前掲注37）p.55
43）ニール＝リース・前掲注40）p.201
44）ニール＝リース・前掲注40）pp.210-211
45）田村＝隅田・前掲注37）p.155
46）田村＝隅田・前掲注37）pp.156-157

のルール）の悪用といわれる[47]。この戦術は、ⅰ）のアンカリングの応用戦術とみることもできるのではないか。

　よって、対処法としては、まず、アンカリング効果を意識して最初のオファーを精査すること、そして、次の譲歩案を独立したオファーとして精査することが求められると考える。

ⅴ）フット・イン・ザ・ドア（Foot in the Door）

　まず小さな要求をして "Yes" と言わせ、その後、要求を引き上げていく戦術である。

　無料サービスの提供後、少額の商品を勧め、最後に高額の商品を売りつけるようなやり方である。人間の中にある「一貫性の原則」すなわち、自分が首尾一貫した意思決定をしたいという心理傾向を悪用する戦術といわれる[48]。この戦術も、最初の印象を使うという心理作戦なので、ⅰ）のアンカリングと類似の戦術とみることもできるのではないか。

　対処法としては、1つひとつの要求を独立して精査することが考えられる。

ⅵ）タイム・プレッシャー[49]（Time Pressure）

　時間を区切って合意を求める最後通牒戦術等、時間を使って圧力をかける戦術である。人間は、時間に追われると判断を誤りやすい。

　対策としては、冷静に、相手方の「時間の区切り」の必然性、正当性、妥当性を検証することである。逆に、当方から時間を区切ってカウンター・オファーをする対抗戦術もあり得る。

ⅶ）おねだり戦術

　合意の直前か直後に新たな条件を出して、認めさせる戦術である[50]。

　合意寸前あるいは、合意の直後は、緊張感が薄れて無防備になる状態を利用する戦術である。実務では頻繁に出てくるので注意したい。合意が成立しそうであると、どうしてもその結果を守りたくなる相手方の心理につけこんで、メリットを得ようとする輩がいる。

　対策としては、あくまで、全ての条件を精査したうえで合意するという基本に戻ることであろう。このような輩に対しては、ニヤリと笑って「後だしジャンケンはルール違反ですよね」と言って交渉のテーブルに戻るくらいの余裕を持ちたい。

47）田村＝隅田・前掲注37）p.159
48）田村＝隅田・前掲注37）p.160
49）田村＝隅田・前掲注37）p.160
50）田村＝隅田・前掲注37）p.165

③ 国際交渉の終結

(1) 文書作成

　ここまで本章では、国際交渉について、準備段階、交渉開始から終結まで、参考になりそうなケースを挙げながら、交渉過程全般について検討を行った。

　個々の事案においては、それぞれ紆余曲折を経た後、結果は千差万別であろう。

　当事者が思い描いたとおりの交渉結果となった場合については、「完勝」とか「ワンサイドゲーム」といわれる場合もある。

　他方では、交渉では一致点を見出すことができず、訴訟や仲裁といった第三者・機関による判決や判断等、裁定を求める解決手段に移行せざるを得ない場合もある。あるいは、第三者である国際調停人を立てるということのみ一致をみたという交渉結果に終わる場合もあるだろう。国際調停については、**第Ⅲ章**で詳述するが、国際訴訟および国際仲裁についての詳細は、各々の分野に関する専門的な書籍・資料を参照されたい。

　交渉結果がどのようになっても、国際交渉の終結は、基本的に文書の作成によって確認されるべきである。紛争についての交渉が妥結した場合であれば、当事者による和解契約書（Settlement Agreement）の作成および署名がなされることになる。

　手続的にいえば、国際的な要素のない日本における交渉の場合も、和解が成立すれば、我が国の民法695条に規定された典型契約である和解契約成立の証として、和解契約書が作成されるのが通常である。したがって、特に国際交渉終了時の文書作成が、国内と比べて特異であるわけではない。

　もっとも、言語的にいえば、国際交渉終了時の文書は、英語またはその他の外国語で作成されることがほとんどであり、日本語で作成されることは稀であろう。日本企業は、英文和解契約書の骨子を日本語で作成し、社内での交渉結果報告に使用するというのが実務である。

(2) フォローアップ

　当事者による和解契約書の作成および署名は、交渉当日に行われるのが理想的であろう。しかしながら、最終日に相手方と握手してから書面をまとめるのは一

苦労である。実務では、交渉最終日には、握手だけで何もサインせず、書面作成は後日に先送りされることが約束されることもある。しかしながら、交渉最終日に、たとえ骨子だけを箇条書きにしたような簡単な議事録の形式であっても、両当事者がサインすることがベターである。人の記憶はあてにならない。わずかな違いのように思われるかもしれないが、口頭での合意は、必ずといっていいほど、後で両当事者に齟齬が生じる。その場の雰囲気が大変よくて、書面にまとめて内容を確認しなくてもよさそうだ、という状況が実は最も危険である。

　国際交渉は緊張する。特に、交渉チームのトップは重圧がかかる。チームとして役割分担を行い、ストレスをシェアして、個人に過大なストレスがかからないように配慮すべきであろう。

　注意しなければならないのは、本当に交渉は終わったのか、という点である。

　特に、交渉項目が多岐にわたり、各々の項目が相互に関係しているような場合、書面にしてみると項目同士が矛盾していることが判ることがある。会議場で握手して軽く打ち上げのビールを飲んだ次の日に、オフィスで法務担当者がこのような事態に直面することは稀ではない。

　実は、以上のような状況は、国際交渉の経験豊富な会社のトップや経営陣にとっては想定内のことであり「あとは事務方で詰めておいてくれ」という簡単な指示が法務担当者に対して出されることが多いであろう。

　しかしながら、正式な和解契約書が作成されるまでは、完全に紛争が解決し、交渉が終了したとはいえない。

　会議室で国際交渉の大きな山場は超えたとしても、その場ではみえなかった交渉項目につき、文書の文言をめぐって交渉が継続するわけである。これが法務の仕事となる。

(3)　国際交渉の執行〜シンガポール条約との関係

　国際調停に関しては、国際仲裁に関するニューヨーク条約のような執行力を担保するメカニズムがないという懸念が数年前から指摘され、シンガポール条約の成立に至ったことは、**第Ⅲ章3**で詳述するが、シンガポール条約の当否を議論するに際し、「国際交渉の執行力」という論点がハイライトされるに至っている。

　シンガポール条約の狙いは、調停の結果として締結された和解契約に対して仲裁判断におけるニューヨーク条約と同様に執行力を与えようということである。それであれば、調停人なしに交渉によって作成された和解契約にも執行力を与えるべきではないのか？

　上記の疑問は、国際法務の実務からもたらされるものである。ある程度の実力と予算がある大企業同士の真剣勝負の紛争解決に際しては第1日目から双方に優秀な弁護士がついており、交渉と調停の実態とプロセスはさほど変わらないからである。唯一の違いは調停人の存在なのである。特に、調停人の支援がミニマムであって、当事者同士がほとんど自力で和解に至ったようなケースを経験した当事者は、相手方との相対交渉のみで和解に達した場合についても、和解契約書そのものに執行力が欲しくなろう。

　以上のような議論は、シンガポール条約署名については肯定論よりもむしろ否定論に力を与えることになるかもしれない。

　いずれにしても、シンガポールでの条約署名式（2019年8月）以前には、国際交渉の結果作成された和解契約書に仲裁判断と同様の国際的執行力が欲しい、といった主張は聞こえてこなかった。実は、国際法務の第一線では、日本企業は、既に、いろいろな開発途上国における執行裁判の不合理性に直面していたのだが、あまりにも個々バラバラの事案処理に忙殺されており、条約というダイナミックなクロスボーダーの立法論にまで思い至らなかったのかもしれない。

　しかしながら、「交渉」には、民事紛争を解決するための交渉や、ビジネスのための交渉、日常生活での交渉等、あらゆるものがある[1]。

　このような交渉の分析では、取引交渉や契約交渉のような友好的交渉と、示談や和解のための交渉のような紛争交渉の区別がしばしば用いられるが、友好的交渉にも対立紛争への契機が内在しているとともに、紛争交渉においてもお互いがより有利となるウィン・ウィン（win-win）型の解決の可能性が存在している[2]。筆者が法務担当者として参画した国際契約交渉においては、上記の「対立紛争への契機」、すなわち最悪の場合には紛争解決条項が発動される、ということが常に意識されていた。表面的には笑顔で楽しそうに相手方と向き合っていても、それは一時的なシーンでしかない。このように紛争解決条項を意識することは、訴訟社会である米国の企業を相手方とする場合に特に強い傾向があると思われるが、相手企業の国籍とは関係なく、国際契約交渉のスタンダードとすべきであろう。

　「交渉によって作成された和解契約にも執行力を与えるべきではないのか？」という問題意識の直接的な対象になるのは、上記の分類でいえば、紛争交渉の結果締結された和解契約であろう。取引交渉や契約交渉のような友好的交渉の結

1）太田勝造＝草野芳郎編著・奥村哲史ほか『ロースクール交渉学〔第2版〕』（白桃書房、2007）p.147

2）太田＝草野・前掲注1）p.4

果締結された契約に執行力を、という立法論もあり得ないわけではないが、通常、
交渉の準備段階において、締結した契約を履行する蓋然性が高い相手方であるこ
とを確認してから交渉に入るので、当事者間では任意履行が期待され、執行力ま
ではイメージしないと思われる。

　日本国内では、かつて、裁判外で行われる当事者間の和解合意（私法上の和解
契約）に執行力を付与することが議論されたが、「今後も検討を続けるべき将来
の課題」として見送られた経緯がある[3]。

3）法務省資料（https://www.moj.go.jp/content/001332367.pdf, last visited as of 24 September 2021）

④ 小括

　本章では、いくつかのケースと先行研究をもとに国際交渉を探求した。

　ここまでで十分検討できなかった論点につき、本節において最後にフォローアップしておきたい。

(1)　国際交渉と倫理

　国際交渉において、まず、法律違反をしてはならないであろう。しかし、どこの国の法律を守れば十分なのかということはさほど明らかではないかもしれない。例えば、米国ハワイ州において、日本企業が米国企業相手に契約交渉をする場合、日本企業は米国連邦法またはハワイ州法に違反する行為はできないことは明らかである。また、連日のハード・ネゴシエーションに対応するために、日本からハワイ州に連れていったスタッフに対しては日本の労働基準法に違反する働かせ方を強要したら法令違反となる。そのような法令違反行為は、相手方に厳しく指摘され、交渉中止のリスクにさらされかねない。また、実務的にも、交渉を継続しても士気があがらず、良い交渉結果は望めないであろう。

　以上は、やや極端な「黒／ブラック」の例であるが、交渉者が弁護士であれば、法律の他、弁護士倫理に従わなければならない。日本の弁護士資格保有者であれば日本弁護士連合会の倫理規定違反には制裁が科されるし[1]、外国の弁護士資格保有者であれば当該国の弁護士倫理による規律の下に処分を受ける。弁護士ライセンスを有する以上、当然といえるであろう。

　よりグレーで悩ましいのは、ビジネス倫理の領域であろう。

　最近では、ビジネス倫理の領域も、企業法務の守備範囲と考えられている。明確な法律違反がなく、弁護士資格を有する者の倫理規定違反がなくとも、交渉当事者（企業）にレピュテーション・リスクをもたらすリスクは企業としてヘッジしなければならないと考えられる。この点について、著名な企業法務のリーダーは「本質的にはリスクマネジメントこそが法務部門の業務である」と喝破している[2]。企業が、よい交渉結果を求めるあまり、社会的に非難されるような反倫理

---

1) 太田勝造＝草野芳郎編著・奥村哲史ほか『ロースクール交渉学〔第2版〕』（白桃書房、2007）p.147

2) 明司雅宏『希望の法務——法的三段論法を超えて』（商事法務、2020）p.81

的な交渉手段を取ることは回避されるべきである。

(2)　オンライン国際交渉

　本章①で述べたように、訴訟や仲裁の世界においては、近時、オンラインによる手続（ODR）の導入が進んでいる。

　2020 年 3 月 16 日には、2019 年 6 月 21 日に閣議決定された「成長戦略フォローアップ」に基づいて組織された官民の有識者から成る ODR 活性化検討会により「ODR 活性化に向けたとりまとめ[3)]」が作成された。

　2020 年 7 月 17 日付の閣議決定「成長戦略フォローアップ[4)]」の 67〜69 頁には「裁判手続等の IT 化の推進」の項に「オンラインでの紛争解決（ODR）の推進に向けて、民間の裁判外手続（ADR）に関する紛争解決手続における和解合意への執行力の付与や認証ＡＤＲ事業者の守秘義務強化等の認証制度の見直しの要否を含めた検討」が記載された。

　上記の閣議決定を受けて、ODR 推進検討会[5)]が設置され、検討がなされている。

　これらの研究の成果をオンライン交渉にどこまで生かせるか、あるいは、交渉論の中で、何を独自に考察しなければならないかということは今後の研究課題であろう。

　オンライン交渉を行う準備段階において、通信環境や機器等のセッティング、秘密保持等、技術的にクリアしなければならない点は詰めておかねばならない。そのような準備を前提として、オンライン国際交渉には以下のメリットがあろう。

・相手方の本拠地または第三国等に移動せず、自社で交渉対応ができる。
・交渉当事者が集まった場合のウィルス感染・クラスターのリスク等を遮断できる。
・交渉場所や飲食物など、準備と配慮が不要である。
　一方、オンライン交渉には以下のデメリットもある。
・相手方のオフィスや本拠地、そして交渉担当チームや交渉担当者についての多様な情報が取得できない。
・自分達の交渉担当チームや交渉担当者についての多様な情報伝達方法が画面および音声に制約を受ける。

3）https://www.moj.go.jp/content/001332396.pdf, last visited as of 19 September 2021
4）https://www.moj.go.jp/content/001332395.pdf, last visited as of 19 September 2021
5）https://www.moj.go.jp/content/001332397.pdf, last visited as of 19 September 2021

・上記の結果、コミュニケーションが不十分になり、誤解したりされたりする
　リスクが伴う。

　ＩＴ技術の発達によって、上記のデメリットがどれほど低減されるか定かでは
ない。
　いずれにしても、上記のメリット／デメリットを総合的に勘案して、オンライ
ン交渉を行うかどうか決定するほかないのではないだろうか。

第Ⅲ章

国際調停
～準備、開始、終結

① 国際調停の準備

(1) 序～日本における国際調停 (ケース O)

　国際調停についても、**第Ⅱ章**の国際交渉と同様に、時間的順序を追って解明していきたい。

　その準備段階について論ずる前に、日本における国際調停を考える手がかりとして、1 つのケースを、その背景も含めて紹介することとする。

① 背景

　1990 年代のベトナムは未だ国際化が進んでいなかった。しかし、1986 年に同国が開始したドイモイ政策の効果により、かつてサイゴンといわれた最大都市ホーチミン市の国際化が始まりつつあった。

　その少し前の 1980 年代に日本では不動産投資が盛んであった。その勢いは海外に及び、多くの日本企業が米国において不動産投資を行っていたが失敗例も多く、不動産投資マーケットとして新たに東南アジアが注目されていた。

　以上のような時代背景の中で、日本の企業 Y 社がホーチミン市に国際級のホテル建設プロジェクトを企画し、サイゴン川に面した土地を提供するベトナム企業 Z 社と米国のホテル会社 M 社との 3 社による計画が進められた。

　Y 社はホーチミン市内の土地を提供した Z 社とベトナムで合弁企業 Z Y 社を設立した。

　日米両国におけるホテル開発・建設、および、ベトナムにおける日系工場の建築工事で実績のあった日系企業の X 社は、1994 年、日本において Y 社と日本語での契約を交わし、さらに、Z Y 社と英語での工事契約を締結してホーチミン市での国際級ホテルの建築工事が開始された。

　後から振り返れば当然のことといえるだろうが、開発途上国で国際級ホテルを建設することには、多くの困難が伴う。しかも、当時、国際級ホテルを発注しようとしていた Y 社の海外投資経験は、ほとんど「ゼロ」であった。

　一方の X 社は、日系建設会社としては、ベトナムでの建築工事実績は豊富であったが、そのほとんどは日系メーカーの工場であり、建築した建物はさほど複雑なものではなかった。X 社は、ベトナムでの国際級ホテル建設 [1] は初めてで

あった。

なお、我が国は 1996 年からベトナムに対して法制度整備支援を開始し[2]、森嶌昭夫・名古屋大学名誉教授ほか、多くの関係者の尽力を得て、ベトナムでの民法典の編纂や司法試験制度の立ち上げに注力していた。裏をかえせば、当時のベトナムにおける法制度は 1990 年代の段階では、未ださほど整備されていなかったということになろう。

X 社は、当時、ホーチミン市において英国系の弁護士事務所を起用し、諸々のリーガル・サービスを受けていたが、ベトナム法についての確たる情報が得られずに困っていた。

一口に「アセアン 10 カ国」といっても、国によって経済事情は天と地ほどの差があった。当時、アセアン最大の人口を有するインドネシアは経済成長の軌道に乗っていた。しかし、ベトナムは、ドイモイ政策による経済成長がようやく始まろうとしていた時期であった。未だベトナム国内には高速道路が皆無であり、ホーチミン市では、朝のラッシュ時には、4 輪車ではなく、バイクや自転車によって国道が渋滞するような状況であった。

② 紛争および調停手続

X 社のホテル建設は難航した。躯体工事まで終了したところで、大幅なコストオーバーランが生じており、Y 社から示された予算の 4000 万米ドルをはるかに上回る費用がかかっていた。

X 社は、工事を停止して Y 社に追加費用を要求したが、Y 社は「X 社とは総額請負金を合意しているので、コストオーバーランは全て X 社の責任において処理すべきものである」として追加費用の支出を拒絶した。

他方、米国のホテル会社 M 社は、ホテル建設工事がストップし、ホテル開業時期を予定することができない状況の中で、Y 社との契約を終了して本件プロジェクトから撤退した。

X 社が工事を停止したのでホテル建設は中断していた。X 社と Y 社とは、何回

---

1) 工事契約において「国際級ホテル」の建設というような曖昧な用語使いは紛争の種になりかねない。いわゆる五つ星ホテル、四つ星ホテル等のどのランクが「国際級」であるかは判らないからである。また、「五つ星ホテル」といっても、少なくとも当時は国際標準がなく、ベトナムでいう「五つ星ホテル」は他国でどう評価されるかは別問題であった。
2) 2018 年 3 月に入手したパンフレット「JICA の法整備支援事業——すべての国に、『法』という礎を。」独立行政法人国際協力機構（JICA）、および、「JICA's World」No.31（2011）pp. 08-12 参照。

　も直接交渉を行ったが進展がみられず、建設中断期間は2年以上に及んだ。折から、日本経済は「バブル崩壊」による不況に陥り、金融機関が資金回収に動いたため、日本企業各社はおしなべて資金調達に苦しむ時代となっていた。

　ところで、X社とY社との契約は日本語であり、紛争解決条項は「本件契約に係る紛争は、まず、調停を行い、調停で解決できない場合は、東京地方裁判所における訴訟によって最終的に解決する」旨を規定していた。いわゆる調停前置の裁判による紛争解決条項である。

　そこで、X社とY社とは、各々代理人弁護士B氏およびC氏を選任し、東京の弁護士会館において調停のテーブルについた。かなり狭い部屋であったようである。調停人は比較的シニアの男性弁護士A氏が選任されて同席調停が開始された。

　第1回目の調停期日は、X社とY社、それぞれの社員、代理人弁護士B氏およびC氏と調停人A氏の顔合わせ程度であっさりと終了し、次回の調停期日が合意された。

　第2回目の調停期日も同じ顔ぶれで行われた。この第2回期日では、B氏はX社のY社に対する追加工事費用の要求を述べ、C氏はY社のX社に対する工事再開を主張した。次回期日を決めて第2回期日は終了した。

　第3回目の調停期日も同じ顔ぶれで行われた。この第3回期日でも、B氏はX社のY社に対する追加工事費用の要求を述べ、C氏はY社のX社に対する工事再開を主張した。お互いの主張は平行線のままであり進展はみられなかった。調停人のA氏は「まあ、両方の企業は共に名のある企業なんだから、いつまでも争わないで和解しましょうよ」と言った。しかし、X社からも、Y社からも、和解への歩みよりは全くなく、第4回目の調停期日が合意された。

　X社は、工事資金が確保され、工事を再開することを望んでいた。同社が工事を中断することは珍しく、また、工事を途中で放棄したことがなかった。もしもそのような事態になり、日本のマスコミに取り上げられるようなことになれば、同社のレピュテーションは大きく傷つき、株価や将来の受注にも影響が出かねない。

　ベトナム政府も本件ホテル建設に注目し、問題視するところとなっていた。ハノイの建設省の担当者からX社に対して「早く工事を再開して国際級ホテルを完成させるように」と口頭での指示があった。

　X社内では、弁護士会館における「調停」では本件の追加工事費用要求は実現できず、工事再開の見通しも立たないという結論に至った。そこで、代理人弁護士B氏に、本件調停の打切りを依頼した。

　第4回期日で、B氏は、本件調停での解決の見込みがないことを率直に表明した。しかしながら、調停人のA氏は「もう少し努力してみましょう。何とかなるかもしれません」という趣旨の発言をしてB氏を説得した。B氏は仕方なく第5回の期日に同意した。

　この「調停」が始まって、既に何週間も経っていた。しかし、X社からも、Y社からも、和解への歩みよりは全くなく、何の進展もなかった。

　東京の弁護士会館における「調停」が全く進展しないので、X社は第5回の調停期日をキャンセルする旨をY社に通知した。すなわち、この調停はここで不調に終わった。

　X社は、社内の決裁手続を経て、Y社との契約中に規定された東京地方裁判所においてY社に対する訴訟を提起した。

③　小括

　本件は、両当事者の紛争勃発以来、交渉 ⇒ 調停 ⇒ 訴訟というプロセスを経た。

　この1990年代前半のケースから、我々はいくつかの教訓を学ぶことができる。

　まず、第1に挙げられるのは、当事者の直接交渉の難しさである。厳しい経済環境の中において、徹底したコストセーブをしながら海外初のホテル事業を立ち上げようとするY社と、単独工事における利益を確保しようとするX社のポジションの違いは、なかなかかみ合わなかった。

　第2は、日系企業の日本語および日本の裁判所への信頼感である。Y社とX社は、ベトナムという外国におけるホテル建設という国際案件であるにもかかわらず、日本語で契約書を作成し、紛争が生じた場合には、最終的に東京地方裁判所で決着をつけることに合意していた。

　確かに、裁判所を最終的な紛争解決手段とする合意は日系企業同士のスタンダードではある。しかしながら、海外合弁会社ZY社とX社とが当事者となるべき国際建設工事契約の最終的な紛争解決メカニズムとして日本の裁判所を指定することが果たして最適であったのであろうか？

　これは本書のイントロダクションで言及した裁判・仲裁等の比較検討の観点から、より深く検討されなければならなかった点であろう。実は、本件の紛争は、東京地方裁判所において決着をつけることはできず、Y社とX社は裁判外で当事者同士の交渉をやり直し、最終的に和解した。この和解により中断していた建築工事は再開され、2001年にホーチミン市における国際級ホテルは竣工を迎える

ことができた。

　第3は、当時の日本における「調停」についての無力感である。X社の代理人弁護士B氏がX社のためになるべく追加費用を獲得しようとするのは当然であった。一方、ホテル建設を早期に再開しようとするY社の代理人C氏がX社の工事停止を「工事契約違反である」ことを主張する立場も理解できる。

　問題は、調停人A氏のパフォーマンスであった。

　交渉と調停の違いは、端的にいえば調停人の存在である。しかしながら、本件における調停人A氏は、毎回同席して「斡旋」を試みたのみであり、当事者間のギャップを全く埋めることができなかった。したがって、和解への糸口は全くつかめなかった。手続の進め方について、当時の東京地方裁判所の民事事件に倣ったのは仕方なかったのかもしれないが、結果的に、A、B、C、弁護士各位の都合で次回期日のスケジュールが合計4回合意されたのみであった。

　この不調に終わった「調停」のケースは、当事者であった日系企業としては、たいへん残念なものであったと思われる。このような時間の無駄は、「調停」についての企業の信頼を失わせることになりかねない。もっとも、このような1990年代の「調停」は、後述するMediationとは全く異なるものであったと思われる。

　よって、本件「調停」は、国際調停論の「ケース0」としてここに記し、以降の議論の出発点（マイナスからの出発といった方がふさわしいかもしれない）とさせていただく次第である。

　もちろん、日本における現代の調停は、20年前以上の「ケース0」の調停よりも進歩しており、「ケース0」をその後の米国のケースと単純に比較することは公平ではないであろう。特に、2018年10月1日に運用が開始された、いわゆる知財調停の分野においては、日本は世界の中でもかなり進んでいると思われ[3]今後も期待できる。

　なお、国際調停論としてケース0を出発点とする詳細な比較検討は、他の複数のケースを紹介した後に行う。

（2）　調停人（Mediator）の選任

　調停の準備段階に続いて焦点となるのは、調停人（Mediator）の選任である。裁判や仲裁というシステマティックな紛争解決手段に比べて、調停（Mediation）

3）商事法務編『仲裁法等の改正に関する中間試案（別冊NBL 176号）』(2021) p.8

は極めて個人プレイ的である。

　そのため、誰が調停人になるのかということが極めて重要である。

　ある調停機関の調停成功率が 80％ という平均値であるとすると、おそらく、その調停機関のリーダー格のスーパー調停人が 90％ 程度の調停率を上げているのではないだろうか。これは、統計資料に基づく見解ではないが、米国カリフォルニア州で、いくつかの調停の知見を得た筆者の皮膚感覚である。

　調停人の選任についても、手続を述べる前に、具体的なケースを紹介することとする。

①　2007 年カリフォルニア州コンドミニアム建築工事契約解除（ケース１）

　米国カリフォルニア州内の建設紛争[4] については、訴訟または仲裁が開始された後に、当事者主導によって調停が行われて和解に至り、訴訟または仲裁が取り下げられることが多い[5]。

　カリフォルニア州内でも、サンフランシスコ・ベイエリアは、居住地として、全米の中でもフロリダと並んで特に人気が高いエリアである。

　コロラド州に本社を置く中堅デベロッパーの P 社はサンフランシスコ空港に近い土地を取得し、コンドミニアム（日本では「マンション」といわれる販売型集合住宅である）の建設を企画した。P 社は建築設計作業を終えて、南カリフォルニアに本社を有する中堅ゼネコン Q 社と建築工事契約（請負金額約 3200 万ドル）を締結した。

　同工事契約によれば、工事保険は P 社が付保することとされていた（Owner Controlled Insurance Program）。また、紛争解決条項は、カリフォルニア州裁判所による最終的な紛争解決が規定されていた。

　Q 社により建設が開始され、コンドミニアム 1 階の基礎コンクリート打設中にケーブルの破断事故が起こり、工事が一時中断し、工程遅延が起きた。基礎工事に引き続いて行われた上部躯体工事も順調とはいかず、上部躯体および屋根工事が完成した 2005 年、P 社は工事契約を解除し、Q 社に対してカリフォルニア州裁判所に損害賠償請求訴訟を提起した。

　Q 社は、弁護士事務所と相談のうえ応訴し、P 社に対して損害賠償の反訴請求

---

4) 米国における建設 ADR の背景およびその影響については、小倉隆「米国における建設 ADR ──より良い国際建設紛争解決への示唆」国際商取引学会年報 19 号（2017）p.8 以下を参照されたい。

5) 小倉隆「国際商事調停の利用と実務」JCA ジャーナル 67 巻 2 号（2020）p.17

を行った。

　この訴訟においては、証拠開示請求（Discovery）の段階で、2007年秋に陪審員審理（Jury Trial）のスケジュールが決められた。

　P社は、工事契約解除に先立ち、サンフランシスコ市の経験豊富な弁護士を雇用して、本件訴訟を準備させていた。一方、Q社は、建設紛争に詳しい複数の弁護士事務所を起用し、建設工事業者の先取特権（Mechanics' Lien）を登記して全面的に防御を行っていた。

　2007年までにP社およびQ社は、各々の複数の会社幹部に対して証言録取（Deposition）を行ったほか、互いの弱点を指摘し合って全面的に争っていた。各々、400万ドルを超えるリーガルコストを支出していたのではないかと推定される。

　このような状況下において、陪審員審理（Jury Trial）に突入すれば、P社およびQ社は、さらに、200万ドルを超えるリーガルコストを支出しなければならないことが予測された。

　そこで、P社およびQ社は、カリフォルニア州在住で建設関係の調停人として全米的に有名であったR氏による調停を行うことに合意した。

　カリフォルニア州在住のR氏が、なぜ全米的に有名かといえば、彼はニューヨーク市のグラウンド・ゼロ・プロジェクトの設計紛争の調停で名前を挙げたからであろう。2001年9月11日、米国および世界を震撼させた同時多発テロ事件が勃発し、ジョージ・W・ブッシュ第41代米国大統領が「これは戦争だ。」とアナウンスしたことは、その後の世界政治に影響を与え続けている。この日、テロリストが操縦する飛行機がニューヨーク市のモニュメント的ツインタワーであったワールド・トレード・センター（WTC）に突入し、世界的に有名であったこのビル2棟は、数時間後に崩落し、多くの死者が出た。

　奇しくも、ちょうどこの秋、筆者はニューヨーク州のBar Examinationに合格し、翌年2002年5月、同州の州都オルバニーにおける宣誓式に出席する途上、ニューヨーク市を訪問することとなった。担当警察官の許可を得て、かつてWTCの聳え立っていた場所に近づくと、半年近くが経過したにもかかわらず、未だに焦げ臭いにおいが充満し、コンクリートや鉄筋の無残な残骸が散乱している状態であった。メッシュのフェンスに行方不明者のカラー写真や氏名が書かれたカードが何十枚も貼られていた。多くの花束が捧げられ、その横で祈りを捧げる人々の姿があった。

　この同時多発テロ事件の跡地（グラウンド・ゼロ）をどうするか、関係者の間

で喧々諤々の議論が重ねられたと聞く。そもそも、前代未聞のテロ事件で多数の命が奪われた生々しい「現場」を保存すべきかどうか？　保存するとして、どこまで片付けて、残存物をどのように保存するか？　残骸を片付けた跡地に何を作るか？　モニュメント的なものとビルディングを建設するとして、どのようなものにするか？　計画は誰がどのように作成し、設計は誰がするのか？

　R氏はニューヨーク市において以上のような難問に回答を出し、調停人として全米的な名声を得た。

　2015年に、グラウンド・ゼロを再訪すると、広大な敷地には、新しい超高層ビルが建ち、その地下は、9.11モニュメントとなっていた。

　2007年当時、R氏の予定は、だいたい3カ月先まで埋まっていた。彼は、当時、サンフランシスコ・ベイエリアの一角をなすオークランド市に既に自分のオフィス・ビルを所有していた。

　2007年初に、P社およびQ社は、カリフォルニア州在住で全米的に有名な建設関係の調停人R氏による調停を行うことに合意した。調停日は、同年7月の2日間と決まった。

　米国では建設紛争は調停によって最終的に解決されることが多いというが、本当であろうか？　実例を知らない当時の筆者はかなり懐疑的であった[6]。

　調停第1日目（Day 1）の朝、大きな会議室に、発注者、設計者、請負者、および、各々の弁護士達が集まってオープニング・セッションが開始された。

　静まりかえった大会議室で、R氏は、なぜ、自分が調停人になったのかを話し始めた。

　「私は、訴訟弁護士（リティゲーター）として多くのケースで勝って参りました。しかし、勝訴した後、クライアントが私の請求書を見た時のとても悲しそうな顔を見るのに耐えられなくなりました。このような結果をもたらす訴訟は不毛ではないか！　だから私はリティゲーターをやめ、調停人というプロフェッションを選んだのでございます」

　次の瞬間、彼は静寂を破ってこう言った。

　「オーケー。両当事者各位、私の前置きはこのくらいにいたします。この不毛な訴訟を終わらせようとして、本日、この場にご参集いただき、誠にありがとうございました。ここで私からの御提案がございます。各々、ただ1回だけで結構ですから、"Free Fall"をすることにいたしましょう。お互い、無条件に請求金額

6）小倉・前掲注5）

を下げていただきたい」

　"Free Fall" は、私の実家の近くの遊園地にもある乗り物である。極めてわかりやすい比喩であった。

　約 10 分後、発注者は、請負者に対する損害賠償請求額を 50% 下げ、請負者側も、発注者に対する反対請求額を約 50% 下げた。両者が大きく主張金額を下げたのは、まるでカリスマ調停人のマジックをみているようであった。

　その後、両当事者が、同じ大会議室でケースのプレゼンテーションを行った。建設紛争は、事実関係が複雑であり、例えば、1 回限りの機器の売買契約紛争と比べれば情報量が多い。コンドミニアムの建築は、更地における地下躯体工事、1 階部分の基礎工事、そして上部躯体工事と、時間を追って下部から上部へと行われていく。基本的なマテリアルは、コンクリートおよび鉄筋なのであるが、コンドミニアムの設計図はユーザー（買手）を意識したいわばアート作品である。当時、全米最先端の設計を、どういうシークエンス（工程）で具現化していくかは、元請建築工事会社の技術力、サブコントラクターやサプライヤーをコーディネーションする能力にかかっていた。これらの業者およびその工程表に関する情報は膨大である。3 年間にわたる膨大な情報から、キーとなる事実関係を抜き出して整理し、90 分程度のパワーポイントに落とし込む。この作業を、発注者である P 社、元請建築工事会社 Q 社が各々行って準備を終わらせ、90 分ずつプレゼンテーションを行った。

　まず、発注者である P 社は、本件工事の経緯、すなわち、コンドミニアム 1 階の基礎コンクリート打設中に発生したケーブルの破断事故、その後の工程遅延、躯体工事が完了した時点での工事契約解除について淡々とプレゼンテーションした。そして、次に、Q 社から建築現場の引渡しを受けた後、発注者である P 社が、いかに苦労を重ねて外装業者・内装業者をまとめ、コンドミニアムを完成させたかを強調するプレゼンテーションを行った。

　元請会社 Q 社が起用したプレゼンターは、全米的に有名な N 社であった。N 社は、建設工事のシークエンス（工程）をわかりやすいパワーポイントにして大会議室のスクリーンに映し出した。なお、N 社は、発注者である P 社が Q 社から建築現場の引渡しを受けた後、外装業者・内装業者をまとめ、コンドミニアムを完成させるのに際し、新たに設立した P 2 社が、カリフォルニア州の建設業許可を得ておらず、同州の法律に違反した疑いがあることを指摘した。プレゼンテーションを聴いていた P 社関係者は、この部分に対して声をあげ、怒りを露わにした。N 社は「以上の経緯に鑑みれば、本件工事における発注者 P 社が元請建

築工事会社Q社との工事契約を解除したのは不当であったのであります」と述べて、90分のプレゼンテーションを終了した。

R氏は、パワーポイントがよく見える席に陣取り、終始、プレゼンテーションを静かに見て考えているようであった。彼は、時々、ノートブックに目を落としてメモを取っていた。

1時間の昼休みを挟んで午後から別室に分かれ、調停人R氏との個別面談（"caucus"：コーカスといわれる）が開始された。R氏は、まず発注者であるP社の部屋に行った。

40分ほどして、R氏は、元請建築会社Q社の部屋に現れた。これが何回か繰り返された。

コーカスが繰り返された第1日目は、午後5時に終了した。

第2日目は、午前9時から、コーカスが再開された。

同日の午後になって、両当事者のギャップは急速に縮まり、夕方、和解合意に至った。

約1週間後に和解契約書所定の支払いが終了し、訴訟は取り下げられた。

この調停を通じて、両当事者は、陪審員裁判を行うためにかかる費用（各々約2億円程度）をコスト・セーブできた。これに対し、和解に要したカリスマ調停人R氏の費用は、彼の事務所の使用料も含め、数百万円であった。

私は大きな衝撃を受けていた。2005年にP社がQ社に訴訟提起して以来、この訴訟はQ社の存亡に関わる難題であり、多くの時間、数億円の費用、および、マンパワーが投入されてきた。

カリスマ調停人R氏は、2日間、数百万円のコストでこれを解決したのである。

2007年7月のこの2日間以来、筆者は、調停人というプロフェッションに惹かれ、残りの人生で、調停の研究をしていくことを決めた。その意味で、このケースを「**ケース1**」とよぶことにする。

このケース1は、カリフォルニア州における建設紛争についての調停であった。

建設紛争は、国際商事紛争の1つの大きなカテゴリーではあるが、世界には諸々の業種・セグメントや契約類型に係る紛争がある。たとえば、ライセンス契約についての紛争や、投資案件についての紛争も紛争金額が大きいことがままある。

いずれにしても、ケース1は、調停人の選択が極めて重要であることを印象づけるものであった。恐らく、ケース1の当事者、発注者側も元請負者側も100％

満足したわけではない。

　しかし、調停結果に同意しなければ、訴訟に戻るほかはないという Reality Testing を調停人から説明された当事者双方には「この著名な調停人のところでこういう和解結果になったのだから、これがベストの解決だろう」という半ば諦めの納得感があったと思われる。

　このケース１の一方当事者であった中堅ゼネコン Q 社の親会社は米国外の企業であった。

　Q 社の存亡がかかった訴訟の終結は親会社の決裁事項であった。

　親会社から決裁権限を持った役員がカリスマ調停人 R 氏の調停に出席して結果を見届けることにより、調停結果は親会社に受け入れられた。

②　世界で最も著名と思われる調停人～Antonio Piazza 氏

　大きな商事紛争を解決した実績で最も有名といえる調停人は、米国人の Antonio Piazza 氏（以下「ピアッツァ氏」）であろう[7]。

　ピアッツァ氏は複雑な民事紛争を調停で解決するパイオニアといわれる。

　彼が最初に取り組んだ調停は、米国東海岸での建設紛争に係る調停であると、筆者は本人から聞いた。彼は、1974 年にニューヨーク大学ロースクールを卒業し、1981 年から調停を業としている[8]。

　それ以来、同氏は 4000 件以上の調停をまとめたということである。

　2017 年 12 月 1 日、ピアッツァ氏は京都国際調停センター準備委員会に招待され、同志社大学寒梅館の大講堂（Hardy Hall）において開催されたシンポジウムに登壇した。ピアッツァ氏の基調講演に続いて手塚裕之弁護士および茂木鉄平弁護士との３名によるパネル・ディスカッションが行われた[9]。

　このパネル・ディスカッションの中で、茂木弁護士は、ピアッツァ氏がインテル社と Advanced Micro Devices（AMD）社との紛争を調停（以下「本件調停」）で解決した事例に言及した。この調停を通じてインテル社が AMD 社に 12 億 5000 万ドルを支払う和解が成立したことについては、2009 年に報道がなされていた。

　このケースを調べてみると、法的にはかなり複雑かつグローバルな紛争であったことがわかる[10]。

　そもそも、この２社の子会社同士の紛争は、我が国で起きていたのである。

---

7) http://www.acctm.org/tpiazza/, last visited as of 5 June 2021
8) https://www.mediate.com/articles/TonyPConversation.cfm, last visited as of 5 June 2021
9) 2017 年 12 月 25 日付、日本経済新聞朝刊第 11 面（法務）参照

　日本インテル社（インテル社の子会社）が、競争事業者製の CPU を PC メーカーに採用しないようにするため、リベートを提供していたことにより、日本 AMD 社（AMD の子会社）等はシェアが激減した。公正取引委員会は、2005 年 4 月 13 日に、日本インテル社が競争を実質的に制限したとして独占禁止法第 2 条第 5 項の「私的独占」に該当するという審決を下している[11]。

　その後、2009 年 9 月 21 日、European Commission（EC）は、上記の公正取引委員会と同様に、インテル社の私的独占を認定している[12]。この認定の中で、インテル社のリベートの対象例としては、NEC などが挙げられている。

　本件調停は 2009 年 11 月 12 日に行われている[13]。まさに、上記の EC 審決の直後である。本件調停によって独占禁止法およびパテント・クロス・ライセンスの紛争が解決された。インテル社は AMD 社に 12 億 5000 万ドルを支払うことに加え、2019 年 11 月 11 日まで有効な一定のルールに合意した[14]。また、AMD 社によれば、インテル社は、その後、2010 年 10 月に米国 FTC と 2020 年 10 月 29 日まで有効な Consent Decree を締結したとのことである[15]。これに先立ち、米国 FTC は 2010 年 8 月 4 日にインテル社と和解したことを表明した[16]。

　ピアッツァ氏の本件調停の成功によって、日欧米において問題となった大規模な商事紛争が解決されたと評価することができよう。

　ピアッツァ氏がハワイ州マウイ島における調停で解決したといわれる別の民事紛争例を紹介する。

　それは、日本のブリヂストンスポーツ社（以下「BS」）とタイトリスト社の親会社である米国アクシネット社との間のゴルフボール関係の特許紛争であった。

　BS による 2005 年 3 月の当初の訴えによれば、タイトリストのプロ V1、プロ

10）https://www.amd.com/en/corporate/antitrust-ruling#:~:text=In%20addition%20to%20a%20payment%20of%20%241.25B%20that,that%20continue%20in%20effect%20until%20November%2011%2C%202019., last visited as of 5 June 2021

11）早川雄一郎「判解」金井貴嗣＝泉水文雄＝武田邦宣編『経済法判例・審決百選〔第 2 版〕（別冊ジュリスト 234 号）』（2017）p.26

12）https://ec.europa.eu/competition/elojade/isef/case_details.cfm?proc_code=1_37990, last visited as of 5 June 2021

13）https://www.amd.com/ja/corporate/anti-trust-ruling, last visited as of 5 June 2021

14）前掲注 13）

15）前掲注 13）

16）https://www.ftc.gov/news-events/press-release/2010/08/ftc-settles-charges-anticompetitive-conduct-against-intel, last visited as of 5 June 2021

V1X、NXT、NXT ツアー、DT SoLo、そしてピナクルのエクセプションが、BS の持つ 10 の特許を侵害しているということだった。

BS によれば、この件に関する日本での訴訟は、当時まだ継続中であったが、「今回米国におけるアクシネット社（タイトリスト、ピナクル、コブラ等の親会社）との和解が成立し、訴訟が終了したことは大変喜ばしい。この和解は、弊社の技術力と保有する知的財産権の価値の高さを示すもの」と河野久社長が語ったように、BS 側の特許が認められた形で、2007 年 10 月に和解が成立したことが報じられた[17]。

一方、BS は、2005 年 12 月 19 日に、東京地方裁判所において、アクシネット社の日本子会社であるアクシネット・ジャパン社に対し、約 56 億 7000 万円の損害賠償請求訴訟を提起した。2010 年 2 月 26 日に、東京地方裁判所は、アクシネット・ジャパン社に対し、BS への約 17 億 8000 万円の損害賠償金の支払を命じる判決を下した[18]。

なお、BS は、上記の訴訟に関し、2012 年 1 月 24 日に知的財産高等裁判所において勝訴した旨のプレス・リリースを発表している[19]。

BS の日本での訴訟は、東京地方裁判所における訴え提起から知的財産高等裁判所における勝訴まで約 6 年を要した。一方、BS の子会社が米国で提起した訴訟は 2 年 7 カ月後に調停で解決された。日米の訴訟手続のみならず、紛争内容も同一ではないので、単純な比較は妥当ではないだろうが、少なくとも、ピアッツァ氏の調停が、両当事者の紛争縮小に好影響を与えたとみることができよう。

なお、2017 年 12 月 1 日、ピアッツァ氏の京都市における講演の前日、同志社大学今出川キャンパス良心館の教室に国際調停関係者が集い、ピアッツァ氏によるワークショップが開催された。その内容については**第Ⅳ章 3「国際調停人の誕生〜実践と教育」**において紹介することとする。

(3)　調停（Mediation）の場所

調停の場所は、通常、会議室である。これは、東京の弁護士会館で行われた

17）Back 9 the WEB、週刊ゴルフダイジェスト 2007 年 10 月 30 日号 https://www.golfdigest. co.jp/digest/column/back9/2007/20071030d.asp, last visited as of 24th June 2021

18）日本経済新聞、2010 年 2 月 26 日（https://www.nikkei.com/article/DGXNZO02836800X20C 10A/CR8000/, last visited as of 24th June 2021）

19）https://www.bs-sports.co.jp/press/2012/c0124_shoso/c0124_shoso.html, last visited as of 2 December 2021

ケース 0 の場合もカリフォルニア州コンドミニアム建築工事に係るケース 1 の場合も同様であった。しかしながら、調停が 1 つの会議室で行われるか、それとも複数の会議室で行われるかでは大きな違いがある。

ケース 0 の場合、5 回の調停は、毎回、小さな部屋で開催された。調停の内容は一向に進展しないのに、人間関係は回を追うごとに煮詰まっていってしまった感があった。

一方、ケース 1 の場合は、オープニング・セッションおよび第 1 日目午前中のプレゼンテーションが行われたのは、100 名は収容できる大会議室であった。まるでロースクールの大教室のような部屋であった。

ケース 1 のコーカスが行われた別室は、中位の会議室であったが、P 社、Q 社、各々の関係当事者 20 名程が一堂に会するに十分なスペースがあった。

調停第 2 日目（Day 2）の午前中であったか、Q 社は個別の論点について、関係者数人だけで話し合う部屋が欲しくなった。Q 社の法務部長（General Counsel）は調停人 R 氏にその旨を伝えると、R 氏はすぐに数人が入れる小会議室を用意した。

オークランド市に R 氏が所有するオフィス・ビルには、大・中・小、かなりの数の部屋があった。決して豪華とはいえない、むしろ簡素な部屋であったが、臨機応変に使用できる部屋が多数あったことは、調停の進展に大きく役立っていた。

仲裁（Arbitration）の仲裁地と比べて調停（Mediation）の場合の調停地は、大きな意味はないといわれる。確かに、仲裁判断の取消訴訟まで視野に入れれば、仲裁地は極めて重要である。一方、Mediation は「調停判断」という Decision で終わる手続ではなく、和解（Settlement）で終了する。その意味では、調停場所は、ピアッツァ氏の好まれるマウイ島であろうが、あるいは最近調停機関が設立されたバリ島であろうが、我が国初の国際調停センターが開設された京都市であろうが、さほど大きな意味はないともいえる（ただし、シンガポール条約との関係については後述する）。しかしながら、当事者がどこに集まり、どこで話し合うかということは、調停成立・不成立に大きな心理的影響を与えると思われる。これは、**第Ⅱ章 1 (5)**で述べた交渉場所とも相通じるところである。

しかし、交渉と調停とは異なる。その理由は、調停においては調停人が存在するからである。調停の成立・不成立は、調停人の調停技術および経験に依存するところが極めて高い。そして、調停人も当事者と同様、感情を持った人間である。

ピアッツァ氏は、2017 年 12 月に行われた京都市でのシンポジウムのパネル・

ディスカッションにおいて、京都市における調停の可能性について尋ねられた時、壇上で次のように答えたと記憶している。「京都でのミディエーションは大いに成功する可能性がある。たいへんよいのではないか。しかし、私がミディエーションをするならマウイ島がベスト・プレースだけれどもね」。

2 調停の開始

(1) 当事者の紹介

　国際調停の開始は、調停人による当事者の紹介から始まる。もちろん、当事者が2名のみの場合、一方当事者からすれば、相手方が誰であるかは既知のことである。したがって、あらためて調停人から当事者の紹介を受けるまでもないであろう。

　しかしながら、多数当事者の場合、当事者は誰であるのかは、実は、明確にわかっていないことが多いのである。例えば、以下で紹介するケース2のような場合、25社という当事者の数の多さを見て、あらためて「この紛争は必ず解決しなければならない！」という強い思いと「このような多数の当事者で、果たして本当に調停が成立するのだろうか？」という大きな不安が交錯することになる。

　このような不安を解消できるところが、ミディエーション成功の醍醐味である。そのような成功を導くための鍵は、ミディエーターと当事者との信頼関係の構築にあると思われる。

　このような信頼関係構築を考える手がかりとして、以下のケースを、その背景も含めて紹介することとする。

(2) 2018年多数当事者の調停（ケース2）

① 背景

　日本の製造会社にとって米国での生産は瑕疵との戦いである。2008年当時、カリフォルニア州で販売されていたトヨタ自動車（トヨタ）の代表的車種「レクサス」は、100％日本で製造された完成車を米国に輸出した車であった。少なくとも、2014年までは日本国内3工場だけで生産されていたようである[1]。

　米国トヨタのセールスマンが胸を張って「100％日本で製造されたから故障がないのです。その分、Made in USA の他の車種よりもお高くなります」と南カリフォルニアのある営業所で言っていたのを覚えている。このセールス・トークに

---

1) https://www.nikkei.com/article/DGXNASDZ030A3_T00C14A7TJ2000/, last visited as of 17 November 2021

よって、レクサスも盛田昭夫氏の著書『Made in Japan』以降に確立されたジャパン・ブランドの製品であることがあらためてわかった。

　日本車の米国での現地生産は、1970年代に本田技研工業がオハイオ州で開始して以来の歴史がある。1980年代後半には、トヨタもケンタッキー州に工場を立ち上げ、現地生産を開始した。

　おそらく、2008年当時、トヨタもレクサスを現地生産したかったのかもしれない。しかし、トヨタが提示した品質管理基準（真偽は不明だが、許容される部品のdefect rateは200万分の1であると伺った）を満たせる米国のサプライヤーは多くなかったようである。しかし、2015年に、トヨタは、ついにケンタッキー工場でレクサスの生産を開始した[2]。

　建設業は、WTO事務局の分類[3]によれば、車のような製造業ではなく、サービス業に分類されている[4]。もっとも、モノを作るという点では建設業は製造業と同様である。

　しかしながら、建設業が製造業と決定的に異なるのは、工場の中で製品の大量生産が行われるのではなく、屋外で単品生産が行われるという生産形態である。この単品生産は、その特定プロジェクト完成のために集まったサプライヤーの集団によって行われる。このような場合、自由競争を前提にする米国においては、実績のある決まったサプライヤーではない業者が常に新たに参入してくる。このような業者もコーディネートしながら、発注者に提示された品質水準を満たすことが、米国における建設元請負者に求められる基本的な義務である。

　残念ながら、日本と比べて米国のサプライヤーや職人の平均的な技能は高くはない。したがって、米国において、特別な研究開発および技能訓練等を行わない限りは、決められた時間枠の中で、達成しうる建設生産物の品質は、日本のように高くはならないという宿命がある。

　日本の製造会社にとって米国での品質管理は重要課題であったが、日系の建設業者にとっては更なる厳しい戦いをしなければならなかったとみることができよう。

---

2) https://www.nikkei.com/article/DGXLASDZ20I2M_Q5A021C1TI5000/, last visited as of 2 June 2121

3) 建設サービス及び関連のエンジニアリングサービス（https://www.mofa.go.jp/mofaj/gaiko/wto/service/jimu.html, last visited as of 17 November 2021）

4) https://www.mofa.go.jp/mofaj/gaiko/wto/service/gats_4.html, last visited as of 2 June 2021

② 紛争および調停手続

ケース2は、ある地下鉄駅上に建設されたアッパーミドルクラス用の大型賃貸アパート（地下3階地上7階建の商業店舗付き賃貸住宅、以下「本件住宅」）の工事（以下「本件工事」）についての紛争であった。建築請負者はケース1と同様Q社であったが、本件工事は、2004年に着工、2008年に竣工・引渡しがなされ、実際に住民が入居していた。

この工事の発注者（V社）は、2013年3月、本件住宅につき、各所の水漏れ等の不具合につき、元請負者および不具合に関係しそうな下請負各社をカリフォルニア州裁判所で訴えた。

カリフォルニアでの訴訟の特徴の1つに、訴状の書き方がある。一般に、米国訴訟における訴状は、英国流 Notice Pleading の伝統に則り、簡単なものがスタンダードであるが、カリフォルニアにおける訴状の当事者の記載実務は、かなりアバウトである。V社の訴状には、当初、被告として「Q およびその他」というような記載があった。その後、証拠開示手続（Discovery）の進捗に応じて何度か訴状の Amendment がなされたのであるが、その度に、責任があるとV社が主張する業者が追加記載されていった。そして、最終的には被告の数は、元請負者Q社を含め25社となった。

被告となった元請負者・下請負各社は、直ちに各々の保険会社に通知を行った。

米国では、瑕疵訴訟が提起された場合、保険会社が請負者の弁護士を選任し、弁護士費用および敗訴した場合の損害賠償額をてん補する保険契約が多く使われている。その意味で、訴状に記載された訴訟当事者ではないが、バックアップしている保険会社各社が、瑕疵訴訟の実質的プレイヤーである。

この工事の発注者V社は、2013年当時、本件住宅のオーナーであったが、本件訴訟と並行して、既に居住者がいる本件住宅の改修工事を自ら開始していた。そして、本件訴訟においてV社は、瑕疵を手直しする改修工事費のみならず、得べかりし利益の間接損害も含め、多額の損害賠償を被告に求めた。

州裁判所での訴訟手続は、証拠開示（Discovery）の段階となり、書類の提出（Production of Documents）から、証言録取（Deposition）へと進んだ。

その一方で、本件の発注者V社と元請負者Q社は、カリフォルニア州で著名な建設調停人H氏にコンタクトし、裁判外での調停を準備した。

2017年10月、裁判所は、陪審員審理を2018年1月2日にセットするとともに、本件につきH氏を調停人としてカリフォルニア州裁判所規則3.1380条所定の Mandatory Settlement Conference（MSC）を行うように命じ、このMSCにお

いて調停が成立した。

　元請負者、コンサルティング会社、および、下請負各社、計25社が、かなり
の金額（訴額の40％程度）を発注者に支払う内容であったが、これらは全て被告
各社の各保険会社が拠出した保険金によって賄われた。

　調停人H氏は、粘り強く各下請負者を説得して補償金を積み上げ、足りない
部分を元請負者のPrimary InsurerおよびExcess Insurerに出させることで、発
注者V社と被告各社を和解に導いた。まるで、ジグソーパズルが出来上がるの
をみているようであった。

③　考察

　本件は、両当事者の紛争勃発以来、訴訟 ⇒ 調停というプロセスを経た。

　このケース2から、我々はいくつかの教訓を学ぶことができる。

　まず、第1に挙げられるのは、多数当事者訴訟の難しさである。リーマン・
ショック時の厳しい経済環境の中において、徹底したコストセーブをしながら当
時最先端の仕様のアパートを建設したV社は、施工不良を起こしたと思われる
業者全社の責任を追及しようとした。しかし、25社の責任を訴訟で決着するの
は容易ではない。カリフォルニア州裁判所は、本件訴訟を「複雑訴訟」と認定し、
東京にも事務所を有する著名なローファームで活躍した経歴を有する優秀な裁判
官を配属したのだが、この裁判官をもってしても、この紛争を法廷において最
終的に解決するのは至難の技であったと思われる。本件裁判の陪審員審理（Jury
Trial）の日程は、2回延期された。最終的には裁判所は、裁判外の調停に大いに
期待していた節がある。

　当事者であるV社およびQ社にとっても、このような複雑なケースを素人の
陪審員に説明しなければならない陪審員裁判はハードルが高かった。建設工事に
詳しくない陪審員に経緯を説明するには、テレビのワイドショーに出てくるよう
な単純化された見やすい資料を作成しなければならず、そのようなプレゼンテー
ションのプロフェッショナル・サービスを提供するコンサルタントを全米から探
して高い費用を払わねば、お互い訴訟に勝てないからである。

　第2は、V社は、本件住宅によるビジネスを終わらせようと思っていたのでは
なく、むしろ、発展させようと思っていたことである。不動産事業においては、
立地が最も重要といわれるが、2013年当時、本件住宅の周辺にはアッパーミド
ルクラス向けの綺麗なアパートメントが2棟新築され、竣工していた。これらと
互角以上の競争をしていくためには、V社は、本件住宅のリノベーションによる

価値増加を必要としていた。しかしながら、原資は潤沢なわけではなかった。開示された証拠によると、V社は、カリフォルニア州の著名な基金の投資対象になっており、また、ロス・アンジェルス市からの住宅補助金を取得する等、やり繰りをしていたが、物件価値を新築並みに高め、より高い家賃収入を得るためのbetterment cost を行うためには新たな原資が必要であったものと思われる。そのターゲットは、施工業者であるQ社およびその下請負各社であった。

　しかしながら、このようなV社の訴訟を梃としたビジネス・プランは、被告側弁護団の強力な証拠開示要求によって、次々に明らかになっていった。特に、V社のオーナー個人に対する複数回の証言録取が功を奏していたのではないか。もっとも、V社もそれ以上に詳細な証言録取を行った。Q社の本件工事プロジェクト・マネージャー個人に対する証言録取が断続的に行われ、最終的には10日間に及んだ。

　第3は、Q社の立場である。Q社にとって、訴訟が公開法廷に係属していることは、訴訟社会である米国での事件とはいえ看過しがたく、早く終わらせたかったであろう。とすれば、調停への期待の大きさが察せられる。

　ちなみに、大林組（O社）が買収した米国子会社 Webcor 社（W社）の建設したサンフランシスコ市の超高層マンション「ミレニアム・タワー」は、有名人が入居していたこともあり目立つ物件であるが、建物が沈下しているとして、2016年にマスコミに騒がれたマンションであった[5]。この事件は同マンションの住人が原告となって訴訟を提起したため、O社およびその子会社（W社）は被告となったが、結局、和解に至ったことが、2020年10月30日付でO社から発表されている[6]。設計の瑕疵であったのか、施工ミスがあったのかは明らかになっていないようである。これは、前述したケース1においても争われた論点であるが、瑕疵の責任が設計サイドにあるのか施工サイドにあるのか、あるいは双方にあるのか、その解明は困難なタスクであろう。既に完成し、使用されている建築物について、この論点を解明するためには、多くの時間と費用がかかる。このように事実の解明と確定に多くの時間と費用を要する論点をスキップして解決に至らしめることができるのが、和解の効用である。もっとも、「ミレニアム・タワー」については、施工者であるW社が設計書類から乖離したことを示唆す

---

5) https://www.nikkei.com/article/DGXLASFL09HGI_Z00C16A8000000/, last visited as of 4 June 2021

6) https://www.obayashi.co.jp/en/news/detail/news20201030_1_en.html, last visited as of 4 June 2021

る証拠は見つかっていなかった[7]。

　通常、和解契約には、両当事者の責任割合等は記載されない。もっとも、O社の和解がミディエーションによるものなのか、当事者同士相対で達成されたものなのかは公開されていない。

　第4は、米国は保険大国であるということである。

　まず、米国では日本では販売されていない保険を付保することができる。

　Q社は、General Liability Insurance という保険を付保していた。この保険は、個別の保険（例えば、工事保険や車両保険）ではカバーされない損害が会社に生じた場合、保険会社が弁護士費用および損害をてん補してくれる保険であり、被保険者にとっては「最後の砦」ともいうべき保険といえよう。ただし、この保険が適用されるためには、手続的な条件がある。それは、被保険者が訴訟を提起されることである。被保険者は、第三者から訴訟を提起された場合、直ちに保険会社に通知を行う。通知を受けた保険会社は紛争類型に応じた弁護士を被保険者に推薦する。しかしながら、被保険者は、このように推薦された弁護士を起用しなければならないわけではない。本件のように複雑な事実関係が前提となっている紛争については、保険会社よりも建設会社の方が適切な弁護士を選択するノウハウがあるかもしれない。建設会社が、保険会社から推薦された弁護士以外の弁護士を選任する場合は、弁護士のフィー（時間単価）についての打ち合わせが必要となる。例えば、建設会社が、保険会社から推薦された弁護士よりも時間単価が高い弁護士を起用する場合には、保険会社は全額を負担しない。すなわち、保険会社は推薦した弁護士の単価をベースに弁護士費用の支払に応じるが、単価の差額分は、建設会社が負担をすることになる。ケース2において、Q社は、Primary Insurer から推薦された弁護士事務所を受け容れたので、上記の差額負担は生じなかった。

　ケース2がケース1と決定的に異なっていたのは、複数の保険会社がQ社をバックアップしていたことである。

　ケース1においては、工事の発注者であるP社が工事保険を付保していた。米国西部の数州で不動産業を展開していたP社は、工事保険を一括して扱う Owner Controlled Insurance Program（OCIP）を採用し、東海岸の大手保険会社に工事保険を一括して付保していたため、請負者Q社は工事保険を付保せずにコ

---

7) Gregory LaHood *"Millennium Tower San Francisco : Untangling the Litigation Web"* The Construction Lawyer, Journal of the ABA Forum on Constraction Law, volume 39, Number 1 (2019) p.38

ンドミニアム建築工事を施工していた。コンドミニアム１階施工中に起きた事故につき、保険会社はＰ社に保険金の支払を行ったが、Ｐ社とＱ社が全面的な紛争に突入したため、その保険金がＱ社に支払われることはなかった。また、工事進行中の紛争ということで、ケース１は、General Liability Insurance の対象外であった。

　なお、注目すべきことは、米国における保険会社は州ごとに許可を受け、規制を受けていることであろう。保険会社が契約を遵守しない場合には、被保険者は保険会社を訴えるのが米国のスタンダードであるが、州の当局に保険業のライセンス取消しを申し立てる方が、効果があることもある。

　ケース２の被告25社は、全て保険会社と契約していた。本件は、最終的に25社の保険会社各社による支払合計額が和解金となった。そもそも原告もその弁護士も、実質的には元請負者および下請負者の保険会社から支払われる保険金をターゲットにして訴訟を提起したと思われる。

　第５は、調停人Ｈ氏のパフォーマンスである。

　Ｈ氏は、ミディエーションのスケジュールを全部で４回セットした。そのうち最初の３回では和解に至らず、次の回に先送りされた。しかし、終に第４回目の調停期日に和解が成立した。調停人は個性的である。Ｈ氏は、ケース１のＲ氏のようなカリスマ性は強くはなかった。第１日目の朝９時に関係当事者を集めて大会議室でオープニング・スピーチをすることはなかった。その代わりに、彼は、第１日目の朝、静かにキーパーソン達を比較的小さな部屋に集めた。Ｖ社のワンマン・オーナー個人と担当役員、親会社から出張してきたＱ社の前法務部長、Ｑ社の Primary Insurer の担当支社代表者、そして、ニューヨーク市からロス・アンジェルス市に出張してきた Excess Insurer の代表者５名だけの顔合わせであった。Ｈ氏が、このキックオフ会議を招集した時、Excess Insurer の外部弁護士が Excess Insurer の代表者に付き添うように廊下をついてきた。この外部弁護士は全米のみならず世界的に有名な弁護士事務所のパートナーであったが、Ｈ氏は怒りの表情で彼女に対し "No Lawyer!" と鋭く叫び、小さな部屋に入れなかった。Ｈ氏もＲ氏と同様、元ロイヤーなのだが、当事者同士の調停第１日目の重要な顔合わせに外部弁護士は同席する必要はない、という決然たるポリシーを持っているように思われた。調停人としてのＨ氏のプロフェッショナリズムを感じた一幕であった。当事者の代表３名および保険会社の代表２名の計５名は、Ｈ氏に導かれて入室した小さな会議室で、簡単に自己紹介して、堅く握手し、各々別室に分かれた。

　なお、Q社は、ケース2よりも紛争金額がかなり低い別件で、ケース2の訴訟が提起される前に、既にH氏の調停を経験していた。したがって、H氏の調停を成功させる手腕についてQ社は一定の知見があり、ある程度の安心感があったといえよう。

(3)　調停の中断・調停人の変更

①　調停が成立せずに仲裁判断が下された例（ケース3）

　ケース3は、ある大学（以下「E大学」）の教室棟建築工事（以下「本件工事」）についての紛争であった。建築請負者はケース1およびケース2と同様Q社であった。本件工事は、2010年4月に着工、2012年12月に竣工・引渡しがなされた。

　Q社は、2013年初頭、本件工事を含む建築工事5件を竣工させつつあった。一方、同社の業績は計画を下回っていた。そこで、これらの5件の工事の採算をできるだけ良くするためには、弁護士費用をかけても追加工事費用を獲得すべきであると判断していたようである。

　ところが、本件工事を除く4件について、計画どおりの追加工事費用の獲得はできていなかった。最後に残った本件工事について、大きな期待がかけられていた。

　このような状況において、Q社は、本件工事の発注者（E大学）に対して、2013年2月、総額1200万ドルの追加変更工事代金の請求を行った。

　しかしながら、E大学はこのQ社の請求を拒否したため、Q社は請求金額を見直したうえで、総額990万ドルの追加変更工事代金につき、E大学およびQ社との間で締結された工事請負契約（本件契約）所定の米国仲裁協会（American Arbitration Association: AAA）に仲裁を申し立てた。

　仲裁人について、本件契約では、単独仲裁人と規定していた。E大学およびQ社間での交渉を経て、2013年7月AAAはG氏を仲裁人に指名した。

　仲裁人G氏による仲裁手続が開始されたが、E大学およびQ社とは、仲裁手続外での調停を行うことを合意し、S氏を調停人とすることが合意された。2013年11月に調停会議が行われ、E大学はQ社に対して170万ドルの支払を示唆した。しかし、Q社はこの金額に満足せず、結果的に調停は不調となった。

　その後、E大学およびQ社とは、第2回目の調停を行うことを合意し、再びS氏に調停を依頼したが、S氏は多忙を理由にこれを断った。

　そこで、E大学およびQ社とは、あらたにT氏を調停人とすることに合意し、2014年9月に第2回目の調停を行ったが、やはり不調に終わった。

2015年9月、仲裁人G氏は、E大学はQ社に対して50万ドルの追加工事代金支払を命ずる仲裁判断を下した。

② 考察

本件ケース3の紛争の解決は、調停が不調になったことにより、仲裁判断によって決着した。

金額的には、Q社は第1回調停で170万ドルを受け取る機会があったが、この金額に満足できずに仲裁判断をもらうこととなり、結果的には50万ドルのみしか回収できなかった。

ケース3からは、調停論の特質について、いくつかの重要な教訓が引き出せる。

まず、第1は、調停不調の可能性についての教訓である。

そもそも、調停は必ず成功して和解に至るという保証はない。しかし、逆に必ず失敗する調停のパターンがある。それは、一方当事者が「一切妥協をしない」という意思決定のもとに調停の席についた場合である。

ある日本企業（仮にM社とする）が米国での調停を合意したが、M社のトップマネジメントは「調停の席で一切妥協することはまかりならない」と命じて出張者を米国に送り出した、という事案に接した。このM社からの出張者は、トップマネジメントの命令に忠実に従い、調停は不調になったとのことである。調停の利点は、お互いに柔軟に対処して和解に至るところにある。したがって、そもそもM社のように柔軟な対応を否定する方針に固執する当事者に対しては、調停は機能しない。

ケース3におけるQ社は、M社のように「調停の席で一切妥協しない」という方針ではなかった。しかしながら、ケースの強弱という現実を直視しての判断ではなく、自社であらかじめ設定した目標値に固執して、現実的な金額での妥協の機会を逃してしまったのではないか、と推察される。

第2は、調停人の心理についての考察である。S氏は第2回目の調停を行うことを依頼されたが、多忙を理由にこれを断った。S氏は、第1回の調停でベストをつくし、E大学およびQ社という同じ当事者の間に入って、第1回以上の結果を出せる自信がなかったのではあるまいか？　この点、当事者が多数で、目標額が動いていたケース2とは状況が異なる。

第3は、上記の第2に関連するのであるが、調停人の変更は成功しなかったという教訓である。まず、そもそも調停人の変更が行われたという事例はケース3以外に私は耳にしたことがない。調停人の変更によって和解が達成されるのは、

当事者の側に何らかの新たな事情が生じて、新たな調停人を選任するのが妥当となったような例外的な場合に限られるのではないだろうか。

(4)　デッド・ロック

　国際交渉について、デッド・ロックが起こりうることは前述したが、このようなデッド・ロックは調停の場合にも、しばしば起こる事象である。

　後述する調停人教育の中でも「デッド・ロックをどう乗り越えるか？」ということは重要なポイントとされている。

　例えば、英国を代表する紛争解決センターCEDR（Centre for Effective Dispute Resolution）の研修においても、また、米国西海岸のペパーダイン大学の研修においても、デッド・ロックはメイン・トピックの1つとして論じられていた。

　デッド・ロックとは、米国の著名な法学辞典では、相手方当事者が行動をしなくなった状態、妥協または解決の欠如、または、選択ができないこと、と定義されている[8]。

　調停においては、調停人が当事者と対話の努力を重ねているにもかかわらず、当事者の動きが一次的になくなり、調停手続が止まってしまったかのようにみえる状態を指す、と理解される。

　CEDR は、調停人の重要な役割の1つとして、デッド・ロックになってしまったと思われる状態から当事者が抜け出すのを支援することを挙げている[9]。

　CEDR では、デッド・ロックに陥る場合は以下のように分類されている[10]。

・当事者がポジションに固執している場合。
・一方当事者がボトム・ラインを早く開示し過ぎてしまい、動けなくなった場合。
・当事者が感情的に対立した場合。
・一方当事者のチームの足並みがそろわない場合。
・一方当事者が戦術的に調停を遅延させて相手方にプレッシャーをかける場合。
・一方当事者が、移譲された権限の限界に達した場合。

　上記のような場合、調停人は、以下のような対処の方法がある[11]。

8）Black's Law Dictionary 11th Edition, p.500
9）CEDR *"the CEDR MEDIATOR HANDBOOK　SIXTH EDITION"*（2015）, p.24
10）前掲注9）pp.141-142
11）前掲注9）pp.142-143

- 別席調停から両者同席調停に切り替えて、オープンに対話する。
- 問題点やギャップに焦点を当てるのではなく、現時点までの進捗を確かめる。
- 当事者が固執しているポジションに基づく交渉からインタレスト・ベースの交渉に切り替える。
- 感情を放出させる。
- 両者の共通点を思い出す。
- 簡単にできる妥協を提案する。
- 休憩を入れる。
- ユーモアを交えた対話で雰囲気を和らげる。
- 大きな問題点を、より小さな問題点にブレークダウンする。
- 目の前の問題を一時棚上げにして（parking）、他の分野の対話を進める。
- 新たな情報を紹介して、異なった考え方があることを示唆する。
- 金銭的な価値でない、非金銭的な要素に着目して、新たな価値を創造する。
- 当事者のチームの入換えを行う。
- 席を変えたり、外に散歩に行ったり、フリップ・チャートを用いたりしてリズムを変える。
- その日の時間的期限を設定する。
- 例えば、保証書を入れる等によりリスクのバランスを変える。
- 調停が成立しなかった場合のリスクを確認する。

　これら、過去の事例から抽出されたメニューを組み合わせて、眼の前にある現実のデッド・ロックをどう乗り越えていくか、調停人のプロフェッショナル・スキルの真骨頂が試される場面であるといえよう。
　なお、CEDR の研修については、後述する。

(5)　調停人の戦術〜ケース４

①　序
　信頼関係を重視する調停人は、人格者でなければならないのではないか、という問題提起がある。確かに、家事調停においては、破綻した夫婦のどちらが子供の監護権をとるか、というような重要問題につき、深く事情を聴くことができる調停人は人格者でなければならないであろう。
　しかしながら、ビジネスの世界の紛争は、究極的には金額に関する合意が和解の主たる内容となることが多い。具体的なビジネスの内容に入らずに、抽象的な

精神論だけで和解できた例は耳にしたことがない。ビジネスの世界でも人格は重要であるので、ビジネスの調停人も、広い意味での「人格者」の定義の一部を成すのかもしれないが、むしろ金額的合意を中心とする紛争解決の専門家としてのスキルが求められると理解される。

②　実例

本章においては、これまで、日本における調停不調の例（ケース０）の他、米国における商事調停人の代表的なケースを３件（調停成功例２件および失敗例１件）紹介した。単純に結果ごとに合計すれば、成功例２件、失敗例２件をみたわけであるが、これら以外の諸々のケースは、**第Ⅳ章①**「世界における調停」で後述する。

ここでは、2010年から日本に常駐し、数多くの日本企業の代理人をしてきたライアン・ゴールドスティン弁護士の著書[12]に紹介されていた調停ケース[13]を**ケース４**として引用させていただく。

当事者は日本のメーカーと中国の大企業であり、調停人は「アメリカで５本の指に入る凄腕」の実績がある調停人であったとのことである。

一方当事者の代理人であるゴールドスティン弁護士が、調停人のことを「調停における自分の交渉相手」であると位置づけ、調停人は「敵にも味方にもなりうる存在」と評しているのは興味深い。

CEDR等では、当事者およびその代理人は、相手方と交渉する立場にある広義の当事者であると位置づけられているが、ゴールドスティン弁護士は「調停人」が「代理人」の交渉相手だという。これが、彼の実戦的実務感覚なのであろう。

ケース４は３年越しの紛争についての調停案件であったが、午前９時に開始され午後10時に妥結した。午後３時過ぎから約６時間、調停人は両当事者を放置し、「暑さ」「空腹」「疲労」を与え、闘争心を奪い去った[14]、とある。

ケース４の調停人は、大幅な時間を使い、しかも両当事者には、その時間の使い方を知らせない戦術をとった、といえそうである。

これは、調停人の倫理に関わるかもしれない問題である。しかしながら、ケース４の調停人は、両当事者およびその代理人達を公平に疲れさせて和解に導いた

12）ライアン・ゴールドスティン『交渉の武器——交渉プロフェッショナルの20原則』（ダイヤモンド社、2018）
13）ゴールドスティン・前掲注12）pp.194-203
14）ゴールドスティン・前掲注12）p.201

のである。その意味で、正当にプロフェッショナル・スキルを発揮したとみることができる。

　調停期日に夜遅くまで拘束されることは予見可能であり、飲食物の調達や交代で休憩を取ることによって当事者および代理人は十分に対処できるであろう。

　以上に鑑み、ケース4の調停人の手法は、倫理的に問題であるとまではいえないであろう。

③　調停の終結

(1)　文書作成

　調停については、日本では裁判所やあるいは弁護士会による調停の長年の歴史があり、相当数の利用がなされている。しかしながら、従来、日本で国際商事調停を行おうとすると、調停の頻度が1～2カ月に1度ぐらいの五月雨式であって終了まで半年以上かかったり、あるいは調停委員が国際商事事件に不慣れでプロフェッショナリズム（専門性）について当事者の信頼が得られないということから、調停委員は斡旋的なことを繰り返して、結局、当事者の納得感が得られずに調停が不調になるということがあったと思われる。具体例としては、**本章①**でご紹介したケース0を参照いただきたい。

　ところが、最近注目が集まっている国際調停では、経験・知識豊富な専門性を有するプロフェッショナルな調停人が1日ないし2日で集中的に話合いを行って、その結果、80％から90％以上という高い和解成功率が達成されるということが明らかになってきた。

　このような国際調停の終結は、文書の作成によって確認される。すなわち、当事者による和解契約書（Settlement Agreement）の作成および署名がなされるわけである。

　手続的にいえば、日本における民間調停の場合も、和解が成立すれば和解契約書が作成されるのであるから、特に国際調停終了時の文書作成が日本国内での民間調停と異なることはない。

　もっとも、言語的にいえば、国際調停終了時の文書は、英語で作成されることがほとんどであり、日本語で作成されることは稀であろう。日本企業においては、本書（オリジナル）である英文和解契約書の骨子を法務スタッフが日本語で作成し、社内での報告に使用するというのが実務であろう。

(2)　フォローアップ

　当事者による和解契約書の作成および署名は、調停当日に行われるのが通常であり、かつ理想的であろう。しかしながら、人間社会では様々なことが起こる。現実には、調停当日に当事者が署名しなかった、という事態もあり得る。

　カリフォルニア州の建設紛争であるケース１の当事者は、発注者、設計者、および元請負業者であった。調停第２日目の夕方、発注者と元請負業者との和解が成立し、元請負業者側の代理人弁護士（RS）がパソコンに向かって、和解契約書を作成し始めた。それをみて安心したのか、設計者は「仕事があるから」と言い残して、調停人の事務所を退去してしまった。RS は、和解契約書案をプリントアウトして、発注者側代理人弁護士（TM）に提示した。TM は、同案をチェックし、数点マイナーと思われる修正を行って RS に手渡した。RS は、元請負業者の General Counsel（GC）と共に修正案をチェックし、これが最終案となった。

　最終案の署名者の欄は、発注者、設計者、および、元請負業者であったので、和解契約書の本書（Original Documents）は３部用意された。

　発注者および元請負業者は、この３部に署名を行った。ところが、設計者は、既に調停人の事務所を退去してしまっており、和解契約書に署名することはできなかったため、設計者の署名欄はブランクのままであった。

　この設計者の未署名問題は、後から考えてみれば小さな出来事であったかもしれない。しかしながら、当事者からすれば、設計の瑕疵なのか、あるいは施工の不具合なのか、２年間にわたり力を尽くして闘った当事者の１名が署名しないで調停の場所から去ったことは、かなり不安であったことであろう。

　設計者は、その後の数日間、和解契約書について細かいコメントをしていたようであったが、調停人が設計者を粘り強く説得し、結局のところ、第２日目の２週間後ぐらいに設計者も和解契約書に署名した。この出来事により、調停人の業務が必ずしも調停期日に終結しないことがわかる。

(3)　国際調停の執行〜シンガポール条約のインパクト

　国際調停に関しては、国際仲裁と比べた場合、ニューヨーク条約のような執行力を担保するメカニズムがないという懸念が数年前から指摘されてきた[1]。この点については国際的な調停による和解合意に関する国際連合条約（いわゆるシンガポール条約）が起草され、2020 年９月に発効されたことによって、かなり様相

---

[1]　2016 年 11 月 12 日に神戸大学で行われた国際商取引学会全国大会セッション A において、筆者は「米国における建設 ADR」という題名で研究報告を行った。この報告について、柏木昇氏（東京大学名誉教授）から「調停が有効だといっても仲裁におけるニューヨーク条約のように執行を担保する制度がない」という指摘がなされ、大本俊彦氏（京都大学特任教授）からも同様の意見である旨のコメントがなされた。

が変わってきた。我が国でも同条約への加盟に向けた議論が進んでいる。

　では、シンガポール条約とはどのようなものであろうか。

　シンガポール条約が起草されるまでには、国際連合国際商取引委員会（United Nations Commission on International Trade Law : UNCITRAL）による検討の歴史がある。

　UNCITRAL は 1980 年に国際商事調停規則を策定し、その後、国際商事調停の国際的調和を目指して国際商事調停モデル法（以下「モデル法」）を提案し、2002 年の総会で採択された（A/RES/57/18）。

　このモデル法は 14 条において調停における和解合意の執行力について条文を置いた。しかしながら、執行力の可否や要件については各国の意見が収束しなかったため、各国の法制度に委ねる旨が規定されるに留まった[2]。

　その後、2014 年に、執行力付与の条約の検討が米国によって提案され、UNCITRAL 作業部会Ⅱ（以下「作業部会」）における検討を経て、2018 年 6 月の第 51 回 UNCITRAL 総会において United Nations Convention on International Settlement Agreement Resulting from Mediation（国際的な調停による和解合意に関する国際連合条約。通称「シンガポール条約」）が採択された。また、モデル法はシンガポール条約と同内容に改正され、両者はほぼ原案どおりの内容で 2018 年 12 月の国連総会において採択された[3][4]。

　このシンガポール条約は、国際仲裁に関する外国仲裁判断の承認および執行に関する条約（ニューヨーク条約）の成功をモデルとしているとされる[5]。条文の構成からみてもニューヨーク条約を参考にしていると思われる。

　モデル法のレベルであれば、国連から各国への立法措置を促すに留まり、メッセージ性がさほど強くない。しかしながら、条約締結となると締約国は国際調停を執行する義務を負うこととなり国際調停ユーザーに対する実務上の影響力は大である。また、条約加入を見越して国際調停執行のための法整備を急ピッチで行わなければならない国もある。この点は、各国によって事情が異なるので、詳しくは後述する**第Ⅳ章[1]**「世界における調停」を参照されたい。

　以下、シンガポール条約の主要条項を概観する。

---

2) 三木浩一「UNCITRAL 国際商事調停モデル法の解説（9・完）」NBL 764 号（2003）p.46

3) 山田文「国際的な調停による和解合意に関する国際連合条約（シンガポール条約）の概要（上）」JCA ジャーナル 66 巻 11 号（2019）p.3

4) https://uncitral.un.org/sites/uncitral.un.org/files/singapore_convention_eng.pdf, last visited as of 9 July 2021

5) 齋藤彰「シンガポール条約の加盟に向けた日本の課題」国際商取引学会年報（2020）p.105

　1条1項は「国際性」を定義している。これはモデル法1条を参照したものである[6]。その前提として「調停による和解合意」が定義されているが "settlement agreement" となっているのはいかがなものか。英文としては "Settlement Agreement" と大文字を使うべきところであると思われる。

　ここで特筆すべきは、シンガポール条約においては、国際仲裁における「仲裁地」に相当する概念である「調停地」を定義していないことである。国際仲裁における「仲裁地」は仲裁判断の取消訴訟の管轄につながる重要概念であるが、国際調停については、どこで行われたかということについては、そのような重要性は有しないと考えられているのであろう。しかし、万一、調停合意の有効性や調停人の公平性が後から争われるような場合、当事者がどこで訴えを提起するか、という判断に際しては、どこで調停を行ったかということも考慮に入れられると思われる。

　もっとも、最近は国際調停に関しても、電話での手続や ODR（Online Dispute Resolution）等も想定されるので、調停地を定めることは現実的でないことが作業部会で指摘されたとおり[7]、国際性を厳密に定義することは無益であろう。

　1条2項は紛争類型を意識した「適用除外」の規定である。(a)消費者取引、および、(b)家族法、相続法、または、雇用に関する紛争の和解合意はシンガポール条約の適用対象外である。しかしながら、夫婦や兄弟姉妹間のいわゆる「家事」事件であっても、結局は会社の金品の分配に帰着するような紛争和解合意については、「商事」と同様、シンガポール条約を適用して執行力を付与するのが当事者のためになるのではなかろうか。雇用関係についても、クロスボーダーの多国籍企業幹部の報酬をめぐる紛争の和解合意は、やはりシンガポール条約の適用範囲としてもよいように思われる。

　1条3項は、隣接制度を意識し下記の和解同意を「適用除外」とする趣旨の規定である。

　(a)(i)　裁判所により承認され、または、手続継続中に裁判所の面前で締結された和解合意

　　(ii)　その裁判所の国で裁判として執行可能なもの

　(b)　仲裁判断として記録され、かつ執行可能な和解合意

　(a)については、裁判所が関与した和解合意がオーバーラップしないように適

---

6) 山田文「国際的な調停による和解合意に関する国際連合条約（シンガポール条約）の概要（下）」JCA ジャーナル 67 巻 3 号（2020）p.31

7) 山田・前掲注 6)

用除外とする趣旨とのことである[8]。(a)(ii)の「その裁判所」とは、どの国の裁判所を指すのか明らかではないが、およそどこかの国の裁判所の authorization がある和解合意は、ハーグ国際私法会議において採択された外国判決の承認と執行に関する条約[9]の適用に委ねる趣旨と解される。

(b)については、ニューヨーク条約との調整を行う趣旨とされる[10]。

要するに、シンガポール条約において執行力を与えられる和解合意とは、裁判および裁判所の authorization がある和解合意ならびに仲裁判断を除く、民間調停に基づく和解合意ということになろう。

2条1項は、1条「国際性」との関連で「営業所」の定義を規定する。

2条2項は、和解合意の「書面性」の定義を規定する。電子通信も書面性を満たすこが明記されている。同項は、仲裁合意の「書面性」はレターまたはテレグラム（電報）によって満たされると定義したニューヨーク条約2条2項に対応するものであるが、インターネット経由で成立する和解合意を想定するものといえよう。

2条3項は、「調停」および「調停人」の定義を規定する。作業部会ではEUが「調停」に何らかの規律（regulation）を要求すべきという意見が出されたが、容れられなかったため現行の簡単な定義になったようである[11]。

3条1項は、シンガポール条約締約国が和解合意書を執行すべき義務を定める。ニューヨーク条約3条1項後段に規定された執行義務に対応するものであるが、調停には仲裁のような「拘束力ある仲裁判断の承認」に対応するものはないところが異なる。

4条は、当事者が依拠する和解合意書の要件を定める。ニューヨーク条約4条に対応している。

5条は、救済拒否事由を定める。ニューヨーク条約5条に対応している。

シンガポール条約は、2019年8月7日に署名式典を行ったシンガポール政府に敬意を表して「シンガポール」の名前が付けられた[12]。署名式典でシンガポール条約にサインした署名国は46カ国であった。同条約はカタールが批准し

---

8) 山田・前掲注6) p.32
9) 2019年7月2日に採択され、署名のために開放されているとのことである。河村寛治「外国判決の承認・執行に関する新ハーグ条約」国際商事法務48巻9号（2020）p.1236
10) 齋藤・前掲注5) p.32
11) 齋藤・前掲注5) pp.32-33
12) 前掲注4) p.2

た 2020 年 3 月 22 日の 6 カ月後の 2020 年 9 月 22 日に発効した。その後、署名
国は 54 カ国に増加した [13]。さらに、2021 年 9 月にオーストラリアが署名した
ので、同年同月時点での署名国は 55 カ国である。

　シンガポールおよびフィジーは、2020 年 2 月 25 日に同条約を批准しているが、
本条約の原案提出国の米国およびイスラエルは未だ批准しておらず、締約国は、
2021 年 10 月 25 日現在、ベラルーシ、エクアドル、カタール、サウジアラビア、
ホンジュラス、トルコを含め 8 カ国となっている [14]。

　そもそも、調停は第三者による当事者間の権利・義務確定ではなく、当事者の
和解合意が終結点となる。そして、当事者が和解合意を忠実に任意履行すれば紛
争は根本的に解決される。とするならば、その終結合意に執行力を与えることが
どれだけ意味があるのか、という根本的な疑問もある。私が見聞きした範囲では、
国際調停で任意履行されなかった事例はない。また、たとえば、シンガポール条
約が適用される「調停」の定義にあたらなくても、第三者の協力を得て和解合意
が達成されれば、当事者としては満足感が高いであろう。

　上記の例として、韓国 LG と SK イノベーションが 2021 年 4 月 11 日に到達し
た和解が挙げられる [15]。

　この紛争は、韓国 LG が ITC に提訴して勝訴し、大統領が拒否権を発動する期
限の 2021 年 4 月 11 日に和解が成立した。USTR 代表や上院議員の両当事者への
働きかけが大きかったといわれる。これら 2 名のファシリテーターは、おそら
く、シンガポール条約上の「調停人」とはいえないであろう。しかしながら、韓
国 LG と SK イノベーションの両社はビジネスと生産を継続することができる枠
組みが設定されたことに満足していると思われる。

　この間、2018 年 11 月に我が国で初めて京都国際調停センター（英文名は Japan
International Mediation Center – Kyoto）が、京都市の同志社大学にオープンした。
プレイベントとして 2017 年には国際調停人としてたいへん著名なアントニオ・
ピアッツァ氏が京都に来訪した。実は、最近、2020 年 11 月にピアッツァ氏のオ
ンライン・セミナーが開催され、バーチャルではあったが、同氏の元気な姿を見

13) https://treaties.un.org/pages/ViewDetails.aspx?scr=TREATY&mtdsg-no=XXII-4&chapter=22&clang=_en, last visited as of 8 July 2021

14) https://uncitral.un.org/en/texts/mediation/conventions/interntional_settlement_agreements/status, last visited as of 25 October 2021

15) https://www.jetro.go.jp/biznews/2021/04/ee78a5d7e3730bb9.html, last visited as of 8 July 2021

て、声を聴くことができた。

　また、京都国際調停センターのオープン後には、台湾、ベトナム、オーストラリア、フランス、香港等から同センターへの来客があり、ドイツ、イタリアなどへ同センターの幹部が訪問する等、活発な交流が続いていた。とりわけ、シンガポールの SIMC（Singapore International Mediation Centre）と京都国際調停センターとは、2020 年、コロナ禍に対応するオンライン調停について Covid-19 Joint Protocol を締結し、コロナ禍にゆれる世界において、一層結びつきを強めながら互いに存在感を増している。

　京都国際調停センターについては、**第Ⅳ章 2** において詳述する。

　国際調停については、当事者となる可能性のある日本企業にあまり知られていないという指摘もあるが、この京都国際調停センター設立をきっかけとして国際調停のセミナーやワークショップへの企業関係者の参加が増えている。また、実は同時に、日本国内の民間調停のセミナーやワークショップでも国際的な成果やトレーニング方法を取り入れて活発になっているという動きもあり、注目に値する。

　国際調停の興隆は、そもそも国際的にはクイーン・メアリー大学の調査等によって明らかであるが、日本企業もアジアや北米を中心に国際展開をしている中で、実践的、実証的に国際調停の効果を体感しつつあり、これから活性化につながっていくであろうと思われる。

　以上から鑑みるに、国際調停の近未来は明るいといえよう [16]。

（4）　小括〜ニューヨークからシンガポールへの道

　2016 年から 2017 年にかけて、筆者は仲裁と調停の相違についてあらためて考えていた。

　確かに、調停の成果は「和解合意書」という当事者間で締結された私文書、すなわち「紙きれ」でしかない。これに対して、仲裁には、いわゆるニューヨーク条約 [17] による執行力が付与されており、同条約は、国際社会において極めて評判が高い。

　2021 年 3 月時点で、国際連合加盟国は 193 カ国であり、ニューヨーク条約の

16）柏木昇ほか「座談会・日本における国際仲裁の活性化に向けて」法の支配 201 号（2021）p.34

17）New York Convention on Recognition and Enforcement of Foreign Arbitral Awards, New York, 10 June 1958

加盟国は 168 カ国であるが、全てではない。企業法務の立場からすれば、日本企業が新たな発展途上国に進出する場合、その国が同条約の加盟国であるか否かをチェックすることは国際法務の基本動作である。その意味では、「多くの国はニューヨーク条約の加盟国である」という実証を伴わない安易な現状認識は極めて危険であることを指摘しておきたい。

　調停合意書には、ニューヨーク条約の適用はない。そこで、ニューヨーク条約が適用されるようにするために、調停成立前後にあらためて仲裁を提起するという便法も存在していた。

　もっとも、**ケース 1** を始め、筆者がカリフォルニア州において 2007 年から 2018 年までの 11 年間に経験した多くの建設調停に関しては、調停が成立し、和解契約書が作成された後、その執行に関して新たな紛争が生じたことはなかった。米国におけるビジネス調停においては、一度、和解契約書が交わされれば、そこから紛争が蒸し返されることは稀であろうと思われる。なぜなら、和解契約書の効力を争うことは、結局、再び多大なるコストと時間をかけて訴訟や仲裁を行うことになるからである。

第 IV 章

国際調停の最前線

1　世界における調停

(1)　序～国際調停の具体例を念頭において

　世界の各国・地域における調停を俯瞰する前に、既に発表されている国際調停のケースを2つ概観しておく（**ケース5**および**ケース6**）[1]。

　ケース5は、中東のX国の首都における同国空港公団（以下「空港公団」）と日本を含む複数の異なる国のコントラクターから成るジョイントベンチャーYとの調停である[2]。

　X国は、他国のハブ国際空港の隆盛ぶりを目の当たりにしていた。そこで、国際空港プロジェクトに知見のある米国企業B社をコンサルタントとして起用し、首都の空港の大規模な拡張工事を計画した。空港公団は、この工事（以下「本件工事」）の施工業者としてYを選定し、工事契約を締結した。この工事契約書では最終的な紛争解決手段はX国における訴訟とされていた。

　このX国にとって、このプロジェクト成功は国益に貢献するものであったため、空港公団は、本件工事工程の進捗途上において多数の設計変更命令（Change Order, 以下「CO」）を発行することとなった[3]。中でも、1つのCOは、大型追加工事および全体工程の延伸を含み、とりわけ大きな変更命令であった。

　Yは追加費用を請求し、空港公団は追加工事費用を査定したが、その金額はYの主張額の3分の1程度であったため、このCOの追加工事費用につき、相対交渉で合意に至ることはできなかった。

　そこで、国際的に高名な調停人を香港から呼んで、X国で調停をすることとなった。

　ただし、通常の調停ではなく、この調停は "binding mediation" とすることが

---

1) この2つのケースのごく簡単な紹介は、小倉隆「国際商事調停の利用と実務」JCAジャーナル67巻2号（2020）p.19においてなされている。

2) 小倉隆「米国における建設ADR」国際商取引学会年報19号（2017）p.20

3) 設計変更は、英国ではVariation Orderといわれるが、米国ではChange Orderといわれることにつき、以下の拙稿を参照されたい（小倉隆「アメリカにおける契約方式の新展開」土木施工51巻12号〔2010〕p.24）。

合意された。

　通常の調停は、法的拘束力がないもの、すなわち "non-binding mediation" と理解されている。しかし、このプロジェクトにおいては、空港公団もＹも工事契約に規定された「訴訟」は行いたくない、という共通の思いがあったので、この調停でどのような結果が出ようとも、それに従う。あらためて裁判に訴えることはしない、という合意をしたと推察される。

　香港からＸ国に招聘された調停人は、数カ月後、調停案を出した。この調停案によれば、この CO の追加費用は、請負者Ｙの主張額の2分の1程度であったようである。

　発注者の空港公団は、調停結果に決して満足はしていなかったと推察されるが、"binding" との約束どおり、この調停案を受容した。

　ちなみに、この調停人は、後ほど紹介する CEDR の香港事務所の関係者であったようである。なお、本件調停は ICDR[4] のルールによることとされたが、発注者である空港公団の法的アドバイザーが米国の弁護士事務所であったことが影響したのかもしれない。なお、請負者側の弁護士事務所はシンガポールの事務所であった。

　このように、当事者の一方に日系企業が入っており、双方の弁護士、そして調停人の国籍が多様である国際調停の成功事例が増えていけば、日系企業が国際調停を理解することが容易になっていくであろう。しかしながら、現状においては、調停事例についての事案の集積、データベースの構築とアクセス権等、情報共有に向けた課題も多い。

　ケース6は、タイのバンコクにて行われた日系企業とパキスタン企業との国際調停事例である。

　日系の会社（以下「Ａ社」）がＹ国の会社（以下「Ｂ社」）と独占的販売代理店契約を締結した。Ａ社は、その後、地域拠点としてシンガポールに子会社を設立し、上記代理店契約も同子会社に移管した。この子会社が、Ｂ社を通さずに、Ｙ国において製品販売を行ったことに対し、Ｂ社はたびたび抗議を行った。しかし、同子会社は、その抗議を無視したため、Ｂ社はＹ国の裁判所において、Ａ社およびそのシンガポール子会社に訴えを提起した。

4）ICDR は、International Centre for Dispute Resolution の略である。この組織は、1996 年に AAA の国際部門として発足した。https://www.icdr.org 参照。

　Y国は、コモン・ロー系の国であるが、この国の裁判所では、英国の弁護士の常識は通用しない、といわれている。裁判官達はそれほど腐敗していないように思われるが、宗教や地縁・血縁の影響が強いと思われる国である。

　A社の依頼を受けた日本人の英国弁護士は、契約書のJCAA[5]仲裁条項に則り、B社に対してまず東京での仲裁提起を助言した。そして、B社の弁護士とコミュニケーションを積み重ね、個人的な信頼関係を構築し、本件調停を申し入れた。

　A社とB社は、第三国での調停を模索し、タイのバンコクでの調停に合意した。

　限られた人数で行われたバンコクでの調停は成功し、和解契約が締結された。

　この調停の調停人は、香港在住の欧州人であったが、彼も本書で後ほど紹介するCEDRの香港事務所関係者であった。この調停では、調停人は、自らが白黒をつける "Evaluative Mediation" ではなく、結論はあくまで当事者が決める "Facilitative Mediation" を行うよう、A社の依頼を受けた英国弁護士が準備を行った。

　この調停を主導した英国弁護士は、クライアントである日系企業を熟知し信頼を得ていたと思われる。この弁護士の大胆な調停戦略、そして細心の注意を払った説得・交渉が本件調停成功の重要な鍵であったと理解される。

　上記のように、既に国際調停の実例は存在する。しかしながら、その数は未だ国際仲裁に比べて少ない。

　では、今後はどのようになっていくのであろうか？　その近未来のトレンドを探求するためには、各国における調停の歴史と現状を参照することが有益であろう。

　そこで、以下、調停が活発と思われる国および地域について詳しくみていくこととする。

(2)　アメリカ合衆国

　アメリカにおいては、植民地時代、町の長老や教会の神父などによって調停が行われていたが、アメリカの独立とともに憲法や裁判制度が整備されるにつれ、自然消滅したといわれている[6]。しかし、1950年代のモータリゼーションの進

5）JCAAは、Japan Commercial Arbitration Association（日本商事仲裁協会）の略である。
6）小林秀之編・安達明久ほか『交渉の作法——法交渉学入門』（弘文堂、2012）p.347

展に伴う交通事故紛争の急増、1960 年代の公民権活動の活発化等から、1960 年代にあらためて調停が注目されるようになり、全米の各地で少しずつ利用が広がった[7]。

　その後、アメリカ合衆国では調停制度が比較的短期間の間に大きな成長を遂げ、広く活用されている[8]。同国における調停を含めた ADR の本格的展開は、1976 年のパウンド・コンフェレンスが出発点とされてきた[9]。そして、1981 年に公刊された "Getting to Yes: Negotiating Agreement Without Giving In[10]" が、現在の交渉および調停に関する理論と実務の両面において絶大なる影響を与えたといわれる[11]。さらに、1983 年には、ハーバードと MIT の研究者により交渉の教育と研究を両面で進めるための学際的教育センターとして PON（Program on Negotiation）が創設され、その基盤の上で次々と大きなインパクトを有する成果が生み出されており、それは今日まで継続されている[12]。

　2001 年、米国法曹協会は、Uniform Mediation Act（UMA）というモデル法を作成した。

　UMA は、2019 年の時点において、全米 50 州のうち 12 州で採択されている[13]。UMA は、採択されていない州においても、裁判官によってしばしば引用されているとの指摘がある[14]。さらに、各州に採択を促すモデル法ではなく、連邦法として調停を推進する法（National Mediation Policy Act）を連邦議会が通過させるべきであるという立法活動もある[15]。

　筆者のみるところ、上記のような理論・教育面・立法活動面のみならず、実務的にもアメリカ合衆国は調停大国である。**第Ⅲ章**で既に紹介したケース 1 およびケース 2 は、いずれも同国カリフォルニア州における商事調停であった。ち

7）小林編・前掲注 6)

8）入江秀晃『現代調停論——日米 ADR の理念の現実』（東京大学出版会、2013）p.22

9）齋藤彰「シンガポール条約の加盟に向けた日本の課題」国際商取引学会年報 22 号（2020）p.101

10）Roger Fisher and William Ury *Getting to YES Negotiating Agreement Without Giving In* Houghton Mifflin Company 1981

11）前掲注 9)

12）齋藤彰「JCAA の商事調停規則改正とその背景」JCA ジャーナル 67 巻 4 号（2020）p.15

13）https://www.americanbar.org/groups/dispute_resolution/publications/dispute_resolution_magazine/2019/winter-2019-me-too/on-professional-practice/, last visited as of 3rd July 2021

14）https://madivorcemediators.com/congress-should-pass-the-national-mediation-policy-act-nmpa/, last visited as of 3rd July 2021

15）前掲注 14)

なみに、同州では、Dispute Resolution Programs Act（1986）によって、訴訟提起費用の一定部分（8ドルまで）をADRサービス提供のための資金に使用することが認められている[16]。

米国は端的に「訴訟社会」といわれる。当事者間で紛争が起こると、まず、一方的な請求がなされ、その請求が拒否されると（すなわち "Yes" という返事がこないと）直ちに訴訟を提起する、というパターンが多い。つまり、一度紛争が生じた場合、交渉ではなく訴訟という紛争解決手段が主流である。この傾向は、特に雇用関係の紛争において顕著である。米国での雇用者と被雇用者との関係はお互いに "Termination at Will" であると表現される。すなわち、雇用者は、被雇用者をいつでも解雇できるし、被雇用者はいつでも仕事をやめられる。このような、雇用者が解雇権を有するとする米国の原則は、解雇権濫用の法理が確立している日本の原則とは異なる。ところが、被雇用者の立場にたってみれば、突然解雇されればその時点で収入を失う。最低限、次の仕事を見つけるまでの生活費が必要である。このような背景の下で、解雇に伴う元従業員から会社に対する請求訴訟が多い。

ところで、雇用者が解雇権を有するとする米国の原則にも例外がある。それは、差別（Discrimination）に基づく解雇は不法・不当であるとする法理である。

米国雇用法上の差別とは、性差別、人種差別、および年齢による差別、という3種類の形態が基本である。解雇に伴う元従業員から会社に対する請求訴訟においては、この3形態の少なくとも1つが存在したと主張されることが多い。

2020年11月20日に行われた一般財団法人日本ADR協会シンポジウム「ビジネスとしてのADRの可能性」においてパネリストの平野温郎教授（東京大学大学院法学政治学研究科）から、米国における雇用関係紛争について、以下の調停成功事例が発表された[17]。本書ではこの調停成功事例を「ケース7」とする。

＜ケース7＞

当事者は、雇用者および被雇用者（米国弁護士資格保持者）であり、被雇用者は雇用者に対して訴訟を提起していた。

被雇用者の当初請求額は300万ドルであったが、雇用者の弁護士の申し入れに応じて調停を行うこととなった。この弁護士の事務所において1日（約12時間）の調停が行われ、30万ドル強で和解が成立した。

16）https://www.dca.ca.gov/publications/drpa_staturtes.shtm/, last visited as of 3rd July 2021
17）平野温郎「米国における雇用紛争調停の経験」

　雇用訴訟においては、会社対個人の争いとなるので、個人としての感情や納得感に左右される相対の直接交渉は困難であろう。その結果、米国の雇用紛争では調停が活用されており、弁護士や調停人の選定がしやすい分野となっていると思われる。

　アメリカ合衆国は、1970 年代から、各地で、様々な分野において調停を発展させてきたが、商事紛争にも調停を積極的に用いてきた[18]。調停人の提供機関として特筆すべきは JAMS（Judicial Arbitration and Mediation Services Inc.）である[19]。1979 年に設立された JAMS は、年平均 1 万 8000 件以上の調停・仲裁を扱っており、自らを世界最大の ADR provider と位置付けている[20]。JAMS の調停人は概して高い評価を受けていることは、多くの調停利用者が選んだことからも裏付けられている[21]。

　実際の紛争は、交渉と調停の間を行ったり来たりすることもある。アメリカ合衆国では、メジャーリーグ・ベースボール（MLB）の選手がストライキを行った紛争が、その実例であった。

　1993 年、MLB には 28 の球団があったが、球団間の収入格差が大きかった[22]。また、人気のある選手達は専門の代理人を雇って交渉を行うため、一部選手の年俸が高額化して、球団の経営を圧迫していた。一方では、選手達の属する選手会は、サイドビジネスで年間数百万ドルの収入を得ており、弁護士 4 名が常駐する米国内最強の労働組合であった。

　米国の 4 大プロ・スポーツビジネスは、バスケット（NBA）、アメリカン・フットボール（NFL）、北米プロアイスホッケー（NHL）、そしてベースボール（MLB）である。

　MLB の球団オーナー達は、NBA に倣って、1994 年 6 月 14 日、選手会に各球団が選手の年俸総額を規制するサラリーキャップ制を提案した。

　しかし、選手会は、選手ごとの自由な契約交渉が制限されるとしてこれを拒否して対案を逆提案した。球団オーナー側はこれを拒否した[23]。

　選手会は、1994 年 7 月 28 日、ストライキ開始を予告し、8 月 12 日、実際に

18）齋藤・前掲注 12）p.9
19）https://www.jamsadr.com/about/, last visited as of 3rd July 2021
20）前掲注 19）
21）小林編・前掲注 6）p.362
22）ロジャー I. エイブラム『実録メジャーリーグの法律とビジネス』（大修館書店、2006）pp.170-171
23）エイブラム・前掲注 22）p.177

ストライキに突入した[24]。

　ところが、球団オーナー側は、8月に選手の年金基金への払込みを行わなかった。

　選手会は、これを不当労働行為として全国労働関係委員会（労働委員会）に提訴し、労働委員会は選手会の訴えを認めた。

　球団オーナー側は、1994年9月14日、ワールド・シリーズも含めて残りのMLB公式戦全てを中止した[25]。

　野球ファンは失望し、一般市民の関心が高まる中、大統領のビル・クリントンは、労働省と協議して、元労働長官ウィリアム・ユザリーを調停人に指名した。しかしながら、球団オーナー側は、1994年12月23日にサラリーキャップ制を一方的に実施したので、選手会はこれを不当労働行為として同年12月27日、労働委員会に再び訴えた[26]。

　1995年に入ると、球団オーナー側は、マイナー・リーグ選手や引退選手と契約して、春のキャンプの準備を開始した。また、サラリーキャップ制強行作戦を中止、個々の球団が選手契約を結ばない方針への変更を行った[27]。

　1995年2月7日、大統領のビル・クリントンは、プロスポーツ界では前例のない処置をとり、野球労使双方をホワイトハウスに招き、和解のための調停に乗り出した。

　しかし、球団オーナー側は、大統領の和解案を拒否し、同日、団体協約の変更を行ったので、選手会は、翌日、労働委員会に3度目の訴えを起こした。

　1995年3月27日、労働委員会は、労使の状態を2月6日の前の状態に回復させるために、連邦地方裁判所に差止めを申請し、裁判所は差止命令を下した。

　ここに到り労使は協力することになり、1995年のシーズンは、例年より数日遅れて、4月26日に開幕した[28]。

　野球史上最長のストライキは234日続いたが、その後も交渉は続き、新しい団体労働協約に労使が合意したのは、1996年11月26日であった[29]。

24）エイブラム・前掲注22）p.178
25）エイブラム・前掲注22）p.180
26）エイブラム・前掲注22）p.182
27）エイブラム・前掲注22）p.183
28）エイブラム・前掲注22）p.189
29）エイブラム・前掲注22）p.191

　アメリカ合衆国の調停についての理論的研究は、小林秀之編『交渉の作法』[30)]の他、入江秀晃氏『現代調停論』が先行研究業績として挙げられよう[31)]。また、宮武雅子弁護士の最近の研究[32)]も注目すべき成果であろう。

(3)　英国および英連邦（コモンウェルス）

　英国（グレートブリテンおよび北アイルランド連合王国）は、日本の約3分の2の国土と 6680 万人の人口を有する国である[33)]。その歴史および世界に与えた影響の大きさからして、同国を代表する法域はイングランド & ウェールズであるといえよう[34)]。

　英国は、歴史のあるコモンウェルスを通じて、現在も世界への影響力を有している。調停の世界についても同様であることは、菅野智恵子弁護士が 2019 年に神戸大学に提出した法学博士論文から推察されるところである[35)]。本項（特に下記②香港について）は、この論文中に記された先行研究を参考にしている。

①　イングランド & ウェールズ（イングランド）

　英連邦[36)]（コモンウェルス）を代表する法域はいうまでもなくイングランドである。

　イングランドにおいては、1990 年代から民間の ADR 機関の活動が注目を集めるようになったが、その背景事情は上述した米国とはかなり異なる[37)]。イングランドにおいては、1990 年以降、訴訟事件数は減少傾向にあった。かかる減少傾向につき、1995 年にウルフ卿が指摘した問題点は、①訴訟に要する弁護士費用の高額化、②訴訟遅延、③民事訴訟が利用者にとってわかりにくい、というこ

---

30)　小林編・前掲注 6) p.305

31)　入江・前掲注 8)

32)　宮武雅子「米国のメディエーションにおける Confidentiality（秘密保持制度）」慶應法学41 号（2018）p.193

33)　https://www.mofa.go.jp/mofaj/area/uk/index.html, last visited as of 17 October 2021

34)　田中英夫『英米法総論（上）』（東京大学出版会、1980）p.4 によると、スコットランドは英米法系に属しないとされていた。

35)　菅野智恵子「日本における調停と海外における調停の比較・考察、及び国際商事紛争解決地としての日本の未来」（2019）。http://www.lib.kobe-u.ac.jp/handle_kernel/D1007567, last visited as of 21 October 2021

36)　田中・前掲注 34) p.345 によると、連邦ではなく「連合」と訳すべきとされている。

37)　長谷部由起子「民間型 ADR の可能性」早川吉尚 = 山田文 = 濱野亮編著『ADR の基本的視座』（不磨書房、2004）p.137

とであった³⁸⁾。この民事訴訟の問題点を克服するためにイングランドは ADR の推進を行ったのである。米国のように訴訟の多さが原因となって ADR が推進されたのではなかった。

上記の意味で、現在のイングランドにおける ADR の活況は、今から四半世紀前に開始されたウルフ卿の主導による民事司法制度改革に端を発する³⁹⁾といえよう。

1996 年の "Access to Justice Final Report" では、ケース・マネジメントの主要な要素として「ADR の利用を推奨すること」が明記された⁴⁰⁾。

イングランドの民事訴訟規則に付属する「実務指針——訴訟前の行動およびプロトコル」（Practice Direction – Pre-Action Conduct and Protocols⁴¹⁾ : PD-PACP）には、審理を開始する前に、当事者が和解を試み（3. (c)）和解のために ADR を考慮すべく（3. (d)）十分な情報交換を行うことが目的として記載されている。

PD-PACP para.8 は「訴訟は最後の手段でなければならない」と規定する。

さらに、PD-PACP para.10 は「当事者は、紛争を和解するために交渉するか、あるいは、調停を含む ADR を利用することができる」と規定し、ADR の筆頭に調停を挙げている。

なお、PD-PACP para.11 は「ADR への招待に無反応であるか、または、ADR への参加を拒否する当事者は、裁判所によって不合理と判断され、付加的な裁判コストを課される場合がある」と規定する。

そもそも、イングランドの民事訴訟においては、本案とは別に、訴訟に要した費用（弁護士費用を含む）を訴訟終了時に、どちらの当事者にどれだけ負担させるかについて、裁判所が裁量権を有する。基本的には、敗訴者に負担させる考え方（いわゆるイングリッシュ・ルール）は ICC 等の国際仲裁における標準となってきた。

PD-PACP は、上記の伝統的なイングリッシュ・ルールに修正を加え、ADR に消極的な当事者にコスト・サンクションを課す内容となっている。この規定によって、調停を含む和解交渉を促す効果が期待できる。

38）長谷部・前掲注 37）pp.141 - 142

39）齋藤・前掲注 12）p.15

40）Chapter 1 Introduction, para 16. (c)、https://webarchive.nationalarchives.gov.uk/ukgwa/20060214041256/http://www.dca.gov.uk/civil/final/sec2a.htm#c1, last visited as of 22 September 2021

41）https//www.justice.gov.uk/courts/procedure-rules/civil/rules/pd_pre-action_conduct, last visited as of 21 September 2021

　英国では、1990 年以来、多くの調停人協会や調停機関により、調停ガイドラインや調停実務基準が作成されたことによって専門的な調停実務の発展をみた[42]。このような組織の中で、Center for Effective Dispute Resolution（CEDR）の果たした役割は大きかったと思われる。CEDR については、3(2)であらためて詳述する。

　2007 年には、非営利団体である Professional Mediators' Association（PMA）が設立された[43]。PMA は、消費者、ビジネス、および、労働関係に係る調停人、調停機関等の声を代弁し、英国における調停の発展に貢献しようとして活動する団体である[44]。

　2018 年 11 月 20 日、京都国際調停センターの開所式にあたり、イングランドの前最高裁判所長官デビッド・ノイバーガー卿が行ったキーノート・スピーチの中で、イングランドにおける調停の発展について言及がなされた。ノイバーガー卿は、2009 年〜2012 年の 3 年間、Master of The Rolls（記録長官[45]）の職にあってイングランドの民事訴訟を統括していたが、その際に、訴訟によらず、主に調停によって和解することを当時者に推奨する仕事をしていたとのことであった。

　しかしながら、イングランドにおいては、調停手続は、調停人と当事者の間の調停契約によって決定されるため、正式な専門調停実務規則は未だ少ない[46]。

　イングランドにおける国際商事調停は、歴史もあり、現在も活況を呈している[47]。イングランドでの調停の活用は国内事件から始まり、次第にそれが利用される領域が広がり、国際的商事事件にまで及んでいるようにみられる[48]。これは、国際言語となった英語および国際契約のバックボーンとなっているコモン・ローの発祥の地の強みであろう。

42）Rachael Field and Jonathan Crowe "Mediation Ethics From Theory to Practice" Edward Elgar（2020）p.52

43）前掲注 42）p.53

44）http://www.legal.co.uk/the-professional-mediators-association-pma/, last visited as of 21 September 2021

45）田中英夫『英米法総論（下）』（東京大学出版会、1980）p.374

46）前掲注 42）p.52

47）齋藤彰「国際ビジネス紛争解決のエコシステム（生態系）」国際商取引学会年報 21 号（2019）p.82

48）齊藤・前掲注 47）

②　香港

アジアでも、香港やシンガポールを中心に商事調停の活用が進んでいる[49]。

特に香港は注目に値する。香港における調停活性化の動向は、齋藤彰教授により、おおむね以下のように紹介されている[50]。すなわち、香港においては、まず、商事調停に関する制定法的な枠組みが整備され、その基盤の上で調停人の資格認証や行動基準に関するルールが展開されてきた。そうした基礎の上で、各調停機関はそれぞれに調停規則を定めている。

香港国際仲裁センター（HKIAC）の調停規則は 15 カ条のみであるが、同規則とあわせて参照すべきものとして、調停人の行動基準に関する香港調停コード・HKIAC の苦情対応規則・調停人倫理コード等があり、それらの基盤となる香港調停条例が公的な調停の規律枠組みとして存在している[51]。

香港では、2009 年 4 月 2 日に民事司法改革（Civil Justice Reform）が開始された。この民事司法改革の目的は、コストの観点からより効果的な司法を目指すものであるが、そのための方策として、「紛争の和解を支援すること」が挙げられている[52]。このような和解を支援するという目的を受けて、Practical Direction-31 Mediation[53]（以下「PD31」）が策定され、2010 年 1 月 1 日に効力を発したものと思われる。また、当事者の調停に関する理解の促進を図るために、香港私法機構（Judiciary）によって統合調停事務所（Integrated Mediation Office）が組織され、ウェブ・ページに調停の情報や調停のビデオ、調停に関する質疑応答等が掲載されている[54]。なお、PD31 の最新版は 2014 年 8 月 14 日付であり、同年 11 月 1 日から効力を有するとされる（22 条）。

PD31 は、Part A において、裁判所が当事者に ADR 手続を推奨し、利用当事者の和解を支援する義務があることを明確にしている（1 条）。

また、ADR 手続には、当事者間の交渉は含まれず、ADR 手続の common mode は調停であると規定されている（3 条）。

さらに、合理的な理由なしに調停を行わなかった一方当事者に対しては、裁判所がコストの負担を命ずることがあり得ることが規定されている（4 条）。

49）齋藤・前掲注 12）p.9

50）齋藤・前掲注 12）pp.10 - 13

51）齋藤・前掲注 12）

52）https://www.civiljustice.hk/eng/home.html, last visited as of 4 August 2021

53）https://legalref.judiciary.hk/lrs/common/pd/pdcontent.jps？pdn=PD31.htm&lang=EN, last visited as of 4 August 2021

54）http://mediation.judiciary.hk/en/, last visited as of 4 August 2021

　PD31 の Part B は、当事者による調停開始の手続、および、この調停手続が開始された場合、裁判所は訴訟手続を中止（Stay）することができることを規定している。

　また、2013 年には調停条例（Mediation Ordinance[55]）が施行された。この条例の目的は、(a)調停による紛争解決の促進、および、(b)調停におけるコミュニケーションの秘密保持、であるとされている（3条）。なお、この条例は、2017 年 11 月 16 日に改訂がなされた。

　香港における調停人の認証機関としては、香港調停認証協会（Hong Kong Mediation Accreditation Association Limited：HKMAAL）がある[56]。この協会は、以下の 4 つの団体により設立された[57]。

①　The Hong Kong Bar Association（香港バリスター弁護士会）
②　The Law Society of Hong Kong（香港ソリシター弁護士会）
③　Hong Kong Mediation Centre（香港調停センター）
④　Hong Kong International Arbitration Centre（香港国際仲裁センター）

　HKMAAL の Vision は「香港で最高の調停認証機関を作ること」とされ、そのミッションは以下の 3 つとされている[58]。

・香港における調停に関わる調停人等の専門家の認証基準を定めること。
・香港における調停教育課程の基準を定め、基準を満たしたことを承認すること。
・香港における調停のベスト・プラクティス文化およびプロフェッショナリズムを推進すること。

③　シンガポール共和国

　シンガポールは、東京都 23 区と同程度の国土を持つ都市国家であり、人口は約 569 万人であるが、そのうち永住者を除く外国人は、165 万人（約29%）という国際国家である[59]。

　今世紀になって、特に進境が著しいシンガポールは、国の政策として ADR を

55) https://www.elegislation.gov.hk/hk/cap620, last visited as of 4 August 2021
56) www.hkmaal.org.hk/en/index.php, last visited as of 4 August 2021
57) www.hkmaal.org.hk/en/OrganisationChart.php, last visited as of 4 August 2021
58) www.hkmaal.org.hk/en/ValuesVisionMission.php, last visited as of 4 August 2021
59) https://www.mofa.go.jp/mofaj/area/singapore/data.html#section1, last visited as of 18 September 2021

強化し、この分野において香港を追いかけてきた。最近の調査では、アジア・太平洋地域における仲裁地としての魅力は香港を上回るという結果が報告されている[60]。

　1991年に設立されたシンガポール国際仲裁センター（Singapore International Arbitration Centre：SIAC[61]）は、仲裁受任件数で香港を抜き、アジア No.1 の国際仲裁センターとなっている[62]。SIAC の積極性については、かつて拙稿でも紹介したことがあるが[63]、アジアに展開されている国際企業の間では有名というより、最早、常識といえるレベルかもしれない。最近では、未だ香港国際商事仲裁センター（HKIAC）とウィーン国際商事仲裁センター（VIAC）の2つの仲裁機関しか外国の仲裁機関が認可されていないロシアにおいて、SIAC が認可承認申請を出し審理がなされていることが紹介されている[64]。

　調停に関しても、2013年からシンガポールは官民一体となった強化を行ってきた。

　2013年4月、同国のサンドラ・メノン裁判長官および法務省は、9名のメンバーから成る国際商事調停ワーキング・グループ（International Commercial Mediation Working Group：ICMWG）を指名した。ICMWG は、同年11月29日に以下の5点の答申を行ったことが、同年12月3日にプレス・リリースされている[65]。

(ⅰ)　調停の質を基準化し、調停人の資格を与える専門的機関の設立

(ⅱ)　質の高い国際調停人を提供できる国際調停サービスのプロバイダーの設立

(ⅲ)　シンガポールでの調停の法的フレームワークを強化するための調停法の立法

(ⅳ)　仲裁・調停に適用される現行の租税免除およびインセンティブ措置の延長

(ⅴ)　調停をより促進するために司法が規則および裁判手続の支援をすること

　上記の答申に基づき、2014年にシンガポール国際調停センター（Singapore

60）Queen Mary University of London, White & Case *"2021 International Arbitration Survey: Adapting arbitration to a changing world"*, p.7

61）https://www.siac.org.sg, last visited as of 15 June 2021

62）前掲注60）p.11

63）小倉隆「日本企業が国際仲裁を利用するにあたり克服すべき課題に関する一考察」JCA ジャーナル64巻9号（2017）p. 17

64）小田博「ロシア連邦の仲裁制度改革（上）」JCA ジャーナル68巻7号（2021）p. 19

65）https://www.mlaw.gov.sg/news/press-releases/icmwg-recommendations.html, last visited as of 12 June 2021

International Mediation Centre「SIMC」）が設立された[66]。

　SIAC および SIMC は、いずれもマックスウェル・チェンバースにオフィスを構えており、SIAC-SIMC Arb-Med-Arb Protocol（AMA Protocol）によって連携している。この AMA Protocol の特徴は以下のとおりである。

・SIAC は仲裁人、SIMC は調停人を各々別個に独立して選任する。
・仲裁申立書と答弁書が提出された後、SIAC の仲裁廷は仲裁を停止（stay）し SIAC の事務局はケースファイルを SIMC に送付する。
・Arb-Med-Arb のプロセスによって作成された和解契約書は、仲裁判断（consent award）としてニューヨーク条約の下で執行可能となる。

　もっとも、Arb-Med-Arb については、シンガポールからの情報発信が顕著ではあるものの、シンガポールでしかできないことではなく、既に世界的に広まって実施されつつあると思われる[67]。

　また、答申(ⅲ)については、2017 年にシンガポール調停法が成立している[68]。

　SIMC は 2018 年 1 月に東京において日本企業の法務担当者向けのセミナーを開催した[69]。このセミナーにおいて強調された SIMC の特徴は、国際仲裁機関である SIAC とタイアップして調停 ⇒ 仲裁 ⇒ 調停という紛争解決パターンが、シンガポールでの早期紛争解決に有効に機能していることであった。

　また、このセミナーにおいては SIMC の最新統計が発表された。とりわけ和解成立率 85％（2017 年）の高さが印象的であった。

　2021 年 7 月 17 日には、インド－シンガポール・ミディエーション・サミットというオンライン・セミナーが開催された。視聴者は 3000 人を超えているとの発表が印象的であった。

　インドはシンガポールと Joint Protocol を締結している。なお、インドについては項をあらためて後述する。

④　オーストラリア連邦

　オーストラリアは日本の約 20 倍の国土に約 2565 万人（2020 年）の人口を有する連邦国家である。元首は、英国女王を兼務するオーストラリア女王・エリザ

ベス2世であるが、1986年に英国の司法権から完全独立を遂げた[70]。

　オーストラリアの政府は、連邦憲法に根拠規定をおく連邦政府と旧自治植民地であった6つの州政府、自治権を持つ3つの特別地方政府、自治権を持たない領土、州の下部組織である地方政府から成っている[71]。元首が英国女王であることを除けば、米国に近い統治システムといえよう。

　経済的には輸出先／輸入先共に中国が第1位であり、日本は輸出先として第2位、輸入先として第3位である[72]。しかしながら、日本とオーストラリアとは、共に2018年12月30日に発効した環太平洋パートナーシップ（TPP）の締約国であり[73]、今後、さらに関係が深まることが期待される。

　6つの州政府のうち、オーストラリアの最大都市（人口：約530万人）シドニーを州都として擁するニューサウスウェールズ州（NSW）の存在感は大きい。

　NSW最高裁判所の第14代長官（在職期間：1974年6月28日〜1988年11月1日）であったローレンス・W・ストリート卿が、オーストラリアのADRに与えた影響は大である。彼は、裁判官退職後、1989年から、主に大規模な商業紛争に関して1500件以上の調停を成功させた[74]。国際的にも、LCIA（ロンドン）、WIPO（ジュネーブ）、ICSID（ワシントン）等に足跡を残し、2000年からはスポーツ仲裁廷（ローザンヌ）での調停人を務めた[75]（スポーツ仲裁・調停については、後ほど項をあらためて論ずる）。

　オーストラリアにおける調停は、民間調停および裁判所付属調停の2つのタイプから成る[76]。

　オーストラリアにおける調停の大部分は民間調停機関による商事調停である[77]。

　この民間調停機関とは、1976年に設立されたオーストラリア仲裁人・調停人

70）https://www.mofa.go.jp/mofaj/area/australia/index.html, last visited as of 27 August 2021

71）橋都由加子「オーストラリアにおける連邦・州・地方の役割分担」財務省財務総合政策研究所『主要諸外国における国と地方の財政役割の状況』https://www.mof.go.jp/pri/research/conference/zk079/zk079_04.pdf

72）前掲注70）

73）https://www.mofa.go.jp/mofaj/gaiko/tpp/index.html, last visited as of 20 September2021

74）https://www.laurencestreet.com.au/bio.htm, last visited as of 27 August 2021

75）https://web.archive.org/20061019203411/http://laurencestreet.com.au/bio.htm, last visited as of 27 August 2021

76）Linklaters "*Commercial mediation in Australia*"（1st April 2020）, https://www.linklaters.com/en/insights/publications/commercial-mediation-a-global-review/commercial-mediation-a-global-review/australia, last visited as of 27 August 2021

協会（Institute of Arbitrators and Mediators Australia : IAMA）、および、1986年に設立されたオーストラリア商事紛争センター（Australian Commercial Dispute Centre : ACDC）である。

また、調停に従事する弁護士を代表する団体（Lawyers Engaged in Alternative Dispute Resolution : LEADR）の影響力も大きい[78]。

オーストラリアの裁判所は当事者に調停を命ずる権限を有しており、裁判所の管轄によっては、当事者は調停を行う義務を負う。このような場合、調停が遅延するか行われなかった場合、または、調停を真摯に（in good faith）行わなかった場合、裁判所から費用の支払いを命じられることがある[79]。このように裁判所が調停を重視するスタンスは、前述した英国および香港と共通している。

オーストラリアの連邦裁判所は、調停を重視し、調停人のレベルの確保および教育に力を入れてきた[80]。この調停人のレベル確保のために、前述した民間調停機関等が自主的にオーストラリアの調停人認証システム（The National Mediator Accreditation System: NMAS）を策定した[81]。また、彼等はNMASを支えるべく、2008年にNational Mediator Accreditation Committee（NMAC）を組織した[82]。

調停人としての認証を受けられる要件として、2007年9月に、調停人の実践基準（Practice Standards）が策定され、さらに、翌2008年11月には、NMASの下で調停人として認証を受けるための、認証基準（Approval Standard）が策定された[83]。

この実践基準においては、調停手続、調停人の権限、中立性、秘密保持等が丁寧に記載されている。また、認証基準では、調停手続は基本的に交渉促進型（facilitative process）であることが示されている（2.3)）ほか、認証団体はRecognised Mediation Accreditation Body（RMAB）でなければならないとされている。RMABと認定されるためには、NMASの下で10名以上の調停人を

---

77) Ulrich Magnus *"Mediation in Australia: Development and Problems"* in Klaus J. Hopt and Felix Steffek *"Mediation"* Oxford University Press（2013）Chapter 17, p.877

78) 前掲注77)

79) 前掲注76)

80) http://www.fedcourt.gov.au/services/ADR/mediation, last visited as of 27 August 2021

81) 前掲注77) p.878

82) http://msb.org.au/themes/msb/assets/documents/a-history-of-the-standards.pdf, last visited as of 6 September 2021

83) http://www.fedcourt.gov.au/services/ADR/mediation/mediation-standards.pdf, last visited as of 27 August 2021

認証した実績等の要件が求められる。このような認証団体としては、例えば、Resolution Institute がある[84]。

　調停人として認証されるためには、9 カ月以内に 38 時間以上の調停ワークショップを含む調停教育・トレーニングのコースを修了しなければならない（認証基準 5.1)(c))。

　また、調停人の資格を維持するためには、2 年ごとに 25 時間以上の調停経験（機会が十分なかった場合は 10 時間）および 20 時間以上の調停研修が必要とされる（認証基準 6)。

　このように、オーストラリアにおいては、調停人の教育について、詳細な定めがある。

　これらが、調停機関に属する人々や大学の研究者、すなわち民間の力によって創り上げられて、司法によって是認されてきた、とみることができよう。

　なお、オーストラリアにおける家事調停が裁判所によってなされる場合は無償であるとの情報が 2017 年 11 月 5 日に報告されている[85]。

　2013 年の時点で、調停法および実務に関しては、オーストラリアは米国に次いで世界の最先端を走ってきたといわれていた[86]。

　オーストラリアでは、特に労働紛争等の領域で過去 30 年以上の調停の歴史があり、調停が盛んであるという状況が、2017 年 9 月に行われたホテル・ニューオータニにおける LAWASIA 東京大会の ADR セッションにおいて同国出身の専門家 John Rundell 氏によって紹介された。

　同国における調停はイングランド的なものであるが、発展過程は米国に似ていると思われるところが興味深い。

　なお、John Rundell 氏は、オーストラリア人で香港の永住資格を有する ADR プロフェッショナルであるが、会計士出身であり弁護士資格は有していないようである[87]。上記は、ミディエーターには弁護士出身者が多いが、プロフェッショナル・サービスを提供するにあたって必ずしも弁護士資格を必要とするわけ

84) https://www.resolution.institute/accreditations/mediation-australia, last visited as of 28 August 2021

85) Keigo Kamibayashi「オーストラリアの調停制度（メディエーション）」(2017.11.5)、https://kklaw.com.au/archives/mediation.html, last visited as of 27 August 2021

86) https://oxford.universitypressscholarship.com/view/10.1093/acprof:oso/9780199653485.001.0001/acprof-9780199653485-chapter-17?print, last visited as of 16 June 2021

87) https://www.johnrundell.com, last visited as of 11 June 2021

ではないということの一例と思われる。

　なお、オーストラリアは、2021年9月10日、シンガポール条約の55カ国目の署名国となった[88]。

　最近、筆者は、オーストラリアを舞台にした調停についての演劇を観る機会に恵まれた。

　オーストラリアで最も人気のある劇作家といわれるデヴィッド・ウィリアムソンの原作『Face to Face』を早稲田大学教授の佐和田敬司氏が翻訳した『面と向かって』が、2021年11月5日〜14日、俳優座劇場で上演されたのである。

　シドニーでのタウン・ミーティング・ミディエーションが、生き生きと表現されていた。登場人物は、調停人のジャック・マニング、および、住民9名の計10名である。

　故意に車をぶつけた住民を巡って、調停人の助けを借りて住人達が本音を話し合い、解決に導くストーリーであった。

　デヴィッド・ウィリアムソンがテーマにした修復的司法（restorative justice）の会議は、過去ではなく、未来に焦点を当てた問題解決の場である。

　佐和田教授によれば、オーストラリアは、ニュージーランドの少数民族の対話文化から修復的手法を学び、それを司法の世界に根付かせた、とのことである。

　調停の世界におけるオーストラリアの存在感を実感させる演劇であった。

⑤　マレーシア

　マレーシアは、約33万km²（日本の約0.9倍）の国土面積と3270万人の人口（2020年）を有する立憲君主制国家である[89]。

　首都はクアラルンプール（KL）である。筆者は、国際的な巨大都市のKLとその他の地域の落差が大きいことを、2016年当時の訪問において実感した。

　KLの空の玄関口はクアラルンプール国際空港（KLIA）である。

　1994年の交換公文に基づき円借款がマレーシアに供与され（実行額：503億900万円）、1998年にKLIAは完成した[90]。マレーシアと世界各地を結ぶアジア

88）https://uncitral.un.org/en/texts/mediation/conventions/international_settlement_agreements/status, last visited as of 16 September 2021

89）https://www.mofa.go.jp/mofaj/area/malaysia/data.html#section1, last visited as of 25 August 2021

90）https://www2.jica.go.jp/ja/evaluation/pdf/2000-MXVI-1-4-f.pdf, last visited as of 27 August 2021

屈指のハブ空港であり、広さはアジア最大級、成田空港の約 10 倍である[91]。

　著名な建築家であった黒川紀章氏が「森の中の空港、空港の中の森」をテーマに設計、大成建設（メインターミナル）、竹中工務店（サテライト）が工事の施工を行った[92]。

　長く政権にあったマハティール首相（2020 年 2 月退任）の「東方政策」（Look East）政策の影響もあり、マレーシアと日本との関係は長年良好であるが、今は、経済的には、マレーシアの輸入先・輸出先、共に中国が第 1 位である（2020 年）[93]。

　マレーシアの ADR 制度が有望であることは、既に 2013 年に指摘されていた[94]。

　仲裁に関しては、2005 年仲裁法が 2011 年に改正された。2005 年仲裁法は、1952 年の仲裁法にとって代わるもので、UNCITRAL モデル法およびニュージーランド 1969 年仲裁法を参照して作成された[95]。

　マレーシアの主な仲裁機関は、1978 年に設立された「仲裁のためのクアラルンプール地域センター」（Kuala Lumpur Regional Centre for Arbitration: KLRCA）である[96]。

　同センターは、2018 年に Asian International Arbitration Centre（AIAC）に引き継がれた[97]。

　マレーシアは、2012 年に調停法を制定し、調停を奨励するようになった[98]。

　マレーシアにおける調停サービスは、2013 年時点で以下のように 3 機関によって提供されていた。

　(a)　マレーシアの裁判所での付設調停（裁判官主導）

　(b)　KLRCA での調停

　(c)　マレーシア仲裁センター（Malaysian Mediation Centre : MMC）での調停

　上記(a)に関し、2016 年の Practical Decision No.4 により、裁判官は、裁判審理が開始された後も、和解を勧奨することができる、とされた[99]。

91）https://www.tourismmalaysia.or.jp/basicinfo/07_airport.html, last visited as of 27 August 2021

92）https://ameblo.jp/shinsekkei36/entry-11881299777.html, last visited as of 27 August 2021

93）前掲注 89）

94）日本貿易振興機構バンコク事務所知的財産部「経済産業省委託事業 ASEAN における知的財産案件 ADR（裁判外紛争処理）に関する調査報告書」（2013）p.21

95）前掲注 94）

96）前掲注 94）

97）https://www.aiac.world/About-AIAC-, last visited as of 26 August 2021

98）前掲注 94）p.22

99）Chia Swee Yik *Mediation in Malaysia*, https://chialee.com.my/mediation-in-malaysia/, last visited as of 26 August 2021

　上記(b)に関し、KLRCA は、2013 年に Mediation Rules を改訂した。AIAC はこの Mediation Rules を引き継いでさらに改訂を加え「Mediation Rules 2018」として公開している[100]。

　上記(c)の MMC は、1999 年、マレーシア弁護士協会の後援によりクアラルンプールに設立された調停機関である[101]。

⑥　カナダ

　カナダは日本の約 27 倍の広大な国土に約 3789 万人の人口を有する。

　1931 年に英国から実質的に独立し、1982 年の「カナダ憲法」により英国から憲法改廃権が完全移管されたが、元首はエリザベス 2 世である[102]。

　伝統的に対米関係を最重要視しており、経済的にも輸出先／輸入先共に米国が第 1 位である。ただし、輸出先／輸入先共に第 2 位である中国とは、2018 年末にカナダが華為技術（ファーウェイ）社 CFO 孟晩舟氏を詐欺などの罪で拘束して以来、緊張関係が続いてきた[103]。とりわけ、カナダが香港の若者を移民として受入れを拡大していることは中国から抗議を受けている[104]。

　もっとも、ファーウェイの件は、孟氏と米国との司法取引が成立したことによって、2021 年 9 月 24 日に孟氏が釈放され[105]、中国も、同日、2018 年末に逮捕したカナダ人 2 名を釈放した[106] ことで沈静化しつつある。

　カナダの輸入先第 3 位にはメキシコが入っている[107]。これは、1994 年に米国、カナダ、メキシコの 3 カ国間で発効した北米自由貿易協定（North America Free Trade Agreement：NAFTA）の影響が大だからであろう。なお、NAFTA は米国トランプ政権主導の再交渉の結果、2018 年 10 月に米国・メキシコ・カナダ協定（USMCA）に置き換わり、2020 年 7 月の USMCA 発効によって NAFTA は効力を失った[108]。

100）前掲注 97）

101）https://www.malaysianmediationcentre.org/about us, last visited as of 20 September 2021

102）https://www.mofa.go.jp/mofaj/area/canada/data.html, last visited as of 20 September 2021

103）前掲注 102）

104）日本経済新聞電子版（2020/11/14）、https://www.nikkei.com/article/DGXMZO66235550UO A111C2000000/, last visited as of 20 September 2021

105）讀賣新聞オンライン（2021/9/25）、http://www.yomiuri.co.jp/world/20210925-OYT1T50063, last visited as of 27 September 2021

106）ロイター、https://jp.reuters.com/article/usa-china-huawei-tech-detainees-idJPKBN2GLO2 Q, last visited as of 27 September 2021

107）前掲注 102）

日本は、カナダにとって輸出第4位、輸入第6位の主要貿易相手国である。

2018年3月、環太平洋パートナーシップに関する包括的及び先進的な協定（TPP11協定）が日加間で初めてとなる経済連携協定となった。政治的にも共にG7のメンバー国であり、日本とカナダは関係が深い。

カナダのADRをリードする機関はThe ADR Institute of Canada（ADRIC）である[109]。

カナダ全土には、調停および仲裁についての2400名以上の専門家がおり、ADRICに所属している。ADRICは調停規則および調停人の倫理規則[110]（2005年作成、2012年改訂[111]）を有している。

（4）　中華人民共和国（中国）[112]

中国は、1972年9月29日に北京において日本との共同声明を発出し、両国は国交正常化を果たした[113]。

1978年に日中平和友好条約が締結された[114]。

中国は、日本の約26倍の広大な国土と約14億人の人口を有する大国である[115]。

中国が鄧小平副総理の下で改革開放路線を取り始めた1978年以降、日本との経済的な関係は年を追うごとに深くなっていった。

1980年代、日本企業の中国進出という事実が先行し、法整備は後からこれを追いかけていた感があった。例えば、日中合弁企業を設立しようにも、中国には未だ会社法がなく（中国会社法は1993年に成立した）、当時、日系企業は、とりあえず作成された合作企業規則的なものを参照しながら日中合弁企業を設立していたと記憶する。ちなみに、大成建設は、1986年に中国大手建設会社の中国建築株式会社（China State Construction）と共に「中大実業」を設立して中国で事業を展開した[116]。

108）https://www.smbcnikko.co.jp/terms/eng/n/E0107.html, last visited as of 20 September 2021

109）https://adric.ca/about-us/, last visited as of 20 September 2021

110）https://adric.ca/pdf/ADRMEDIATIONRULES2014.pdf, last visited as of 20 September 2021

111）Rachael Field and Jonathan Crowe *"Mediation Ethics From Theory to Practice"* Edward Elgar（2020）p.55

112）本項は、中央大学法学部の梶田幸雄教授による国際商取引学会第22回全国大会（2019年11月10日）における報告「中国国際商事調停の新動向」（「梶田報告」）を参考にしている。

113）https://www.mofa.go.jp/mofaj/area/china/nc-seimei.html, last visited as of 21 August 2021

114）https://www.mofa.go.jp/mofaj/area/china/index-html, last visited as of 21 August 2021

115）前掲注114）

116）https://www.taisei-techsolu.jp/solution/o-china/, last visited as of 21 August 2021

　中国は「世界の工場」として第2次産業を中心に発展し、大成建設もかかる発展に寄与したと思われるが、2012年に中国における第3次産業の比率が第2次産業と逆転した[117]。

　しかしながら、2020年の段階で、第2次産業は名目GDPの37.8%を占めている（第3次産業は54.5%）。中国の輸出先は、米国、日本、ベトナムの順であり、輸入先は、台湾、日本、韓国である[118]。日本は、中国の輸出入カウンターパートとして存在感が大きい。

　しかるに、現在、日中間では、領土問題（尖閣列島）、軍事問題が、中国と対峙する米国との関係を軸に現出しており、現在の日中両国の関係をかなり難しくしているようである。

　また、日中両国の裁判に対するスタンスに関しても大きな問題がある。

　中国は、1994年に最高人民法院の司法解釈とこれに従った大連市中級人民法院の決定によって、「日本で成立した判決は、中国では執行できない」という重要な先例を確立した[119]。

　同様に、日本は中国の法院の判決が日本で執行されることを認めていない[120]。

　粟津光世弁護士は、この中国での裁判を執行しうるかという論点に関する日本の裁判所の対応を「カウンターパンチ」と表現していた[121]。近代法学の歴史および発展が異なる両国が同じ法的リングで戦えるのかどうかという疑問もあるが、いずれにしても、残念ながら、日中両国の裁判所間には、財産法上の事件について、今までのところ互恵関係がない。

　以上のような裁判所間の状況に比べれば、国際仲裁の領域においては、両国間の問題点は比較的少ないといえるかもしれない。

　中国を仲裁地とする仲裁件数の多さは世界的に際立っている。

　2021年の国際仲裁に関する調査[122]によれば、アジア・太平洋地域で選ばれた仲裁地の中で、北京は、シンガポール、香港、ロンドンに次いで第4位。第5位のパリを上回った。世界レベルでみても、北京はニューヨークと並んで第6位、しかも、第7位に上海が入っている。

117）前掲注114）
118）前掲注114）
119）粟津光世「日中の判決はなぜ相互に執行できないか」中国法令2004年2月 pp.1-8
120）粟津光世「名誉毀損で慰謝料を命じた中国判決について、相互保証がないことを理由に日本で執行を認めなかったケース」国際商事法務43巻8号（2015）p.1228
121）粟津・前掲注120）p.1231
122）前掲注60）pp.6-7

中国の仲裁法（以下「中国仲裁法」）は、1994年に成立し、1995年9月1日から施行されている[123]。

中国では、中国国内の仲裁と渉外仲裁とが峻別されてきた。しかしながら、中国仲裁法には「国内仲裁」および「渉外仲裁」の定義はなく、最高人民法院の解釈（法釈［2012］24号[124]）によると解される。

上記解釈によれば、例えば、中国企業と仲裁をする企業が、日本企業の100％子会社であるという事実だけでは、「渉外民事関係」とはみなされず、国内仲裁にいかねばならないことがあり得る。

上記については、当該企業が自由貿易圏で設立されたというような事情がある場合は、例外的に「渉外民事関係」とみなされた判例がある[125]。

日本企業が中国法人を設立・運営する場合に注意を要する点であろう。

さて、中国の調停の歴史は古く、その起源は既に「論語」の中にあり、日本における調停も中国から学んでいるという説もある。

「論語」は約2500年前の思想家・孔子（孔丘）を中心とする人間集団の記録である[126]。

論語は、断片的な短句を集めたものであるため、実はその思想は体系づけられていない[127]。

そこで、今般、あらためて論語の学而第一から堯曰第二十までの20編の短句を見直し、その中に、調停のコンセプトの源流を探してみたところ、以下の一文に遭遇した。

「君子は和して同ぜず、小人は同して和せず」（十三、子路）[128]

この前段については、「君子は協調性に富むが、無原則な妥協は排斥する」との現代語訳がなされている[129]。この一文は、**第Ⅱ章**で紹介した、"Getting to Yes"の"Principled Negotiation"に通ずる原則を表現したものと思われる。

論語も"Getting to Yes"も、極めて客観的でドライな分析を行いながら、示唆

---

123) CMS "*International Arbitration Law and Rules in China*"（2021.7.29），https://cms. law/en/int/expert-guides/cms-expert-guide-to-international-arbitration/china, last visited as of 26 August 2021

124)「『中華人民共和国渉外民事関係法律的用法』の適用における若干の問題に関する最高人民法院の解釈（1)」、全文和訳（曾我法律事務所、2013年2月26日版）を参照。

125) 前掲注 123)

126) 久米旺生訳『中国の思想（9)』（徳間書店、1996）p.9

127) 久米・前掲注 126) p.15

128) 久米・前掲注 126) p.82

129) 久米・前掲注 126) p.194

に富んだ原則を提示したところが共通している。

　聖徳太子の「和を以って尊しとなす」は、「和」を重視して、論語に示された「協調性」という格言を、さらに一歩進めて国民に規範として提示したといえるのではなかろうか。

　1949 年の中華人民共和国の成立以後、1954 年に政務院は「中国国際貿易促進委員会に対外貿易仲裁委員会を設立することに関する決定」を採択し、1958 年に国務院は「中国国際貿易促進委員会に海事仲裁委員会を設立することに関する決定」を採択した。この 2 つの仲裁委員会の規則には、いずれも「受理した事案について調停をすることができる」と規定され、中国における調停重視の方針が定まったとされる。

　中国において国際商事紛争を専門的に調停する機関に「中国国際経済貿易促進委員会／中国国際商会調解中心[130]」（中国国際商事調停センター）がある。

　中国国際商事調停センターは、北京に本部を置き主要省市に計 51 分会が設置されている。

　4000 件以上の調停受理実績があり、紛争当事者は 30 カ国・地域に及ぶ。

　同調停センターによると申し立てられた調停事件のうち 80％以上が成功裏に解決されているという。

　1970 年代末から、中国は外国と共同 ADR の取組みを開始した。

　当時の米中貿易上の綿花の納期、配船、積卸の遅延問題に関する紛争につき、中国国際経済貿易仲裁委員会（CIETAC）と米国 AAA が各々 1 名の調停人を指名し連合調停にあたった事例が紹介されている[131]。

　1980 年、中国国際経済貿易促進委員会は、フランス工業所有権局との間で、中仏の工業所有権紛争の解決につき、連合調停方式を発展させることで合意した[132]。

　1981 年、中国対外経済貿易仲裁委員会は、イタリア仲裁協会と「仲裁協力に関する覚書」を合意した[133]。

　1987 年、中国国際経済貿易促進委員会北京調停センターが北京で成立、ドイ

130）梶田幸雄「中国におけるビジネス紛争解決法」国際商取引学会年報 19 号（2017）p.156
131）梶田幸雄「日中の国際商事仲裁制度における協力の可能性について」CDAMS（「市場化社会の法動態学」研究センター）ディスカッションペイパー（2005-05）p.12, www.lib.kobe-u.ac.jp/repository/80100010.pdf, last visited as of 4 September 2021
132）梶田・前掲注 130）p.157
133）梶田・前掲注 130）p.157

ツの北京・ハンブルグ調停センターがハンブルグで成立し、双方は、連合調停に関する協力取決めに調印した[134]。

　中国の特色としては「仲裁プラス調停」であり、調停をメインとする紛争解決方式は、新中国成立後一貫して提唱され実践されてきた、という分析もある[135]。

　比較的最近、中国における具体的な国際調停事案が詳細に紹介されている[136]。

　この事案の当事者は、米国企業 X と中国の中外合弁企業 Y である。

　X の特許製品および関連の音楽 CD 著作権について、Y に独占的ライセンスを供与する旨の契約が締結された。紛争は、X が「Y が海賊版を製作し、権利侵害をしている」として某市中級人民法院に提訴し、また、同時に、北京など 4 大都市の工商行政管理局に Y による権利侵害を訴えたことから始まった。これに対して Y は、X の契約違反に基づく損失が生じたと反論し、シンガポール国際仲裁センター（SIAC）に仲裁を申し立てた。

　仲裁人として、X が Sally Harpole 氏（米国人「SH 氏」）、Y が沈四宝氏を指名した。この段階で事情を聴いた北京仲裁委員会は、SIAC が仲裁廷を組織する以前に、双方が北京仲裁委員会にある調停委員会で調停をすることを通知した。

　SH 氏および沈氏は調停廷を組織し、2009 年 12 月 1 日～2 日の調停により、初歩的な和解合意書が作成された。2010 年に調停協議書が作成され、この協議書が任意履行されて調停は終了した[137]。

　この米中国際調停案件の紛争額および X が Y に支払った保証金額は明らかではないが、調停委員会の管理費用 1000 ドル、および調停人の費用が 3000 ドルずつ、合計 7000 ドルで和解できたということであれば、コスト・パフォーマンスがよかったケースと推察される。

　なお、2019 年の梶田幸雄教授の報告では、上記の米中ライセンス契約紛争の事例のほか、日本の A 社と中国蘇州の B 社との間の紛争事例が紹介されている。この紛争は、設備売買契約の代金について、2016 年に A 社が蘇州虎岡区人民法院に提訴したところから法的手続が開始されている。同人民法院は 2 回目の審理前に蘇州市貿易促進委員会による調停を提案し、A 社および B 社とは調停に合意した。

134）梶田・前掲注 131）p.11

135）粟津光世「中国仲裁法改正のいくつかの課題」JCA ジャーナル 66 巻 10 号（2019）p.25

136）梶田幸雄「北京仲裁委員会における国際調停事案」JCA ジャーナル 65 巻 8 号（2018）p.21

137）梶田・前掲注 136）p.22

　蘇州市貿易促進委員会は、上海貿易促進委員会の専門家を長とする3名の調停チームを選任し、3時間で係争金額200万元の紛争の調停が終了したとのことである。

　この調停においては、3名の調停人が人民法院の担当裁判官と事件の情報のやり取りを行っていたとのことである。この点は、コモン・ローの国々でのミディエーションと異なるところであるが、結果は評価できよう。

　かつて、ある日本企業から「中国におけるCIETAC仲裁（相手方は中国企業）で、主席仲裁人が熱心に調停を勧めるので逆に疑念を生じ、調停には応じなかった」という経験談を耳にしたこともある。中国における仲裁と調停の関係が理解でき、調停の成功例が浸透すれば、このような疑念は払拭されるかもしれない。

　中国は、2019年8月にシンガポール調停条約に署名している。国際調停について積極的な姿勢を示したものと受け止められるが、同条約の批准へと進むのか気になるところでる。

　2020年11月、日本および中国を含む15カ国は、日中間で初めての経済連携協定（EPA）ともなる包括的経済連携（RCEP）協定に署名した。RCEPは、まず、日中両国を含む9カ国につき、2022年1月1日に発効した[138]。

　なお、中国は、2021年9月16日に、TPPへの加盟申請を行った[139]。TPP加盟諸国の対応が注目される。

(5)　大韓民国（韓国）

　韓国は約10万km²の国土に約5178万人の人口を有する隣国である[140]。

　北朝鮮と38度線によって分断され、人口の割に国土が狭いことも、同国民の海外志向（特に米国への移民が多い）が強い原因の1つかもしれない。歴史的経緯から、2000年6月末時点で、日本には43万5459名の在日韓国人が登録されており、韓国在住の日本人数4万500名（同年10月）の10倍を超える[141]。

　2000年時点で、同国の輸出先は第1位が中国、日本は第5位であり、同国の輸入先は第1位がやはり中国、日本は第3位である[142]。

138）https://www.meti.go.jp/press/2021/11/20211104004/20211104004.html, last visited as of 21 November 2021
139）日本経済新聞朝刊第1面（2021年9月24日）
140）https://www.mofa.go.jp/mofaj/area/korea/data.htmi#section1, last visited as of 24 August 2021
141）前掲注140）
142）前掲注140）

2020 年 11 月、日本および韓国を含む 15 カ国は、日韓間で初めての経済連携協定（EPA）ともなる包括的経済連携（RCEP）協定に署名した[143]。

大韓商事仲裁院（The Korean Commercial Arbitration Board：KCAB）は 1966 年に同国仲裁法により設立され[144]、韓国において様々な国際仲裁および調停を管理する唯一の仲裁機関といわれている[145]。

2018 年 4 月、KCAB とソウル国際紛争センター（Seoul International Dispute Centre）は合併して KCAB International となった[146]。

2019 年中、KCAB は以下の 4 機関と MOU を締結した[147]。

- Singapore International Mediation Centre：SIMC（6 August）
- Hong Kong International Arbitration Centre：HKIAC（20 September）
- Arbitration Centre at the Russian Union of Industrialists and Enterpreneurs：ACRU（24 September）
- Abu Dhabi Global Market Arbitration Centre：ADGMAC（19 November）

続いて 2020 年中、KCAB は以下の機関と MOU を締結した[148]。

- Thailand Arbitration Center：THAC（17 January）
- Illustre Colegio de Abogados de Madrid：ICAB（13 March）
- China Guangzhou Arbitration Commission：CGAC（29 May）
- Benchmark Chambers International & Benchmark International Mediation Center：BCI&BIMC（28 August）
- Japan International Dispute Resolution Center：JIDRC（3 December）

韓国の紛争解決制度は、かつて、我が国の制度の受容から始まったが、同国の経済的な発展に伴い、特に ADR において、その内容の改編にはめざましいもの

143）前掲注 140）

144）尹宣熙「韓国における知的財産権の仲裁・調停の現況に関する調査」特許庁委託事業　ジェトロソウル事務所監修（2017）、https://www.jetro.go.jp/ext_images/world/asia/kr/ip/tab2/201703000ips.pdf, last visited as of 24 August 2021

145）CMS Law-Now *International arbitration in South Korea: overview of KCAB International's statistic for 2019*（01.06. 2020）

146）KCAB International *2019 Annual Report* p.5, www.kcabinternational.or.kr/user/Board/comm_notice.do？BD_NO=174&CURRENT_MENU_CODE=MENU0017&TOP_MENU_CODE=MENU0014, last visited as of 24 August 2021

147）前掲注 146）p.24

148）KCAB International *2020 Annual Report* p.27, www.kcabinternational.or.kr/user/Board/comm_notice.do？BD_NO=174&CURRENT_MENU_CODE=MENU0017&TOP_MENU_CODE=MENU0014, last visited as of 24 August 2021

がある、との論評が、既に 2014 年になされていた [149]。

　韓国における調停は、第三者である調停委員（Mediator）が独自に紛争解決のために調停案を作成し、当事者の合意を勧告する方式の紛争解決制度である。広義では、調停委員が紛争当事者双方の主張を折衷して和解できるよう、あっせん勧告をすることをいうが、2014 年当時の制度上は、概して、国家機関が制度的に行う場合を指していたとされる [150]。

　韓国の調停に関する基本法は大韓民国民事調停法（以下「民事調停法」）である。同法は、1990 年に制定されたが、数回の法改正を経て、2012 年法が制定・施行された [151]。

　1992 年の民事調停法改正以後、韓国の調停事件の数やその成功率は大きく増加することになった。このような民事調停制度の活性化は、個々の裁判官の自発的参加だけでなく、大法院（最高裁判所）の積極的な司法政策的実践に基づくものと考えられる [152]。

　2014 年の段階では、韓国における調停制度は、裁判所による調停（Court-annexed Mediation）として民事調停法による民事調停および家事調停法による家事調停があるほか、各種の特別法によって設置された調停委員会による調停があった [153]。

　1990 年代に行政部下に設置された調停委員会には、著作権委員会、環境汚染紛争調停委員会、ドメイン・ネーム紛争調停委員会、消費者紛争委員会、電子取引紛争調停委員会、金融紛争調停委員会、個人情報紛争調停委員会などがある [154]。

　なお、韓国は知的財産権について、その重要性を広報するために、5 月を「発明の月」に指定したという報告がなされている [155]。その結果、近来は世界指折りの特許出願国となり、知的財産を活用した新たなビジネスモデルが多岐にわたって増加している [156]。

---

[149] 矢澤昇治「韓国における紛争解決制度　特に、ADR」専修ロージャーナル 10 号（2014）p.47
[150] 矢澤・前掲注 149）p.48
[151] 矢澤・前掲注 149）
[152] 矢澤・前掲注 149）
[153] 矢澤・前掲注 149）p.49
[154] 矢澤・前掲注 149）
[155] 尹・前掲注 144）p.1
[156] 尹・前掲注 144）

その一方、知的財産権に関する紛争も増え、韓国では、技術関連の判断を担当する特許法院という専門法院が設立・運営されている。しかしながら、知的財産権に関する紛争は専門性と迅速性が求められる問題であるだけに、容易に解決策が見いだせない場合もあり、裁判外紛争解決手続（ADR）が浮上してきた[157]。訴訟による知的財産権紛争解決には、①専門性、②公開性、③迅速性、④柔軟性、⑤費用、⑥国際性、などの問題がある[158]。

韓国・大法院は、2009年にソウル（中央）で8名、釜山で3名、常任調停委員を委嘱した。そして、この常任調停委員が円滑に調停事件を処理するよう、同年から2014年にかけて、韓国全土に10の調停センターを設置した[159]。

また、韓国の知的財産権専門ADR機関の中には、以下のような専門的な調停委員会がある。すなわち、コンテンツ紛争調停委員会、インターネットアドレス紛争調停委員会、デザイン紛争調停委員会、産業技術紛争調停委員会、中小企業技術紛争調停委員会、配置設計審議調停委員会である[160]。

さらに、各種法律に基づく調停機関・委員会として、韓国公正取引調停院、電子文書・電子取引紛争調停委員会、情報保護産業紛争調停委員会、オンライン広告紛争調停委員会がある[161]。

その他の調停関係機関・調停委員会には、韓国医療紛争調停委員会、流通紛争調停委員会、消費者紛争調停委員会、個人情報紛争調停委員会がある[162]。

しかしながら、多様な制度がありながら、裁判に比してそれらの活用度は相対的に低いとされ、広報の必要性が指摘されている[163]。このような課題は、日本の国内調停と共通しているかもしれない。

2019年から2020年にかけて、隣国である韓国は、日本のJIDRCも含め、通算9機関とMOUを締結した。このような韓国の海外への情報発信および国際提携の積極性は、我が国のADR機関が大いに見習うべき点であると思われる。

(6)　インドネシア共和国

インドネシアは、日本の約5倍の国土と、2倍以上の人口（約2億7000万人）

---

157)　尹・前掲注144)
158)　尹・前掲注144) p.20
159)　尹・前掲注144) p.14
160)　尹・前掲注144) p.26
161)　尹・前掲注144) p.82
162)　尹・前掲注144) p.104
163)　尹・前掲注144) p.120

を擁している大国である[164]。同国の人口は、1996年頃に2億人に達して以来、約25年間で約7000万人増加している。同国はアセアン10カ国の中で最大の国土と人口を有する国であり、特にこの20年間、その経済的な発展は顕著である。

インドネシアの貿易相手国（非石油・ガス）は、輸出・輸入共に中国が第1位であり、日本は輸出で第3位、輸入で第2位の相手国である（2020年）[165]。また、日本はドイツに次ぐインドネシアへの援助国である[166]。

かつて、インドネシア初代大統領スカルノは、オランダからの独立戦争を戦う過程で、領土を拡張することに注力し、一時は隣国マレーシアとも険悪な事態となった[167]。

スカルノ政権下ほどではないにしても、インドネシア軍の拡張主義は、第2代大統領のスハルトにも受け継がれ、1975年の東ティモールの併合につながったのではないかと思われる。東ティモールについては、**本章**6(4)で詳述する。

なお、現在、隣国との関係の中で、インドネシア最大の懸念は、中国の海洋進出であろう。

インドネシアは、昨今、裁判所主導の調停よりも、民間調停が盛んな国といわれる。

同国の民間調停をリードしているのが、Pusat Mediasi Nasional（The Indonesian Mediation Center, 以下「PMN」）である。

PMNは、アジア通貨危機後の2003年8月に設立された[168]。調停人のリストを整備しており、国際標準の調停を後押ししている。2017年9月に行われたホテルニューオータニにおけるLAWASIA東京大会のADRセッションにおいて「96％」というPMNの驚異的な調停成功率が同国のAhmad Irfan Arifin弁護士によって紹介されたのが印象的であった（以下「Arifin報告」）。

ところで、インドネシアにおいては、米国のハワイと同様、バリ島が国際リゾート地として世界的に有名である。2018年に設立された、バリ国際仲裁・調停センター（Bali International Arbitration Mediation Center : BIAMC[169]）は、同

164）https://www.mofa.go.jp/mofaj/area/indonesia/data.htmi#section1, last visited as of 11 June 2021

165）前掲注164）

166）前掲注164）

167）鈴木恒之『スカルノ』（山川出版社、2019）p.100

168）https://www.pmn.or.id/en/, last visited as of 11 June 2021

169）http://indonesia.speedycourse.com/providers/33415/bali-international-arbitration-mediation-center/profile, last visited as of 30 August 2021

年および 2019 年に、国際仲裁人・調停人を招聘してバリ島において、Bali Arbitration Summit というセミナー・イベントを行った[170]。コロナ禍の影響により、2020 年および 2021 年の Bali Arbitration Summit は延期されたが、その後、2022 年 1 月の段階ではコロナ禍は収束に向かっているようであり、特に Mediation について BIAMC の今後の発展が期待される。

　なお、2007 年 3 月から 2 年間、独立行政法人日本国際協力機構（JICA）は、「インドネシア和解・調停制度強化支援プロジェクト」を実施した。その成果は、インドネシア共和国最高裁判所規則 2008 年第 1 号の制定に結実した[171]。我が国の調停制度強化支援については、(16) で詳述する。Arifin 報告によれば、インドネシアにおける裁判所主導の調停数も毎年 5％程伸びているとのことであった。

(7)　インド共和国

　インドは、328 万 7469km²の[172] 日本の約 9 倍の国土と、13 億 6000 万人超[173] の人口を有する大国であり、経済発展が著しい。

　同国の法体系は、元英国の植民地であったため英法系に属するが、独立後の発展の仕方に独自性がみられるので、別項目を立てて論ずることとする。

　経済成長の一方、司法の分野では、最高裁判所に係属中の案件数は約 200 万件ともいわれ、インドでの裁判は、裁判長期化の悪例として、日本におけるセミナー等においてしばしば引用されてきたところである。

　また、同国の弁護士資格の複雑さと弁護士数の多さもしばしば話題になる。

　しかしながら、近時、司法改革の結果、裁判の迅速化が図られており、その恩恵に浴した日本企業も存在する。また、最高裁判所による国際仲裁関係の重要判例の変更もあり、欧米および我が国の常識に近い法環境に近づいていると見られている。

　ミディエーションに関しては、インドの最高裁判所の調停・斡旋プロジェクト委員会が、Mediation Training Manual of India[174] を発刊している（MTMI）。

　MTMI によれば、インドにおいては、イギリスが裁判所制度を確立する 1775

170）https://baliarbitrationsummit.com, last visited as of 30 August 2021

171）草野芳郎『新和解技術論——和解は未来を創る』（信山社、2020）

172）https://www.mofa.go.jp/mofaj/area/india/data.html#section1, last visited as of 12 June 2021

173）前掲注 172）

174）https://main.sci.gov.in/pdf/mediation/MT%20MANUAL%20%INDIA.pdf, last visited as of 13 June 2021

年以前から、インドの各地方のコミュニティーにおいて、様々な形態の調停や仲裁が存在した。

　イギリス植民地の時代を経て、1947年の独立後にインド社会には裁判制度が浸透したが、インドの裁判所の案件係属数の多さが問題になっていた。

　21世紀になり、インドは、米国、オーストラリア、英国、EUと同様に、ミディエーションの活用による問題解決を図ろうとしている。

　2014年、IBAの東京大会が東京国際フォーラムで1週間開催され、全世界から6000名を超える弁護士が集まった。前回のボストン大会は5000名程度の参加者であったと聞いた。筆者は、Mediation Committee が主催した Mediation Session のパネリストの1人として招聘された。日本企業のインハウス・ロイヤーとしては、日清食品HD執行役員の本間正浩氏と一緒に参加し、パネルにおいてスピーチおよび質疑応答対応を行った。Mediation Committee のリーダー2名のうち1名はソウル、1名はカラチから来た弁護士であったが、我々の他、General Dynamics、台湾電力、韓国GEのインハウス・ロイヤーとモデレーター／パネリストは多彩な顔ぶれであった。

　この2014年前後から、インド弁護士からのコンタクトが非常に多くなったという印象を筆者は強く持っている。インドK市における裁判対応のため、筆者は2013年〜2014年頃、通算7回K市に出張し、弁護士事務所および高等裁判所に出向いた。

　この裁判対応のため、2015年、東京においてS社にヒアリングを行った。同社は、インド最高裁において2010年に勝訴判決を得ていたことがインド弁護士からのレポートに記載してあったので、インドにおける裁判の生の経験談を直接聞きたかったためである。

　2014年、あるインド弁護士はどこからか筆者のメールアドレスを入手したらしく「IBAの東京大会の会場で会いたい」とメールをしてきた。結局、彼とは、Session の合間に東京国際フォーラム1階のフロアで15分くらい意見交換を行った。

　2017年9月に行われたホテルニューオータニにおける LAWASIA 東京大会のADRセッションにおいて、インドの裁判所に係属するケースの多さと審理期間の長さを克服する方策として、インドにおける調停の利用が大いに期待されることが、同国の Ceeta Luthra 弁護士によって紹介されたのが印象的であった。

　余談であるが、LAWASIA 東京大会の昼食はブッフェ・スタイルであった。2017年9月の同大会は、インド人弁護士の参加者数が顕著であったように思

われた。昼食でたまたま、隣合わせた人と話すと、インド最高裁に登録された
ニューデリーの弁護士だという。インドでは、高等裁判所から上告されたケース
のほとんどは棄却されるが、その際の手続代理費用は高い。筆者の記憶では、実
働2時間で100万円を超えていたケースがあったように思う。時間当たり単価
の高価さでは世界で5本の指くらいには入るかもしれない。

　いずれにしても、日本企業にとってインドで頼りになるのは、優秀なインド弁
護士である。LAWASIA 東京大会で筆者の隣に座ったインド弁護士は「東京では
ますますビーフを食べるようになっているのか!?」と不愉快そうに言った。ヒン
ズー教徒にとって牛は神聖な動物であるため、彼らは牛肉を食べない。彼等が参
加する国際会議のビュッフェにおいては、ベジタリアン・フードやインド料理と
肉料理との間に距離を置くような気配りや工夫が、今後は求められるのではない
だろうか。

　直近では、2021 年 7 月 17 日に「シンガポール－インド調停サミット」（India-
Singapore Mediation Summit：ISMS）という大がかりなセミナーが、シンガポー
ル国際調停センター（SIMC）および CAMP Arbitration and Mediation Service
（CAMP）の共催によりオンラインで開催された。京都国際調停センターもこの
ISMS の後援団体となった。

　CAMP のヴィジョンは、インドの紛争解決プラクティスを調停に統合すること
とされ、そのミッションは以下の2点である[175]。

　　・信頼、中立性および秘密保持のもと、世界標準の商事調停サービス提供機関
　　　としての CAMP を設立すること。

　　・教育および助言サービスを通じて紛争予防および紛争解決のための提携を推
　　　進すること。

　CAMP は、2006 年にバンガロール調停センターに端を発し、JAMS との提携、
本章[3](8)で紹介する IMI による QAP[176] 承認を経てインド政府に認知され、2018
年にはインド最高裁判所からケースの付託を受けた[177]。

　SIMC と CAMP が締結した SIMC-CAMP Joint Covid-19 Protocol[178] は、SIMC の
ホームページからダウンロードすることができるが、上記の ISMS セミナーがオ
ンラインで盛大に開催された 2021 年 7 月 17 日に発効した。

175）http://www.campmediation.in/about/, last visited as of 12 August 2021

176）Qualifying Assessment Program

177）前掲注 175）

178）https://simc.com.sg/simc-camp-joint-covid-19-protocol/, last visited as of 13 August 2021

シンガポールと連携したインド ADR の発展に目が離せない。

なお、2021 年のインド企業と日本企業との国際調停が成功した事例について
は後述する。

(8)　パキスタン・イスラム共和国

パキスタンは日本の約 2 倍の国土面積と 2 億 777 万人の人口を有する大国で
ある [179]。

超大国インドが東側にあるので、インドと同じく英国から独立した歴史がある
とはいえ、日本からやや遠い国かもしれない。

しかしながら、日本は、米国、英国に次いでパキスタンに対する第 3 位の援
助国であり、2017 年までの累計ベースで有償資金協力 9949 億 4800 万円、無償
資金協力 2813 億 6600 万円の援助実績がある [180]。

経済的に、パキスタンは外貨準備高不足による IMF の財政支援を受け、IMF
の監視下にある [181]。

パキスタンは建国以来、東側のインドとは緊張関係にある反面、北の中国との
関係が緊密であり、また、西側でアフガニスタンとも国境を接していることから、
地政学的に微妙な地域・立場にある。

このようなパキスタンであるが、2013 年にパキスタン調停人協会（Pakistan
Mediators Association：PMA）が設立されている [182]。

2020 年に、PMA の調停人トレーニング・プログラムは、**本章** 3 (8)で紹介する
国際調停認証機関 International Mediation Institute（IMI）の認証を受けた [183]。

PMA は商事上の紛争について、当事者間の交渉によって 30 日以内に解決でき
ない場合は調停によるべしとするモデル条項を推薦している [184]。

パキスタンの裁判所には、170 万件の訴訟が係属中であり、パキスタンにおけ
る調停の発展ならびに弁護士および PMA の活躍が期待される、という意見が隣
国のインドの調停関係者から出されている [185]。

179）https://www.mofa.go.jp/mofaj/area/pakistan/data.html#section1, last visited as of 23 August
　2021
180）前掲注 179）
181）前掲注 179）
182）https://www.pma.org.pk/about-pma/, last visited as of 22 August 2021
183）https://www.pma.org.pk/#, last visited as of 22 August 2021
184）https://www.pma.org.pk/objective/, last visited as of 22 August 2021

(9)　ベトナム社会主義共和国

　ベトナムは 32 万 9241km²の南北に長く伸びる国土と約 9762 万人の人口を有する国であり、1986 年に市場経済システムの導入と対外開放化を柱としたドイモイ（刷新）路線を継続、構造改革や国際競争力の強化に取り組んでいる[186]。

　歴史的に、北の大国である中国との紛争があり、1975 年のアメリカ軍撤退に伴う南北ベトナム統一の後も、中越紛争を経験した（1979 年）。

　経済的には、ベトナムの輸出先は、米国、中国、日本の順であり、輸入先は、中国、韓国、日本の順である（2020 年）[187]。米日両国に対する輸出国として、中国との競合関係にあるが、現在は中国の経済的な影響が大であることがわかる。

　ベトナムの首都はハノイ、その空の玄関はノイバイ国際空港である。

　1999 年にハノイを訪問した折、この首都の国際空港のあまりの貧弱さに愕然とした。

　ASEAN10 カ国の中でも、前述したマレーシアの首都の KLIA やインドネシアの首都のスカルノ・ハッタ国際空港の立派さが筆者の中でスタンダードになっていたからであろう。

　2010 年、日本はベトナムとの交換公文に基づき円借款を供与し、2012 年 2 月〜2014 年 12 月に、大成建設・ビナコネックス共同企業体により、ハノイ・ノイバイ国際空港第 2 旅客ターミナルビル建設工事が施工された[188]。

　2019 年、第 2 旅客ターミナルビル建設工事（本事業）の外部事後評価がなされた。円借款実行額 552 億 4600 万円を踏まえ「空港ターミナルの供用後のハノイ市の経済成長、観光客の増加等、期待されたインパクトは十分に発現した」という高い外部評価が JICA によって記録されている[189]。

　さて、1990 年代におけるベトナムの発展については、**第Ⅲ章[1]**「国際調停の準備段階」において、「**ケース0**」に関連して紹介した。

185）https://viamediationcentre.org/readnews/MTExMQ==/Laws-related-to-ADR-in-Pakistan-An-analysis, last visited as of 22 August 2021

186）https://www.mofa.go.jp/mofaj/area/vietnam/data.html#section1, last visited as of 26th June 2021

187）前掲注 186）

188）https://www.taisei.co.jp/about_us/wn/2015/150105_3879.html, last visited as of 26th June 2021

189）http://www2.jica.go.jp/ja/evaluation/pdf/2019_VN11-P6_4_f.pdf, last visited as of 28th August 2021

　1995 年に ASEAN、2007 年に WTO に加盟、2010 年には ASEAN の議長国を務め、ベトナムは国際的その存在感を高めてきた。

　この間、1994 年から我が国はベトナムの司法関係者を日本に招いて研修の実施を開始し[190]、1996 年から同国に対して本格的な法制度整備支援を行ってきた[191]。森嶌昭夫・名古屋大学名誉教授他、多くの関係者の尽力を得て、ベトナムでの民法典の編纂や司法試験制度の立ち上げに注力した。

　また、調停の分野についても、2018 年からベトナムに対して法整備制度支援がなされている。同年、我が国においては、第 60 回ベトナム法整備支援研修が実施されたことが、法務省によって報告されている[192]。背景としては、ベトナムの最高人民裁判所が、2017 年に「人民裁判所の和解の強化」に関する指令をしたのに続き、2018 年から調停を試験的に導入開始したことが挙げられる。上記の研修の内容は、日本における裁判上の和解の理論と実務、調停の沿革および国際比較等の講義やメディエーション・トレーニングの実践であった。本研修によって、ベトナムの最高人民裁判所は、調停制度を導入するにあたり、制度設計や人材育成の参考となるような日本の和解および調停制度に関する知見の提供を得られたものと理解できる[193]。

　一方、ベトナムにおいては、ベトナム調停センター（VMC）が、ベトナム国際仲裁センターの一部門として、2018 年 4 月に設立された。VMC は、ベトナムで初めて専門的な商事調停サービスを提供する機関である[194]。

　2020 年 6 月 18 日に、ハノイにて、ベトナム側のベトナム国際仲裁センター（VIAC）および VMC 等が主催し、日本側は法務省が賛助して「ベトナムおよび日本による商事紛争解決改善のための国際仲裁および調停ワークショップ」というオンライン・セミナーが開催された。日本側は、JETRO、在ベトナム日本商業会議所（JCCA）、日本商事仲裁協会（JCAA）、JICA、JIDRC、および、京都国際調停センター（JIMC-Kyoto）がこのセミナーを後援した。このセミナーの意義

---

190) www.moj.go.jp/housouken/housou_houkoku_vietnam.html, last visited as of 28th August 2021

191) 2018 年 3 月に入手したパンフレット、独立行政法人国際協力機構（JICA）「JICA の法整備支援事業　すべての国に、『法』という礎を。」および、「JICA's World」April 2011 No.31, pp. 08-12 参照。

192) ICD NEWS 76 号（2018）p.171, www.moj.jp/content/001271419.pdf, last visited as of 6th July 2021

193) 前掲注 192) p.172

194) https://www.vmc.org.vn/en, last visited as of 16th June 2021

については、実践的なプロモーターであり、セミナーのスピーカーの１人でも
あった佐藤安信教授（東京大学）の論考[195]が参考になる。

　1992 年 11 月に経済協力を再開して以来、日本はベトナムにとって最大の援助
国である[196]。また、日本からの投資のベトナム認可額（2020 年）は、23 億 7000
万米ドルに及んでいる[197]。しかしながら、ベトナムにおける日本の ODA 案件
は、必ずしも本項の冒頭に紹介したノイバイ空港案件のような成功事例ばかりで
はなく、プロジェクトの実施段階で紛争が起こり、建設が中断している事例もあ
るようである。また、ODA 案件ではない民間の投資案件についても、本章の冒
頭にて紹介した「**ケース０**」のように紛争が生じ、調停を行ったが不調となって
しまい、訴訟になった例もあった。

　以上のような状況を踏まえ、ベトナムは、近時、調停の普及を迅速に進めてい
ることがわかる。

　なお、ベトナムおよび日本の弁護士会のレベルでも、ビジネス・ロイヤーの相
互理解のためのセミナーがハノイにて開かれ（2020 年 12 月 11 日）、多くの参加
者があった。

　主催は、ベトナム弁護士連合会・ベトナム国際商事弁護士クラブであり、日本
側は、JCCI、JICA に加え、日本弁護士連合会が後援した。

　ベトナム側からの発言によれば、ベトナム弁護士は約１万 5000 人（約 2000 事
務所）、ベトナムにおける外国法弁護士数百名のうち、日本国弁護士は約 40 名と
欧米に比して少ない。その結果、日本企業は欧米の法律事務所を利用することが
多い。日本は、ベトナムへの投資額で第２位であり、日本企業は法令順守意識
が高いのであるから、もっとベトナムに日本国弁護士に来てもらいたい旨の発言
があった。

　日本とベトナムとの関係は良好であるが、両国の協力関係の推進には、未だ、
課題も多いと考えられる。

　両国関係者による調停の有効利用が、そのような課題解決の突破口になってい
くことが期待される。

195）佐藤安信「ベトナム商事仲裁法、民事訴訟法の課題」仲裁・ADR フォーラム７号
　　（2021）pp.94-95
196）前掲注 186）
197）前掲注 186）

⑽　カタール国

　中東においても調停に対する関心が勃興しつつある。

　第Ⅲ章3で紹介したシンガポール条約の批准国8カ国の中には、中東から、サウジアラビアとカタールの2カ国が入っていることは注目に値する。

　カタールは、日本では、サッカーファンおよび一部の企業を除いて、あまりなじみがない国かもしれない。同国は1971年に英国から独立した比較的若い国である。

　同国の国土面積は1万1427㎢（秋田県よりやや狭い）であり小国であるが、居住者は、外国人を含めれば約280万人（居住者を含む）と、かなり多い[198]。

　原油田もあるが、沖合にノースフィールドという巨大な天然ガス田を有しており、天然ガスの輸出国として世界最大のシェア12.5%を占めている[199]。カタールの最大輸出先は日本である[200]。

　日本にとっても、マレーシア、オーストラリアに次ぐ天然ガスの主要な輸入相手国であり、後述する原発事故後の2011年には輸入額が前年比1.7倍の7669億円に増え、LNG総輸入額の16%を占めるまでになっている[201]。

　実は、ノースフィールドの北に位置する大国イランもこの天然資源に依存しており、カタールと競合する関係にある。

　しかし、カタールは、親米を基本としながらもイランとの関係には慎重である。

　また、外交面では、中東紛争地域の調停者としてたびたび名乗りを挙げる独自性を発揮している。

　カタールの元首は、シェイク・タミーム・ビン・ハマド・アール・サーニ首長、首都はドーハである。

　中東においては、2000年頃から、アラブ首長国連邦（UAE）のドバイが、中東の人流・物流のHubとして世界の注目を集めてきた。ドバイは国際自由貿易拠点として、中東における香港またはシンガポールといわれてきた。

　カタールは、その首都ドーハをドバイのように有名にしたいと考えていたよう

198）https://www.mofa.go.jp/mofaj/area/quatar/data.html#section/, last visited as of 18 August 2021

199）前掲注198）

200）前掲注198）

201）平松さわみ＝東洋経済オンライン「被災地・女川の水産業をカタールが再建支援」（2012年10月16日）https://toyokeizai.net/articles/-/11471, last visited as of 18 August 2021

である。そのために、ドーハ新国際空港の建設およびカタール航空の発展を企図した。

　2006 年、カタール新ドーハ空港ターミナルビル工事が日本の大成建設およびトルコの TAV 社の共同企業体により着工された[202]。

　2013 年 3 月、カタール新ドーハ空港ターミナル・コンプレックスは竣工した。この大規模工事の監理者は、Overseas Bechtel 社であった[203]。

　この新空港をベースとするカタール航空は日本からの旅客も獲得すべく、宣伝活動を強化してきた。

　上記のドーハ新空港工事が終盤にかかる頃、2011 年 3 月 11 日、東日本大震災が勃発した。

　発生した津波は福島第 1 原子力発電所を襲い、東京電力は日々対応に追われた。

　ところが、宮城県女川町の原子力発電所は、高台に建設されていた原子炉建屋は津波の被害を免れたため、約 3 カ月間、避難民（最大 364 名）の避難所となった[204]。

　なぜ、同発電所は高いところに建設されたのか、ということについては、869 年の貞観地震における津波の跡が地層から読み取れたので、同じ津波が来ても水を被らないように、1983 年、敷地の高さ 14.8m に原子炉建屋を建設したと TV で東北電力の担当者が説明していた。

　しかしながら、漁業を中心的な産業とする女川町の津波による被害は甚大であり、人口 1 万人あまりの 1 割近い犠牲者が出て、8 割以上が住まいを失った[205]。

　これを受け、カタールは、東日本大震災の復興支援のために「カタールフレンド基金」を設立した[206]。

　カタールフレンド基金とは、カタールが被災地の復興への取組みに資金援助するもので、総額 1 億米ドルの寄付により設立、三菱総合研究所が事務局となり、岩手県、宮城県、福島県における「教育」、「健康」、「水産業」の 3 分野のプロ

202）https://www.nikkenren.com/publication/ACe/ce/ace1106/kensetukigyou.html, last visited as of 18 August 2021

203）https://www.taisei.co.jp/works/01814.html, last visited as of 18 August 2021

204）https://www.tohoku-epco.co.jp/electr/genshi/safety/safety/eq-onagawa.html, last visited as of 18 August 2021

205）ドキュメント映画「サンマとカタール」応援募金サイト https://readyfor.jp/projects/onagawamovie, last visited as of 18 August 2021

206）www.qatarfriendshipfund.org/jp/program/overview, last visited as of 26 November 2021

ジェクトを支援対象としていた[207]。

　女川町は、2011 年はかろうじて漁港として営業を再開したものの、冷蔵設備がなく、少量しか魚を受け入れることができず、水産加工施設の再整備が、悲願となった。

　2012 年、カタールフレンド基金からの資金提供によって、巨大な多機能水産加工施設が完成した。施設の名称は「MASKAR（マスカー）」とされた。アラビア語でカタールの伝統的漁法を指す言葉である[208]。

　同年 2 月下旬の入札後、大成建設は設計に着手、施工は同年 4 月下旬から 9 月下旬のわずか 5 カ月間で終えて、10 月に最盛期を迎えるサンマ漁に間に合わせた[209]。

　マスカーは、もしも津波に襲われると、1 階外壁のパネルが外れて柱だけが残る。その結果、建物に加わる津波の力を最小限に抑えて、2 階以上を守る設計になっている[210]。

　2012 年 10 月、カタールからアブドゥラ・ビン・ハマド・アルアティーヤ行政監督庁長官、および、ハリッド・ビン・モハメド・アルアティーヤ外務担当国務相が来日し、女川水産加工センター竣工式に出席した。国務相から「カタールと日本は、貿易、文化、教育などあらゆる分野で関係があり、その関係を大変重視している」旨のスピーチがあった[211]。

　2013 年、マスカーはグッドデザイン賞を受賞した。同賞の審査委員の評価は「復興には様々な支援が必要であるが、このように漁業を支える施設が沿岸の低平地に、カタールからの支援によって、しかも素早く実現できたことの意義は大きい。今後の地域の心の拠り所にもなるであろう」と結ばれている[212]。

　映画「サンマとカタール　女川つながる人々」は、女川で復興にかける人々を追いかけながら、国境を越えた人々の絆、生きる力、人間の底力を描き出すドキュメントである[213]。この映画は、乾弘明監督によって制作された。2016 年に

207）前掲注 206）
208）前掲注 206）
209）瀬川滋「津波の力を受け流す水産施設、女川町に完成」日経アーキテクチュア（2012 年 11 月 8 日）https://nikkei.com/article/DGXNAFK0831_Y2A101C1000000/, last visited as of 18 August 2021
210）瀬川・前掲注 209）
211）前掲注 206）
212）https://www.g-mark.org/award/describe/40362, last visited as of 18 August 2021
213）前掲注 205）

一般公開され、文部科学省によって社会教育（教養）青年向き／成人向きの選定を受けた[214]。

　この映画の中でカタールの人が「欧米はカタールから資源を奪っていったが、日本は、物や技術を残してくれたので信頼できる」という趣旨のことを語っていたのが印象に残っている。

　2020年、カタールに、Qatar International Court and Dispute Resolution Centre（QICDRC）が設立され Mediation Rules が整備された。

　同国の地政学的な位置、および、外交方針、そして上述した日本との関係に鑑みれば、中東における国と国との Mediation、そして日系企業との商業的な Mediation について、カタールの存在感が今後、増していく準備は整ってきていると思われる。

　2021年8月、アフガニスタンにおいて20年間米軍と戦闘を継続してきたタリバンが首都カブールを陥落させて、アフガニスタンを実効支配するに至った。米国は、バイデン大統領が公約した8月末の米軍撤退スケジュールを延長せず、日本の関係者救出作戦は先行不透明な状況にあった。このような状況下において、カタールにはタリバンの代表団が駐在しており、外交拠点となっている点は特筆すべきであろう[215]。

　日本の外務省は、2021年9月1日付で、在アフガニスタンの臨時事務所をカタールの首都ドーハに移転した。今後、ドーハが日本とタリバンの交渉場所となる[216]。

　また、カタールの衛星放送アルジャジーラは、中東における最新情報の報道をいちはやく積極的に行ってきたことで注目されているメディアである。

　カタールを支えてきた天然資源は有限である。その意味では、資源輸出国からの脱却が、同国の悲願であろう。かつて、日本企業が関与してきた LNG 生産事業「カタ―ガス1（QG1）」はエネルギービジネスの記念碑といわれたプロジェクトであるが、カタール政府は2022年1月から QG1 を同国の100％事業に切り替えるため、三井物産および丸紅は権益を失う、との報道があった[217]。1990年代、カタールから調達を開始した中部電力のステータスは、東京電力との合弁会社

214)　onagawamovie.com, , last visited as of 18 August 2021
215)　朝日新聞デジタルによる報道、https://news.yahooco.jp/articles/ec1e3947985d5119405caffd27308f21de40154d（2021年8月29日閲覧）
216)　日本経済新聞2021年9月2日朝刊第4面
217)　松尾博文「経営の視点」日本経済新聞2021年8月30日朝刊第5面

JERA に引き継がれ、LNG の共同が実現していたが、JERA と QG1 との調達契約も 2021 年末で終わり、更新されたとしてもカタールからの調達量は大きく減る可能性が高いとされる[218]。

エネルギーを取り巻く環境の変化は脱炭素に向かっているので、カタールも日本も新たな事業モデルを築かなければなるまい。

以上のような流れの中で、スポーツ界のビック・イベントである FIFA World Cup 2022 ドーハ大会はどうなるのであろうか。カタールは同大会の招致活動を 2015 年以前から行ってきたようであるが、その成功が期待されるところである。

なお、スポーツの世界では、スポーツ仲裁が有名であるが、スポーツ調停も活用されている。スポーツ調停については、項をあらためて詳述する。

(11)　サウジアラビア王国

サウジアラビアは 215 万 km²（日本の約 5.7 倍）の広大な国土と 3370 万人の居住者（うち外国人は 27%）を有する国である[219]。

メッカおよびメジナの 2 大聖地を擁するイスラム世界の中心的存在として、湾岸協力理事会（GCC）、アラブ連盟等において主導的役割を果たしている。アラブ諸国で唯一 G20 のメンバー国である。

筆者が初めて同国に出張したのは、2001 年 8 月であった。バーレーンから陸路でアルコバールに入って石油化学プラントを視察し、夕方ホテルにチェックインした。ホテル・クラークが全員男性であった。同国では、当時、女性が車の運転をすることが法律で禁じられていた。世界で最も戒律が厳しいとされる国での生活は、欧米や日本に慣れた者にとってはたいへんであろう、ということが実感された。

同年 9 月 11 日、米国の首都ワシントンおよびニューヨーク市を標的とした同時自爆テロ活動が実施され、これを主導したテロ組織アルカイーダのトップであったオサマ・ビンラディン（以下「オサマ」）が注目を集め、メディアで大きく報道された。オサマは、サウジアラビア最大のゼネコン、ビンラディン・グループの社長の息子であった[220]。この社長は 50 人以上の子供がおり、オサマは 17 番目の子供であると、米紙 USA Today の一面で報道されていた。

218）松尾・前掲注 217）
219）https://www.mofa.go.jp/mofaj/area/saudi/data.html#section1, last visited as of 26 August 2021
220）保坂修司『オサマ・ビンラディンの生涯と聖戦』（朝日新聞出版、2011）p.6

　サウジアラビアは、1994年、米軍の駐留を認める同国の国策を批判し、アフリカにおけるいくつかのテロ事件への関与が疑われていたオサマの国籍を剥奪した[221]。

　アラビア語の挨拶「サラマリコン」に対する定番の返答は「マリコン–サラーム」である。「サラーム」とは「平和」を意味する。サウジアラビアとしては、同国の国際社会における評判を著しく貶める過激派のオサマの国内での犯罪を立証できず、絶縁する他なかったのかもしれない。

　米国における9.11同時テロから10年後、CIAは、オサマがパキスタンのある町に潜伏していることを最終的に突き止めた。2011年5月2日、米軍は、アフガニスタンの米軍基地から海軍の特殊部隊を急派してオサマを殺害した[222]。

　サウジアラビアは、西側諸国とは穏健かつ協調的な外交をしてきた半面、2015年のイランと断交、2017年、カタールと断交し[223]、中東地域においては独自の政治的立場を表明している。

　サウジアラビアは世界最大級の石油埋蔵量、生産量および輸出量を誇るエネルギー大国であり、輸出総額の約9割、財政収入の約8割を石油に依存、OPEC（石油輸出国機構）の指導国として国際原油市場に強い影響力を有する[224]。

　サウジアラビアは、日本にとって最大の原油供給国であり、日本は輸入原油の約40％をサウジアラビアから調達している（2017年）。サウジアラビアの対日輸出額は、約3兆7329億円、対日輸入額は約4541億円である（2018年）[225]。

　かつて、第2次世界大戦前、満州において「満州太郎」と言われた山下太郎[226]は、同大戦終了時に多くの事業資産を失ったとされる。しかしながら、1957年12月、数カ月に及んだ難交渉の末、日本輸出石油株式会社とサウジアラビア政府との間で、サウジアラビア・クウェート中立地帯沖合の利権区域における石油開発に関する利権協定が調印された[227]。

　翌1958年に設立されたアラビア石油株式会社は、日本輸出石油株式会社よりサウジアラビア利権を継承、クウェートとも利権協定を締結した[228]。

221）保坂・前掲注220）p.116
222）保坂・前掲注220）p.221
223）前掲注219）
224）前掲注219）
225）前掲注219）
226）杉森久英『アラビア太郎』（集英社、1981）
227）アラビア石油「社史Ⅰ・砂漠に根をおろして」、www.foc.co.jp/ja/aoc/photo.html, last visited as of 2 September 2021

　アラビア石油は、1960 年の第 1 回ボーリングで原油を掘り当て、これがカフジ油田となり、翌 1961 年から原油生産を開始した[229]。石油メジャーに頼らない日本への原油調達ルートを確保した山下太郎は「アラビア太郎」と呼ばれるに至った。

　2013 年、アラビア石油は海外石油開発事業から撤退した[230]。その後、日本企業はサウジアラビアに独自の石油開発鉱区を有していない。

　近年、サウジアラビアの最大の輸出相手国は中国であり、日本は第 2 位である（2018 年）[231]。

　また、サウジアラビアの輸入相手国は、中国、米国、UAE、ドイツ、インドの順であり、意外なことに、日本は上位 5 位に入っていない（2018 年）[232]。

　サウジアラビアは、1990 年頃、自国民が約 1000 万人の豊かな国であったが、2001 年頃には自国民が約 2000 万人に倍増し、約 10 年で国民のかつての豊かさは半減したと聞いている。

　2019 年、サウジアラビアの 1 人当たりの GDP は、2 万 2870 米ドルであり、若年層への雇用機会の増大、今後の脱炭素社会へ向けて石油依存からの脱却が同国の課題となっている[233]。

　サウジアラビアでは、2014 年に内閣府令第 257 号に基づき、非営利団体として、サウジ商事仲裁センター（Saudi Centre for Commercial Arbitration : SCCA）[234]が設立された。SCCA は、2030 年までに地域における卓越した ADR 機関として選択されるようになるというビジョンを掲げ、専門的で透明かつ効率的な ADR サービスを提供することを使命とする[235]。

　なお、SCCA は、最近、遠距離での調停を行う緊急調停プログラムを開始した[236]。

　サウジアラビアは、2020 年に商事裁判所法を設立させた。同法は、一定の条

228）アラビア石油「アラビア石油　沿革」、www.foc.co.jp/ja/aoc/history.html, last visited as of 2 September 2021

229）前掲注 228)

230）前掲注 228)

231）前掲注 219)

232）前掲注 219)

233）前掲注 219)

234）https://www.sadr.org/ ? lang=en, last visited as of 26 August 2021

235）前掲注 234)

236）Sara Koleilat-Aranjo & Francis Patalong *"Saudi Arabia ratified the Singapore Convention on Mediation"* July 2020, https://www.tamimi.com/law-update-articles/saudi-arabia-ratifies-the-singapore-convention-on-mediation/, last visited as of 26 August 2021

件の下で、強制調停が行われるとする条項を設けた²³⁷⁾。

　このようなサウジアラビアが、2019年、調停に係るシンガポール条約に署名し、2020年5月5日に同条約を批准した。ただし、同国は、これに先立つ同年4月の国内法で、調停の効力は、同国および同国の国営企業を拘束しないとした模様である²³⁸⁾。国際調停に対し、中東の大国であるサウジアラビアがどこまで積極的なのかは、今後注視していく必要がありそうである。

⑿　アラブ首長国連邦（UAE）

　UAEは、8万3600k㎡の国土面積（日本の約23%）および約977万人（2019年）の人口を有する²³⁹⁾。

　歴史的には、1968年に英国がスエズ運河以東撤退を宣言した後、1971年12月に、アブダビおよびドバイを中心とする6首長国が統合してアラブ首長国連邦が結成され、翌1972年2月にラアス・ル・ハイマ首長国が参加した²⁴⁰⁾。

　同国は、欧米諸国、アラブ・イスラム諸国、アジア諸国等と穏健かつ協調的な外交を展開しており、2020年8月にイスラエルとの国交正常化を発表したこと、および、2021年1月に3年半以上断交していたカタールとの国境を開放したこと²⁴¹⁾は注目に値する。

　2019年の1人当たりの名目GDPは4万3103米ドル²⁴²⁾と、国境を接しているサウジアラビアの約1.88倍である。

　2019年、UAEは、日本へ石油、液化天然ガス、アルミニウム等、2兆8555億円を輸出し、日本から乗用車、貨物自動車、機械等、7827億円を輸入した。同年のUAEの最大輸入国は中国であり、日本は、中国、インド、米国に次いで第4位であった²⁴³⁾。

　ドバイは、石油、液化天然ガス等は乏しいが、商業・運輸・物流のハブとして発展してきた。ドバイをベースとするエミレーツ航空は世界の150都市以上に運航しており、航空業界で目立つ存在である²⁴⁴⁾。

237）前掲注236）
238）前掲注236）
239）https://www.mofa.go.jp/mofaj/area/uae/data.html#section1, last visited as of 25 August 2021
240）前掲注239）
241）前掲注239）
242）前掲注239）
243）前掲注239）
244）前掲注239）

　ドバイにおける国際ビジネス発展により、国際法務面でのサポートも必要とされた。

　そこで設立されたのがドバイ国際金融センター（Dubai International Financial Centre : DIFC）の裁判所である。この裁判所においては、英国からのサポートによって、英語で審理が行われている。

　なお、ADR に関しては、ロンドン国際仲裁センター（LCIA）のサポートによって、2008 年に DIFC-LCIA Arbitration Centre が設立され、仲裁のみならず調停サービスが提供されている[245]。

　UAE 法は基本的に大陸法に属するが、上記の事情により英国法の影響が強い。

　このような UAE において、2021 年 4 月 29 日、民事および商事紛争解決のための調停法（Federal Law No.6/2021、以下「調停法」）が成立した[246]。

　この調停法成立以前は、調停委員会の設立に関する法（Federal Law No.26/1999）に基づいて、民事および商事紛争につき、紛争当事者には訴訟提起前の調停を行うことが奨励されていた[247]。

　また、首長国のレベルでは、例えば、2009 年のドバイ法第 16 号により、2012 年にドバイ裁判所の一部として、Dubai Centre for Amicable Settlement of Disputes（DCASD）が設立された。DCASD においては、調停人が紛争をレビューして和解を促し、その結果を裁判所に送り返す手続が認められていた[248]。

　調停法によって、調停手続における秘密保持および、以下の 2 つの調停の形態が規定された。すなわち、裁判上の調停および裁判外の調停である[249]。また、調停は、面前でなく、リモートでも可とされた。

　しかしながら、調停人の倫理規定や調停機関の認可の課題は、今後に委ねられている。

　また、裁判外の調停が短期間で増加することはないであろうという見通しである[250]。

---

245) Abigail Powell *"Mediation in the UAE"*（2012）, https://www.tamimi.com/law-update-articles/medaition-in-the-uae/, last visited as of 26 August 2021

246) Slava Kiryushin, et. al. *"A New Mediation Regime in the UAE"*（16 July 2021）https://dwfgroup.com/en/news-and-insights/insights/2021/7/a-new-mediation-regime-in-the-uae, last visited as of 26 August 2021

247) 前掲注 246)

248) 前掲注 246)

249) 前掲注 246)

250) 前掲注 246)

いずれにしても、調停法の成立によって、UAE における調停促進が一歩前進したことは間違いないであろう。

(13)　欧州連合（EU）

EU は、欧州連合条約に基づく政治・経済統合体である [251]。2020 年 1 月に英国が離脱し、加盟国は 27 カ国（うち、19 カ国が欧州通貨ユーロ圏）の総面積は日本の約 11 倍、人口は 4 億 4732 万人で日本の約 3.6 倍である [252]。

2008 年 5 月 21 日、EU は、民事および商事に係る調停に関する EU 指令 2008/52/EC[253]（以下「本件指令」）を加盟国に対して発出した。

本件指令は、前文 30 項目、本文 14 条から成っている。

前文では、1999 年の EU 加盟国会議において、司法へのよりよいアクセスを実現するためには、裁判外の手続が確立されるべきことが加盟国に求められたことが、(2)項に記載されている。

また、2002 年には、民事および商事に係る調停の利用を促進すべきことを記載した、グリーン・ペーパーが発出されたことが前文(4)項において確認されている。

さらに、前文(12)項においては、本件指令は、裁判官が各国法の下で調停人になることができる場合にも適用されるべきことが記載されている。

以下、本件指令の本文中、主要条文の概要を紹介し、適宜、コメントを加える。

1 条 1 項では、本件指令の目的が調停の促進であることが明記されている。

1 条 2 項では、本件指令の適用範囲がクロス・ボーダーの紛争であることが示されており、2 条はクロス・ボーダー紛争が定義されている。

3 条では、「調停」および「調停人」が定義されている。

「調停」については、紛争当事者が調停人の支援を受けて任意に和解を試みる "structured process" であると定義されている(a)。

シンガポール条約についての UNCITRAL 作業部会において「調停」の定義が議論された際、EU 代表から「調停に何らかの規律（regulation）を要求すべき」との意見が出されたとのことである [254]。とすれば、本件指令に記載された

251）https://www.mofa.go.jp/mofaj/area/eu/data.html, last visited as of 13 September 2021
252）前掲注 251）
253）https://eur-lex.europe.eu/legal-content/EN/TXT/？uri=celex％3A32008L0052, last visited as of 19 August 2021

"structured process" とは、何らかの規律（regulation）によって構成される手続、と理解することができるかもしれない。

　4条は、調停の品質保証について規定されており、1項では、加盟国が、調停人の自主的行動指針、調停サービスの提供機関、および、調停の品質保証メカニズムを展開すべきことが推奨されている。同条2項では、加盟国が、効率的、中立的、有効な調停が行われるために、調停人の当初および以降のトレーニングを促進すべきことが推奨されている。

　6条は、調停により成立した書面による合意の内容が執行されることを加盟国が保証すべきことが規定されている。

　7条は、調停の秘密が、原則として調停人および事務局によって守られることを、加盟国が保証すべきことが規定されている。

　8条は、調停を利用して和解を試みた当事者が、後の訴訟や仲裁において、時効完成による不利益を被らないよう加盟国が保証すべきことが規定されている。

　9条は、調停人や調停サービスの提供機関にどのようにコンタクトを取ればよいかについて、特にインターネットによる情報提供を加盟国が推進すべきことが規定されている。

　2008年のEU指令を受けて、ドイツ・フランス・イタリアなど大陸法の諸国での調停法の整備が進んだことが指摘されている[255]。

⑭　台湾

　台湾は中国および我が国との関係においては「国」といえない制約がある。

　台湾と日本との関係につき、我が国外務省は「台湾との関係は1972年の日中共同声明にあるとおりであり、非政府間の実務関係として維持されている」と表現している[256]。

　日本は、かつて、1952年に中華民国との間で平和条約を締結した。

　20年後、1972年の日中共同声明発出直後に行われた記者会見において、大平外務大臣は「日華平和条約は、日中国交正常化の結果として、存続の意義を失い、終了したものと認められる」との一方的声明を行った[257]。

254）山田文「シンガポール調停条約の意義」仲裁・ADRフォーラム7号（2021）p.117
255）稲葉一人＝入江秀晃「日本における対話促進型同席調停を考える」仲裁・ADRフォーラム7号（2021）p.16
256）https://www.mofa.go.jp/mofaj/area/taiwan/data.html, last visited as of 20 August 2021

　しかしながら、「中華民国」と自称している台湾の現在の実態は、政治的、経済的、通貨的、軍事的に独立している地域である。

　とはいいながら、台湾の輸出先も輸入先も第1位は中国（2018年）であり[258]、ビジネスにおいて、台湾は中国本土と一体化に向かっているともみられる。

　台湾は、2000年に中国と同時にWTOに加盟した。

　2007年、台湾高速鉄道（いわゆる台湾新幹線）が開業した。この鉄道の基本設計思想は欧州式であったが、車両の制作、駅舎の建設、スタッフの教育訓練等は日本企業が担った[259]。駅舎につき、発注者の台湾高速鐵路と外国業者との建設工事契約書は、WTO基準に則り英文であった。

　しかしながら、当時の台北や台中のマンション開発業者と外国建設業者との建設工事契約書は、概ね中文（繁字体）であった。これらの工事契約書中に規定される紛争解決条項は、台湾における裁判とされる傾向が顕著であった。当時台北での国際仲裁においては、外国建設業者に有利な仲裁判断が出される傾向が強い、という分析が台湾の開発業者間で共有されていたようであった。

　そもそも、台湾は「外国仲裁判断の承認および執行に関する条約（ニューヨーク条約）」の締結「国」ではない[260]。しかしながら、台湾の仲裁法（中華民国仲裁法）は7章（47条〜51条）に外国仲裁判断の承認・執行の規定を設けており、そこに定められている条件はニューヨーク条約の定める条件とほぼ同じである[261]。

　では、日本において台湾企業に対する裁判を開始する場合、台湾企業への訴状の送達はできるであろうか。

　本項の冒頭に記載したとおり、1972年以来、日本は台湾を独立の国家として承認していない。よって、訴状の送達について、国と国との間の外交上のルート（民事訴訟法108条）を使うことができない。そこで、この場合は公示送達（民事訴訟法110条1項3号）によることになる。しかしながら、台湾は、外国の裁判における公示送達が用いられて裁判が行われても、その裁判の判決を承認しない。このような場合、日本の裁判所は、台湾企業の住所がわかっていれば、公示催告

257）栗山尚一「台湾問題についての日本の立場」（2007）、www.jiia.or.jp/column/column-141.html, last visited as of 21 August 2021

258）前掲注256）

259）仲津英治「台湾新幹線 経験と現状 そして世界への展開」（2010）（https://www.kansai.jsme.or.jp/Seniorlegend/PDF/doc00009.pdf, last visited as of 20 August 2021）

260）「紛争解決条項のヒント」JCAジャーナル68巻6号（2021）p.64

261）前掲注260）

があったことを通知することができる（民事訴訟規則 46 条 2 項後段）。これは、実務上の措置ではあるが、台湾が「送達」があったことを法的に認めるわけではない[262]。よって、日本での裁判開始通知を受けた台湾企業がかかる通知を無視すれば、日本で判決が出ても、台湾がこの判決を承認する法的根拠はない。ただし、日本の裁判判決が台湾裁判所の第 1 審（2003 年）および第 2 審（2004 年）において承認・執行された事例が確認されているとのことである[263]。

　そのような台湾の台北に本部を置く中華民國仲裁協会（China Arbitration Association：CAA）から、会長の李博士を団長とする 6 名の視察団が、2019 年 11 月 12 日に、同志社大学を訪問し、京都国際調停センターの事務局レセプション（寒梅館 5 階）等を見学した後、懇談会が行われた。

　台湾には複数の仲裁協会があるが、それらの中で、少なくとも建設仲裁に関しては、CAA が最も利用されている仲裁機関である[264]。

　CAA は、2003 年に調停センター（CAAMC）を設立した。CAAMC は、英文ホームページを用意しているが、そこには、CAAMC が台湾における唯一の民間調停機関と記載されている[265]。

　CAAMC は 2008 年に調停規則を作成し、2009 年に改訂している[266]。この調停規則は英文で規定されているのであるが、29 条において、中国語で調停がなされること、および、中国語で和解契約書が作成されることを推奨している。台湾における契約言語が中国語志向である建設契約の例は、前述したとおりであるが、ここでも中国語志向が表れている。

　CAAMC は 2009 年に、調停人の倫理規定（全 12 条）を策定している[267]。

　調停のプロセスについては、英文でチャートが用意されている[268]。このチャートの中には、当事者が和解に達せない場合、調停人から調停案が出されうることが記載されている。

　CAAMC のホームページの最後には、CAAMC のトレーニングについての記載

262）前掲注 260）

263）栗田哲郎「台湾における建設に関する仲裁手続」国土交通省『民間アタッシェによる海外現地情報（建設関連）』（2015）p.5 注 7（https://www.mlit.go.jp/common/001090421.pdf, last visited as of 15 October 2021）

264）栗田・前掲注 263）p.1

265）en.arbitration.org.tw/mediation.aspx, last visited as of 22 August 2021

266）en.arbitration.org.tw/mediation_rules.aspx, last visited as of 22 August 2021

267）en.arbitration.org.tw/mediation_rules_Class.aspx？BigClassID=2cfed26-802b-4bff-8138-b73c9a955226, last visited as of 22 August 2021

268）en.arbitration.org.tw/mediation_procedure.aspx, last visited as of 22 August 2021

があり、今までの参加者が、裁判官、裁判所事務員、調停人（民間調停人のことであろうか）等であったことが紹介されている[269]。

　台湾と中国とのビジネスが活発であることも踏まえ、CAAMC と京都国際調停センター等、日本の調停機関と CAAMC とのコラボレーションが期待されるところである。

　なお、台湾は、2021 年 9 月 23 日、TPP への加盟申請を行った[270]。中国との軍事的な緊張関係の高まりが世界経済のリスク要因となっている中で、中国の TPP 加盟申請の 1 週間後というタイミングでの台湾の加盟申請は、注視していく必要があろう。

⒂　モーリシャス共和国

　アフリカ大陸の東にあるマダガスカル島のさらに東に、国土面積 2040k㎡（ほぼ東京都大）、人口約 126 万 5000 人（2018 年）のモーリシャスがある[271]。インド洋に浮かぶ島国であり、セーシェルが近い。

　日本は、1968 年に英国から独立したモーリシャスを承認している[272]。

　モーリシャスは、1968 年の独立以来、平和裡に政権交代が行われている。

　過半数の国民のルーツであるインド、旧宗主国の仏・英との連携を基本としつつ全方位外交を行っており、アフリカ諸国のほか、近年、中国との協力関係も強化している[273]。

　世界の中で、かつて、ポルトガル、オランダ、フランス、および、英国の植民地であった国は、モーリシャスだけではないか、という指摘がある[274]。

　モーリシャス法は、フランス法と英国法の影響を受けたハイブリッド・システムと評されている[275]。

---

269) en.arbitration.org.tw/mediation_training.aspx, last visited as of 22 August 2021

270) 日本経済新聞朝刊第 1 面（2021 年 9 月 24 日）

271) https://www.mofa.go.jp/mofaj/area/mauritius/data.html#section1, last visited as of 30 August 2021

272) 前掲注 271)

273) 前掲注 271)

274) Jessica T. Naga *"Why Mauritius has the elements to make it Africa's Alternative DisputeResolution centre"* 26 August 2021", https://www.edlbmauritius.org/newsroom/why-mauritius-has-elements-make-it-africas-alternative-dispute-resolution-centre, last visited as of 30 August 2021

275) Abdul Jinadu *"Arbitrating in Mauritius"*, https://www.keatingchambers.com/wp-content/uploads/2017/12/AJ-Arbitrating-in-Mauritius.pdf, last visited as of 4 September 2021

　モーリシャスは、南部アフリカ開発共同体（Southern African Development Community：SADC）、インド洋委員会（IOC）、東南部アフリカ共同市場（Common Market for Eastern and Southern Africa：COMESA）、環インド洋連合（IORA）を通じて地域協力を推進している[276]。

　また、最近、モーリシャスは、アフリカ・トレーニング協会（Africa Training Institute：ATI）のような国際／アフリカ組織の拠点となっている。仲裁との関連で重要なのは、オランダのハーグに本部を有する国際仲裁裁判所（Permanent Court of Arbitration：PCA）のアフリカ拠点事務所が、モーリシャスの首都ポートルイス市に設置されたことである[277]。

　当初、1996 年、モーリシャス商工会議所（Mauritius Chamber of Commerce and Industry：MCCI）の紛争解決部門として、MCCI Arbitration and Mediation Centre（MARC）が、まず設立された[278]。

　次に、2011 年、モーリシャス国際仲裁センター（The Mauritius International Arbitration Center：MIAC）が設立された。MIAC は、2011 年〜2018 年には、ロンドン国際仲裁センターとの共同事業体（LCIA-MIAC Arbitration Centre）として運営されていた[279]。

　2018 年、MIAC は、MIAC Arbitration Rules を策定・独立し、仲裁に加えて、調停サービスも行っている[280]。

　なお、この間、2008 年に、モーリシャス国際仲裁法（The Mauritius International Arbitration Act 2008）が成立し、外国弁護士への市場開放も進んでいるとのことである。

　モーリシャス国際仲裁法によって、PCA の事務局（在、モーリシャス・ポートルイス市）には以下の事項について所管する権限が与えられている[281]。

・仲裁廷の構成（当事者が指名した仲裁人が第三仲裁人を合意できない場合）
・仲裁人の忌避
・仲裁人の費用決定

276）前掲注 271）

277）https://pca-cpa.org/en/services/appointing-authority/mauritian-international-arbitration-act/, last visited as of 4 September 2021

278）前掲注 277）

279）https://miac.mu/about-us/, last visited as of 1 September 2021

280）https://miac.mu/dispute-resolution-service/, last visited as of 1 September 2021

281）https://pca-cpa.org/en/services/appointing-authority/mauritian-international-arbitration-act/, last visited as of 4 September 2021

・仲裁審理手続

　2020 年 7 月、モーリシャス沿岸における貨物船「わかしお」座礁・油流出事故が発生した[282]。「わかしお」の所有者および傭船会社の双方が日本企業であり、モーリシャスのマングローブや生物に対する悪影響が懸念される報道が日本でもなされた。JICA は、3 次にわたる国際緊急援助隊を派遣し、油防除への助言、緊急的な環境影響評価などに取り組んだ[283]。

　2021 年 2 月、JICA は、モーリシャスとの間で、医療体制の強化等の目的で、300 億円を限度とする円借款契約（アフリカ開発銀行との協調融資）に調印した[284]。

　油流出事故対応は突発的なイベントであったが、JICA とアフリカ開発銀行との協調融資は、日本政府のアフリカ支援政策「アフリカの民間セクター開発のための共同イニシアチブ[285]（Enhanced Private Sector Assistance for Africa : EPSA）」の延長上にあった。

　アフリカ大陸 54 カ国の発展は近時著しい。2019 年の人口 13 億人は、2050 年には、25 億人になると予測されている[286]。とりわけ大きな伸びを見せるのはサハラ砂漠以南の国々である。高い出生率を背景に 2020 年の人口 10 億 9436 万人が、2050 年には 21 億 1773 万人へと 30 年間で倍増する[287]。ちなみに、日本の人口は 2053 年に 1 億人を下回ると予測されている[288]。

　アフリカには世界各国からの投資が行われ、さまざまなビジネスが興隆している。当然、ビジネス紛争も多くなろう。しかしながら、一方では、アフリカ諸国では、軍事的な衝突も多い。軍事的紛争から脱却するために、アフリカで若者にMediation 教育を行おう、という試みもある[289]。

　なお、中国は莫大な資金を背景に、21 世紀に入ってからアフリカへの進出を加速させている。2018 年、北京で行われた中国とアフリカ各国の関係強化のた

282）S 鈴木「海の環境汚染：モーリシャス沖貨物船『わかしお』座礁」2020 年 12 月 24 日（https://www.kikonet.org/kiko-blog/2020-12-24/4259, last visited as of 4 September 2021）

283）https://www.jica.go.jp/press/2020/20201023_3.html, last visited as of 1 September 2021

284）https://www.jica.go.jp/press/2020/20210224_41.html, last visited as of 1 September 2021

285）https://afdb-org.jp/snar/epsa, last visited as of 4 September 2021

286）NHK「1 からわかる！"沸騰大陸"アフリカ【前編】」（2019 年 8 月 23 日）、https://www3.nhk.or.jp/news/special/news_seninar/jiji/jiji27/, last visited as of 4 September 2021

287）河合雅司『世界 100 年カレンダー』（朝日新聞出版、2021）p.69

288）関雄輔「21 世紀の人口減に警鐘」（2021 年 9 月 16 日）毎日新聞夕刊 2 面

289）Irene Limo *"Mediation in Africa Is there Space for the Youth?"* Conflicts Trends 2017/2, https://www.accord.org.za/conflict-trends/mediation-in-africa/, last visited as of 5 September 2021

めの国際会議「中国アフリカ協力フォーラム」には、アフリカ 54 カ国のうち 53 カ国の首脳らが参加した[290]。

　アフリカ 54 カ国の中で、紛争解決地としてはどこが適切であろうか。

　筆者の頭に思い浮かぶのは、まず、エジプトのカイロ、南アフリカのヨハネスブルグ、という北と南の拠点都市である。

　アフリカに詳しいと思われる実務家には、ルワンダの首都キガリ、ナイジェリアの最大都市ラゴス、ケニアのナイロビ、といった都市が、モーリシャスの首都ポートルイスと競合するとの見方がある[291]。

　モーリシャスの紛争解決地としての魅力は、海上にあって安全、かつ、ポートルイスには、ホテルや国際会議場等のインフラストラクチャーが整備されていることであろう[292]。

⒃　日本による調停制度整備支援

　開発途上国における調停の発展には、我が国の法曹三者および JICA による法制度整備支援の効果がみられる。インドネシアおよびベトナムを始めとするこれらの国々への裁判官へのトレーニングを通じて、裁判所付設型の調停のレベルアップがもたらされたといえよう。

　ちなみに、調停に関する日本の法曹三者および JICA による法制度整備支援は、上述したインドシアおよびベトナムも含め、以下のようにまとめることができる[293]。

モンゴル	2004 年	～	2015 年
インドネシア	2007 年	～	2009 年
東ティモール	2013 年	～	2014 年
ネパール	2013 年	～	2018 年
ミャンマー	2016 年	～	
バングラディシュ	2017 年	～	
ベトナム	2018 年	～	

　世界における調停の到達点および現状に照らして、ここで、あらためて日本に

290）前掲注 286）
291）前掲注 275）
292）前掲注 275）
293）2021 年 6 月 15 日に行われた JAA オンライン・セミナーの講演者・稲葉一人氏の資料「Mediation のオンライン・トレーニング」より引用。

おける国際調停について考察したい。

　第Ⅲ章[1]において紹介したケース 0 から約 20 年が経った。しかし、日本における国際調停は、未だ発展準備段階の状況にある。日本をリードしている国際調停機関 JCAA における調停申立ての件数は、2009 年から 2018 年まで合計して 14 件に止まることを考えると、こうした状況を打破するためには、国際調停を取り巻く諸制度を根本的なところから見直しを企図するべきではないであろうか[294]。

　日系企業の日本の裁判所に対する信頼も国際調停のダイナミズムを理解するうえではかえって足枷になっているといえるかもしれない。日本の裁判所に任せておけば、裁判官が和解を勧奨してくれるので、適当なところで手打ちができる。しかし、これはあくまで国際的要素がない日本国内の紛争についてしか当てはまらない。当事者の一方が外国企業である場合はもちろん、日本企業が相手であっても契約の履行地が海外である等、国際的な要素がある紛争は、国際標準の国際調停によらねば解決は難しい。諸外国が国際標準の調停に向かって着実に制度整備を行っていることは、上記(1)～(15)から明らかであろう。

　上記のような意味で、我が日本においても、国際調停の研究およびそれをとりまく諸制度の整備を進めていかねばならない。

　世界における調停の現状と到達点を踏まえ、ここであらためて日本企業の参考となる国際調停を考察すべきであろう。

　分野別の観点からみれば希望がある。2019 年（令和元年）10 月 1 日に運用が開始された、いわゆる知財調停の分野においては、日本は進んでいると思われるからである[295]。

　今後、この分野における国際調停のあり方について分析・研究が行われることが期待されるところである。

(17)　日本における最近の調停

　前項(16)で、日本の対外的な調停制度整備・支援をみてきた。

　そもそも、日本国内の調停はどうなっているのか、海外との比較において気になるところである。

　インドネシアの調停に関する項(6)で少し触れたが、LAWASIA 東京大会（2017

294）齋藤彰「JCAA の商事調停規則改正とその背景」JCA ジャーナル 67 巻 4 号（2020）p.9
295）商事法務編『仲裁法等の改正に関する中間試案（別冊 NBL 176 号）』（2021）p.8

年）における ADR セッション 6 （同年 9 月 20 日）は「アジア・太平洋地域において調停を成功させる秘訣」という題目であった。

このセッションは、森倫洋弁護士がモデレーターをして、シンガポール、インドネシア、インド、日本、オーストラリア、という順序での報告がなされた。

日本については、古田啓昌弁護士が、福島の原子力発電所にかかる東京電力と被害者（多数）との調停事例を紹介した。

原子力損害賠償解決センターは、2011 年 3 月の東日本大震災に伴い発生した東京電力福島第一発電所の事故に起因する損害賠償請求を扱う専門の行政 ADR 機関である[296]。2011 年 8 月の設置以来、2017 年 4 月 14 日までに、2 万 2096 件の申立てを受け、そのうち 1 万 6496 件が和解によって終了したとのことである[297]。

和解の当事者は、被害者と東京電力であり、和解の仲介したのは約 280 名の仲介委員であり仲介委員を補佐したのは 200 名弱の調査官であった。仲介委員も調査官も弁護士である[298]。

和解終結率を計算してみると、74.6％である。和解件数の多さと和解終結率の高さが際立っており、日本的な調停の成功事例として国際的な会議で発表する意義はあったと思われるが、あくまで日本国内の調停であり、国際調停論の対象からは外れる。

ちなみに、シンガポール、インドネシア、インド、日本、オーストラリアの 5 カ国の報告中、シンガポールの報告のみが、国際調停案件についての報告であったと承知している。

今後、このような国際会議においては、それぞれの法域にまたがったクロス・ボーダー取引についての発表が多くなることが期待される。

(18)　小括

ここまで、世界の各国・地域における調停を俯瞰してきた。

現代調停発祥の地というべき米国、そして米国とは異なる ADR の発展をみたコモンウェルス諸国の他、アジア（中東を含む）、EU、モーリシャスに焦点を当てた。

296）出井直樹「原賠 ADR 審理の特色と課題」仲裁・ADR フォーラム 6 号（2019）p.8
297）出井・前掲注 296）
298）出井・前掲注 296）p.9

　当初は、筆者の手元にある情報が限られていたこともあり、「世界における調停」と題しながら、実は、せいぜい数カ国についてしか書けないであろうと思っていた。

　しかしながら、調べながら書き進めていくうちに、国際調停の意外な広がりに気付かされることとなった。その結果、コモンウェルス諸国を含め、合計 20 の国と地域における調停を紹介することとなった。

　もちろん、これらの国と地域においては、歴史的な背景や、他国との関係によって、調停の発展の仕方は異なっている。しかしながら、前章で言及したシンガポール調停条約の登場と軌を一にして、これらの国と地域においては、国際調停を推進していこうとする共通のモメンタムが働いているものと思われる。また、本項に挙げられなかった国々でも、国際調停は注目されているものと推察される。

　本節を 1 つの足掛かりとして、今後さらに、各国と地域についての研究が盛んになっていくことを望んでいる。そのような研究によって、現代調停の課題および展望が明らかになっていくのではないだろうか。

2 京都国際調停センター
～設立までと今後の展望

(1) 設立までの経緯

　2017年、国際調停に知見のある公益社団法人日本仲裁人協会（JAA）の有志を中心に京都国際調停センターの設立準備委員会（以下「準備委員会」）が結成された。

　この準備委員会には、裁判外紛争解決（ADR）分野における著名な国際弁護士や、国際取引法および国際私法の分野で実績のある大学教授がコアのメンバーとして参画していた。国際調停を行う場所として、同時通訳装置を備えた施設が必要と考えられ、同志社大学が今出川キャンパス内の研究室を、そのような施設として提供することとなった。

　準備委員会は、京都に国際調停センターを設立するべく、様々な情報収集に余念がなかった。**第Ⅲ章**でも述べたが、2017年11月末から12月にかけて、京都国際調停センターの設立プレイベントとして、国際調停人として著名な米国人アントニオ・ピアッツァ氏を京都に招聘し、ワークショップ、懇親会、そして、公開シンポジウムが行われた。

　このシンポジウムについては、写真および記事が日本経済新聞等のメディアによって報道されている。なお、2020年11月にピアッツァ氏のオンライン・セミナーが開催され、バーチャルではあったが、同氏の元気な雄姿をみて、精力的な声を拝聴することができた。

　準備委員会は、調停の場所として、前述した同志社大学今出川キャンパスを用意した。また、オプションとして京都市内の有名な寺院である高台寺が選定された。

　2018年11月20日、日本初の国際調停専門機関である京都国際調停センター（Japan International Mediation Center – Kyoto「JIMC-Kyoto」）が、1000年の歴史を誇る日本文化の中心地、京都において発足した[1]。この日を境にして、準備委員会は京都国際調停センター運営委員会に名称を変更した。

　京都国際調停センターの設立意義、調停理論上の位置づけ、そして、ハード・

---

1) http://www.jimc-kyoto-jpn.jp/about2, last visited as of 10 June 2021

ソフトのインフラストラクチャーについては、準備委員会長から同センターのセンター長に就任した岡田春夫弁護士が詳細かつ丁寧な論考を書いている[2]。

　同センターの特徴は、何といってもその国際性にある[3]。同センターの調停人は、現在、国際的に活用されている調停手法による調停を実施し、日本企業や海外企業の国際的な紛争を解決に導くことができる。

　京都国際調停センターは、海外および国内の調停人のリストを作成・公開している。

　また、京都国際調停センターは、140年の歴史と高い学術的評価を誇る日本有数の大学である同志社大学内に施設が設置されており、同センターの利用者は、調停期日に同志社大学構内の施設を利用することができる。さらに、同センターは京都を代表する寺院である高台寺の協力も得ているため、同センターの利用者は、オプションとして、高台寺境内のいくつかの施設を調停に利用することもできる。また、同時に、JAAの人材や情報を活用することもできるだろう。

　また、京都国際調停センターの設立後には、台湾、ベトナム、オーストラリア、フランス、香港等から京都への来客があり、ドイツ、イタリアなどへ同センターの幹部が訪問する等、活発な交流が続いていた。

　とりわけ、シンガポールのSIMC（Singapore International Mediation Centre）と京都国際調停センターとの関係は深い。2020年に、コロナ禍に対応するオンライン調停についてCovid-19 Joint Protocolを締結し、コロナ禍にゆれる世界において、一層結びつきを強めながら互いに存在感を増している。

(2)　成功事例〜その1

　個別事例については、調停機関である京都国際調停センターおよび調停人に厳格な守秘義務が課されているため開示はされていない。したがって、ここでは限られた情報を基に考察を試みることとする。

　この成功事例は、外国人の夫と日本人妻が離婚して財産分与が争われていた事例であったようである。

　調停人は、京都国際調停センターの調停人リストの中から、日本在住の外国人が選任された。この人物は、北米の弁護士資格を有し、英語がnativeであった。

2）岡田春夫「京都国際調停センターの設立と展望」仲裁・ADRフォーラム6号（2019）pp.75 - 87

3）前掲注1）

たいへん明るく前向き、友好的で、能弁である。職業人としても家庭人としても立派なお人柄とお見受けした。

　2020年11月1日の日曜日、朝から調停が行われ、夕方、両当事者は和解に至った。

　両当事者共に、納得できる結果が得られたようである。

　守秘義務厳守が徹底されているため、この成功事例の詳細は明らかになっていない。

　しかしながら、紛争が京都国際調停センターの調停人によって解決できたという実績ができていることが重要であろう。

(3)　成功事例〜その2

　コロナ禍に世界が揺れていた2020年の9月12日、京都国際調停センターおよびシンガポール国際調停センター（SIMC）は、JIMC-SIMC Joint Covid-19 Protocol（以下「Joint Protocol」）を締結した[4]。

　Joint Protocolは、コロナ禍におけるオンラインによる迅速かつ効果的な国際商事紛争解決を目指して、国際的な紛争解決センターが国を越えて連携する、世界初の試みである。SIMCにとっても、2020年5月のSIMC Covid-19 Protocol開始後、海外の調停センターとの初めての連携となった。コロナ禍により、世界中の、契約やサプライチェーンなどに関する企業間の衝突や紛争が発生しているが、このような時こそ、調停は、企業にとってコロナ禍による甚大な悪影響を可能な限り回避するために検討すべき第1の選択肢となり得る。

　このJoint Protocolは以下の特徴がある。
① 　クロスボーダー取引から生じる商事紛争を短期に経済的に解決する。
② 　2名の共同調停人により、調停が行われる。
③ 　調停は、国境を越えた移動が制限されている状況に鑑み、オンラインで行われる。
④ 　締結される和解契約は調停に関するシンガポール条約による執行が可能となる。

　さて、このJoint Protocolの下で、和解に至った成功事例が、守秘義務を遵守した上で、限定的な範囲で報告されているので紹介する。この当事者の一方は日本企業（X）、もう一方の当事者はインド企業（Y）であった。

---

4) https://arbitrators.jp/2555, and, http://www.jimc-kyoto-jpn.jp, last visited as of 15 June 2021

　共同調停人は、シンガポールの4大法律事務所の1つ Raja & Tan パートナーである Gregory Vijayendran, SC、および、京都国際調停センターに登録されている高取芳宏弁護士であった。高取弁護士は、日米の弁護士資格のみならず、英国仲裁人協会の上級仲裁人（Fellow of Chartered Institute of Arbitrators: FCIArb）の資格を有している経験豊富な専門家であり、ADR に関し、英語での論考の発表も多い専門家である。常に前向きな性格で多弁な方であると承知している。

　この共同調停人がシンガポール国際調停センターのインタビューに答えた動画が、YouTube にアップされている[5]。

　2021 年 6 月 8 日、SIAC-SIMC Japan Webinar において、このケースの一方当事者である日本企業の代理人を務めた古田啓昌弁護士から、本件調停について以下のような経緯の報告がなされた。

　X は、まず SIAC の仲裁を申し立てた。その後、X および Y は、SIAC-SIMC Arb-Med-Arb Protocol（以下「AMA Protocol」）および Joint Protocol に基づく調停を行うことに合意し、以下のように手続が進められた。

　1 日目　　AMA Protocol に基づき、仲裁廷は仲裁手続を停止し、SIAC はケースファイルを SIMC に送付した。

　15 日目　　Joint Protocol に基づき、SIMC が 1 名、JIMC が 1 名、計 2 名の調停人が選任された。

　25 日目　　Zoom により、第 1 回の手続会議が行われた。

　35 日目　　X および Y は、各々、Position Paper（和解の提案を含む）を提出した。

　41 日目　　Zoom により、第 2 回の手続会議が行われた。

　43 日目　　Zoom により、調停会議が行われた（日本時間午後 1 時から 9 時まで）。

　45 日目　　Zoom により、調停会議が行われた（日本時間午後 1 時から 9 時まで）。

　47 日目　　Zoom により、調停会議が行われた（日本時間午後 1 時から 9 時まで）。

　以上からすると、本件は、まず SIAC 仲裁が申し立てられ、そこから SIMC 調停の手続に移行した。そこから、47 日目に両当事者の和解が成立したとみられる。

　典型的な Arb-Med であるが、JIMC-SIMC Joint Covid-19 Protocol に基づく完全オンラインで終結したことが画期的である。

5）https://m.youtube.com/watch？v=kQPKomjwE6g, last visited as of 24 October 2021

(4) 今後の展望

　国際調停については、当事者となる可能性のある日本企業にあまり知られていないという指摘がある。しかしながら、この京都国際調停センター設立をきっかけとして国際調停のセミナーやワークショップへの企業関係者の参加が増えている。また、実は同時に、日本国内の民間調停のセミナーやワークショップでも国際的な成果やトレーニング方法を取り入れて活発になっているという動きもあり、注目に値する。このトレーニングについては、次節で詳述する。

　国際調停の興隆は、そもそも国際的にはクイーン・メアリー大学の調査等によって明らかであるが、日本企業のみならず、アジアや北米の企業にとっては、「京都における国際調停」という紛争解決手続の具体的な選択肢が１つ増えたことになる。京都国際調停センターが更に実績を積み重ねていくに伴い、国際取引をしている企業への認知度が高まっていくであろう。

　以上から鑑みるに、京都国際調停センターの近未来は明るいといえよう。

③　国際調停人の誕生〜実践と教育

(1)　序

　2007 年にカリフォルニア州におけるケース 1 についてのカリスマ調停人の知見を得て以来、筆者は国際調停人がどのように誕生したのか、どのような教育を受けているのか、関心を持ち続けてきた。

　国際法務の業務を行いながら、自分自身のリカレント教育の必要性を感じていたところ、2016 年春から隔週の土曜日に、神戸大学が新たに設けた国際仲裁専攻コース[1] の聴講を許された。同大学は有楽町にある東京交通会館 9 階にサテライト・オフィスを有しているので、平日は東京都新宿区で働き続けながら、月 2 回の土曜日には有楽町へ出向き、ビデオ・コンフェレンス・システムを通じて神戸大学の授業に参加することができた。神戸大学の後期博士課程（通称、トップロイヤーズプログラム：TLP[2]）国際仲裁専攻コース（2016 年〜2018 年度）の教授陣は、齋藤彰教授、ジェームス・クラクストン教授、および、ダニエル・アレン講師（ニューヨーク州弁護士）であった。

　2016 年秋、神戸大学が、日本で初めてロンドンを本拠地とする CEDR（Centre for Effective Dispute Resolution）の香港支部から Daniel McFadden 講師を招聘し、2 日間の英語によるミディエーション・トレーニング・プログラムが行われた。

　このプログラムは、まず、3 名ずつグループを作り、各グループ内で自己紹介をするロール・プレイからスタートした。2 日間、レクチャーの合間にグループ作業やグループ・ディスカッションが組み込まれ、参加者に刺激とインセンティブを与える内容になっていた。基本的には、Facilitative な手法による Mediation Skill Training がプログラムの内容であったが、最も印象に残っているレクチャーは "Getting to YES – Negotiating Agreement without Giving In"[3] の紹介であった。筆者は、CEDR のミディエーション・トレーニング・プログラムが、これほどま

---

1) 2015 年 10 月 19 日付日本経済新聞「神戸大、弁護士向け博士課程来春に新設——国際仲裁など専門家養成」

2) www.law.kobe-u.ac.jp/TLP/index.html/, last visited as of 25 July 2021

3) Roger Fisher and William Ury, 1981, 1991, Roger Fisher, William Ury and Bruce Patton of the Harvard Negotiation Project, 2010

でにハーバードの Program on Negotiation をしっかりと採り入れているということを、この時まで知らなかったからである。

(2)　CEDR による国際調停人教育プログラム

CEDR（Centre for Effective Dispute Resolution）[4] はロンドンを本拠地として、1990 年に設立された NPO 団体で、世界各国において国際調停人の教育を行ってきた。

CEDR Accredited Mediator の資格保持者は 2017 年の時点において既に世界で 7000 名を超えていた。

2017 年 4 月から 6 月にかけて、日本で初めて CEDR の正式な資格を取得できる Mediation Training Program が神戸大学において実施された。このプログラムは全て英語であった。その詳細については、参加した齋藤彰教授、ジェームス・クラクストン教授によって分析・紹介されている [5]。前半 3 日間はロール・プレイを交えた講義であった。後半 3 日間は、7 つのケースのうち、2 つのケースについて調停人としてのロール・プレイを行う試験であった。この 2 つのケースについてのロール・プレイ試験および試験後のインストラクターからのフィードバックはビデオカメラで全て録音・録画されていたが、ロンドンに送られることになっていると聞いた。

守秘義務があるので、ロール・プレイ試験問題そのものを開示することはできないが、それらのテーマは以下のとおり多岐にわたっていた。

ケース① 照明器具の売買契約に係る紛争
ケース② 相続に係る紛争
ケース③ 出版契約に係る紛争
ケース④ 航空機リースに係る紛争
ケース⑤ コンピューター・ソフトウェアに係る紛争
ケース⑥ 建築設計および施工に係る紛争
ケース⑦ 学校教頭の雇用契約に係る紛争

同年 7 月、このプログラムを受講した 10 名中、ロール・プレイ試験 1 回目において合格したのは 9 名と聞いているが、将来の抱負についてのエッセイおよ

---

4) https://www.cedr.com/aboutus/, last visited as of 16 June 2021
5) 齋藤彰＝ジェームス・クラクストン「国際商事仲裁人のスキルトレーニング（上）（下）」
　JCA ジャーナル 64 巻 10 号（2017）pp.11-16、64 巻 11 号（2017）pp.3-9

び和解契約書案の課題を提出して、CEDR の国際調停人の資格が与えられたと承知している。ちなみに筆者も上記 9 名のうちの 1 人である。

　振り返ってみると、1990 年代後半にイングランドの司法長官 Lord Woolf が主導した大規模な司法改革において ADR の活用が促進されたことにより、CEDR は脚光を浴びることとなった[6]。

　2019 年 6 月、日本において 2 回目となる CEDR の正式な資格を取得できる Mediation Training Program が、神戸大学において再び実施され、12 名が参加したと承知している。

　筆者も、微力ながら、上記プログラムの応援に馳せ参じたのであるが、2017 年の第 1 回目と比べ、CEDR の Program に米国的な色彩が加わったように感じられた。2019 年 6 月の講師 2 名のうち 1 名が、ラテン・アメリカ系だったからであると思われる。

　このように、CEDR の Program は固定的なものではなく、毎年、進化を続けているプログラムである。

(3)　米国ペパーダイン大学ストラウス紛争解決研究所（Pepperdine University Straus Institute）による国際ミディエーション・トレーニング

　2019 年 2 月 5 日（火）、6 日（水）、同志社大学ロースクールにおいて 2 日間の英語による国際ミディエーション・トレーニング・プログラムが実施された。

　このプログラムには、米国西海岸のペパーダイン大学から調停経験が豊富な講師 2 名が京都に派遣され、受講生 27 名に対して密度の濃い調停人教育が行われた。言語は英語であった。

　この 2 日間コースの概要は、同プログラムを主催した同志社大学司法研究科の高橋宏司教授および参加者代表として山村真登弁護士によって紹介されている[7]。

　筆者もこのプログラムに参加した 1 人であったが、受講者は、筆者の予想に反して若手〜中堅の方が多かった。おそらく、2 日間で 5 万 7000 円という受講料が適切であったのであろう。また、女性の参加者数も 27 名中 11 名（40.7％）

6)　齋藤＝クラクストン・前掲注5)（上）p.11
7)　山村真登「国際メディエーション（調停）トレーニング・プログラムを受講して」JCAジャーナル 66 巻 5 号（2019）pp.66-67

であった。

　ちなみに、2021年現在、日本国弁護士に占める女性の割合は約20%、日本組織内弁護士協会（JILA）に占める女性の割合は2020年6月時点で40.7%なので[8]、このプログラム参加者の女性比率は、JILAと同様、かなり高率といえる。

　参加者の属性は、大学教員4名、スイスからの留学生（法学専攻）1名、日本国弁護士10名等であり、その他は、少なくとも4名が、日系大企業の法務部門の所属であったことが印象的であった。

　なお、8名が東京から1泊2日で参加したと思われる。

　ペパーダイン大学は、米国西海岸において、東海岸のハーバード大学と比肩しうる紛争解決の研究・教育拠点といわれている。ちなみに同大学のキャンパスは、ロス・アンジェルス国際空港から海沿いに北へ30分程ドライブしたところにあるマリブの町から丘を登ったところにある。高台のキャンパスから海が見えるのは神戸大学と同様であるが、眼前に太平洋が広がり、カリフォルニア・サンセットが見られる風光明媚さには息を飲む。

　筆者は、2016年12月当時、ロス・アンジェルス出張中にペパーダイン大学を訪問し、ストラウス紛争解決研究所においてピーター・ロビンソン教授との面談の機会を得た。

　この時に同教授からいただいた「Mediation The Art of Facilitating Settlement: An Interactive Training Program」という資料が、体系的な米国での調停人教育プログラムとの出会いであった。ピーター・ロビンソン教授と筆者は、米国における調停の有効性について話をしたが、同教授は、日本の大学の中で、特に同志社大学に大いに期待していること強調していた。

　さて、2019年2月の研修内容は、いくつかのロール・プレイを中心に講義を行う内容でありCEDRの調停人教育と通底するものを感じた。しかしながら、多くの具体的事例から導き出されたと思われるチャートや図を多用して板書しながら説明するところが米国流と思われた。受講者の人数の違いもあったかもしれないが、2017年の神戸大学におけるCEDRの調停人教育プログラムは、より少ない人数（最大12名といわれていたが、実際の受講者は10名であった）に講師2名が対応する手作り感があった。

　この2日間プログラムの主任講師を務めたペパーダイン大学のシン先生はインド、副主任のロサディラ先生はブラジルの出身とのことで、ペパーダイン大学

8) https://jila.jp/wp/wp-content/themes/jila/pdf/analysis.pdf, last visited as of 25 November 2021

教員の国際性・多様性にあらためて驚かされた。

　シン先生は、約300件の調停実績があるとのことであったが、当事者の文化的バック・グラウンドを乗り越えて和解に導かれる国際的な力強さを感じさせられた。

　なお、このプログラムは2月6日（水）の17時過ぎに終了したが、17時半過ぎから、京都国際調停センター設立準備委員を含む6名のADR研究者および国際弁護士が、講師を務めたシン先生およびロサディラ先生に約30分のインタビューを行った。

　質問内容は、ペパーダイン大学ストラウス紛争解決研究所の教授陣容・学生の特徴から米国ロイヤーへの調停人教育、米国流の調停スタイル等、広範囲に及んだ。

　シン先生およびロサディラ先生は、米国調停の歴史や州ごとの相違も含め、回答はとても丁寧だった。例えば、米国のコマーシャル・ケースでは Evaluative なスタイルによる調停が主流だが、感情的な要素が大きい家事事件では Facilitative なスタイルが適切ではないか、というのが2人の考え方であった。短い時間ではあったが、得るところが大きい貴重な機会であったと認識している。

(4)　英国仲裁人協会（Chartered Institute of Arbitration〔CIArb〕）による調停人教育

　2019年春、慶應義塾大学ロースクールは、宮武雅子弁護士が担当する、英語による Mediation の授業コースを新設した。

　このコースは、2020年に、英国仲裁人協会（Chartered Institute of Arbitrators: CIArb）とタイアップすることによってグレードアップされ、コース修了者には CIArb Accredited Mediator が与えられることとなった[9]。

　CIArb は仲裁・調停などの ADR に係る教育、認証等を与える、世界的に最も著名な ADR 機関の1つであり、ロンドンを本拠地とし、世界133カ国に1万6000人超のメンバーを擁する[10]。設立者は法律家ではなく建設実務家であったことから、CIArb 資格を有する仲裁人は、建設専門の弁護士や建設実務家の方々が多いと承知している。

　英国仲裁人の資格は、Associate（初級）、Member（中級）、および Fellow（上

9）宮武雅子「グローバル時代の調停人養成」JCA ジャーナル67巻7号（2020）pp.11-16
10）宮武・前掲注9）p.11 注2

級）の3種類とされる。初級については、東京で受験して資格を取得することも可能である。中級については、ロンドンの Kings College で修士号を取得した人や、仲裁コンペティションで優勝した人々にも授与される。上級については、面接試験があり、コモンローの弁護士資格を有するベテランの国際弁護士であっても、パスするのは難しいであろう。

　調停人養成コースを立ち上げた慶應義塾大学ロースクール CIArb Accredited Mediator の資格取得には、90分授業を12回受講することがミニマムの要件となる。

　「調停制度の成功の鍵は、調停人の質によるところが大きい[11]」という問題意識から出発した同コースが、法曹リカレント教育の一環として発展することを期待したい。

(5)　シンガポール国際調停センター（SIMC）による調停人教育

　2018年5月19日（土）、20日（日）の2日間、京都市の同志社大学において、SIMC Specialist Workshop Japan が英語で行われた。出席者は36名で、内訳は、大学教員5名、外国法弁護士が5名、法務省から2名、企業法務2名、仲裁機関関係者1名のほかは日本の国際弁護士21名という多様かつ錚々たるメンバーであった。また、この36名中、16名は、同年11月に設立予定であった京都国際調停センターの準備委員であったため、SIMC による京都国際調停センター設立支援の意味合いも感じられた。

　インストラクターは、SIMC チェアマンのジョージ・リム氏（シンガポール弁護士）およびシンガポール国立大学法学部教授のジョエル・リー氏の2名で、研修内容は、いくつかのロール・プレイを中心に講義を行う内容であり、CEDR の調停人教育とほぼ同様（ただし、若干カジュアルな雰囲気）であった。

　講師は、全体のまとめとして、以下の7つのキーワードを挙げられていた。

Interest, Alternatives, Options, Legitimacy, Communication, Relationship, Commitment

　ジョエル・リー氏の講演スタイルは、ボディー・アクションやジョークを交えて笑いを誘うものであり、和気藹々の雰囲気であった。全体的に CEDR のトレーニングを、やや柔らかくした研修のように感じられた。

　2018年8月21日（日）東京にて上記ワークショップ修了書の授与式および

11）宮武・前掲注9）p.11 要旨

ランチ会合が行われた。SIMC チェアマンのジョージ・リム氏および事務局長の
コー氏が来日し、東京タワーに程近い和風レストランに 30 名程が集まることが
できたのは、よい機会であった。

　2018 年 9 月、筆者も、他の方々と同様、SIMC の Special Mediator Panel
（Japan）にアポイントされた。

(6)　Singapore International Mediation Institute（SIMI）による教育

　SIMI は、2014 年にシンガポール法務省およびシンガポール国立大学の支援の
下に設立された、シンガポール周辺での調停のための専門的な基準を提供する独
立した非営利団体である [12]。SIMI は、後述する世界的な団体である IMI と密接
に協働している。

　2019 年 8 月 19 日〜23 日に神戸大学において、社会科学系サマープログラム
（Kobe University Summer School of Asian Law and Dispute Management：Kobe SALAD
2019）が開催された。このプログラムには、アジア各国の大学から参加した学
生向けにアジア各国の講師が招かれていた。言語は全て英語であった。

　第 1 日（8 月 19 日）の Lecture 3 は、SIMI のマーカス・リム氏による国際商事
調停紹介に関する講演が行われた。その内容は、調停の研究・開発および調停人
の段階的資格付与を行う SIMI の使命の説明に始まり、調停と調停人の役割を概
観するものであった。

　最終日の第 5 日（8 月 23 日）には、午前中を使って SIMI International
Mediation Workshop が行われた。このワークショップでは、SIMI のスタッフに
よる調停のデモンストレーションが行われ、第 1 日（8 月 19 日）の Lecture 3 で
概観した調停と調停人の役割をより詳しく説明する内容であった。全体のまとめ
として、以下の 7 つのキーワードを挙げていたのは、2018 年の SIMC のワーク
ショップと共通していた。

　Interest, Alternatives, Options, Legitimacy, Communication, Relationship,
Commitment

　第 5 日（8 月 23 日）の午後は、4 つの教室に分かれて、併行輸入に関する紛争
の大学対抗模擬調停大会が行われた。

　同じシンガポールの団体であっても、SIMC は調停機関として実際の調停を管

12）https://www.simi.org.sg/, last visited as of 24 July 2021

理しているのに対し、調停の研究・開発および調停人の段階的資格付与を使命とする SIMI は、より基本的な調停人教育を担っていると思われる。

　このように、シンガポールでは、手厚い政府の支援の下、複数の非営利団体が活動し、きめ細かい国際調停人教育プログラムが準備され、宣伝されている。

（7）　公益社団法人日本仲裁人協会（JAA）による調停人教育

　筆者は、2018 年 10 月 13 日（土）～14 日（日）東京において、日本仲裁人協会の調停人養成講座（中級編）に参加した。

　当時、筆者は、CEDR Accredited Mediator の資格を得ており、SIMC の Special Mediator Panel（Japan）にアポイントされていたが、実は、日本語による調停人研修は未体験であった。母国語である日本語での研修を受講して調停人としての基礎を固め、さらに、英国系と日本国内で行われている調停人研修との比較を行うことが主目的であった。

　本講座の講師は、稲葉一人教授（中京大学）、入江秀晃教授（九州大学）および齋藤宙治准教授（東京大学）であった。受講者は、30 名で、内訳は、弁護士約 10 名、JICA 職員 2 名、司法書士 2 名、その他、土地家屋調査士、地方公務員、企業の人事系、病院関係者等であったと記憶している。

　研修スタイルは、自己紹介から始まり、ロール・プレイを交えてのケース・スタディおよび講義であり、CEDR および SIMC の 2 日間研修に近いものであった。

　この研修を通じて、あらためて調停人と当事者とのコミュニケーションの重要性が確認され、調停人としてのコミュニケーションスキルを磨くべきことが実感された。講師も受講者も全員日本人、全員日本語ネイティブという環境において、CEDR および SIMC よりもきめ細かいスキル指導を受けることができた。

　なお、この講座で行われた調停演習は、全て同席調停であった。2007 年以降、カリフォルニア州での実務経験から、CEDR および SIMC のトレーニングに至るまで、調停日冒頭のジョイント・セッションを除き、全て、別席調停でのコーカスを教育された筆者には、同席調停はかなり難しかった。調停人も当事者も全員日本人で日本語ネイティブという、世界的にみれば特殊な環境であるからこそ、別室を使わない同席調停が成立するのではないか、とも思われた。

　国際調停を通じて難事件の和解に至らせるためには、CEDR 、SIMC または、ペパーダイン大学のような別席調停を基本とするのが相当であろうと思料している。

　なお、JAA 関西支部は、毎年、国際家事調停人養成研修を行っている。2021

年 11 月〜12 月には、「オンライン調停をマスターする英語による国際家事調停人養成 Zoom オンライン研修（2021）」が開講された。

(8)　IMI（International Mediation Institute）[13]

IMI とは、調停人のための専門的な基準を提供する独立した非営利団体である。

本部はオランダのハーグにあり、2021 年 7 月の段階で、世界各地において646 名の調停人および調停代理人の認証を行った実績を有する。

IMI の Vision は「世界的に調停を広め、コンセンサスを促進し、正義にアクセスする」である。

IMI の Mission は以下の 3 つとされる。

1.　高度な調停基準を定め、実現する。
2.　関係者および当事者を集める。
3.　調停の理解および採用を促進する。

2014 年に東京国際フォーラムにおいて開催された IBA 東京大会の Mediation Session には、オランダのハーグから IMI の代表が参加していた。

CEDR がコモンウェルスを代表する世界的な調停人養成団体であるのに対し、IMI は欧州大陸に拠点を有する世界的な調停人養成団体であるといえよう。

次節で詳述する投資紛争調停に関して、IMI は、調停人の能力基準を発表している等、注目されるところである。

(9)　国際商業会議所（ICC）Mediation Competition

ICC は学生向けに、毎年、国際商事調停大会を行っており、2021 年 2 月に行われた同大会は、米国西海岸を中心とする著名な ADR 機関 JAMS がスポンサーとなり第 16 回を数えた[14]。JAMS によれば、250 名を超える学生が同大会に参加したとのことである。

この大会で用いられる調停規則は、ICC 2014 Mediation Rule[15] である。

2022 年 2 月 7 日〜15 日は、第 17 回大会がオンラインにて開催される[16]。

13）https://imimediation.org/about/vision-and-mission/, last visited as of 24 July 2021

14）https://www.jamsadr.com/events/2021/16th-international-commercial-mediation-competition, last visited as of 13 August 2021

15）https://iccwbo.org/publication/arbitration-rules-and-mediation-rules/, last visited as of 13 August 2021

16）https://2go.iccwbo.org/icc-international-commercial-mediation-competition.html, last visited as of 25 November 2021

　我が国の大学の中では、関西学院大学が逸早くチームを立ち上げ、同大会に参加するようである。今後、他の大学の参加も増えていくことが期待される。

(10)　FDI Mediation Moot

　第Ⅰ章において、模擬投資仲裁の学生大会である FDI Moot に言及した。

　2021 年 11 月 15 日、新たに模擬投資調停の学生大会である FDI Mediation Moot についてのアナウンスがなされたことを紹介する [17]。

　2022 年 3 月 25 日〜27 日の 3 日間に模擬調停の学生大会が開催されるスケジュールとなっている [18]。

　なお、2022 年 3 月 24 日に、"Congress" というイベントが企画されている模様である [19]。

---

17)　https://mediation.fdimoot.org/about/, last visited as of 25 November 2021

18)　https://mediation.fdimoot.org/2022-competition/, last visited as of 25 November 2021

19)　https://mediation.fdimoot.org/congress, last visited as of 25 November 2021

④　国際スポーツ調停

　本章①(3)④「オーストラリア」の調停に関連して、ローレンス・ストリート卿がローザンヌにおいて国際調停人をしていたキャリアについて触れた。

　本項においては、まず、スポーツ仲裁の手続について概観し、続けてスポーツ調停について検討する。

①　スポーツ仲裁裁判所（Court of Arbitration for Sport：CAS[1]）の歴史

　1980 年代の初頭に、国際的なスポーツに関する紛争が増加していた。

　1981 年に国際オリンピック委員会（IOC）の会長に選ばれたジュアン・アントニオ・サマランチは、スポーツ紛争解決に特化した裁判所を設立する構想を有していた。

　1982 年、ローマで IOC 委員会が開催された際、当時ハーグの国際司法裁判所（ICJ）判事であった Kéba Mbaye を議長として CAS 設立準備のためのワーキング・グループが立ち上げられた。

　1984 年、IOC が運営費用を負担することを前提に、各国から独立した CAS が設立された[2]。

　1992 年 10 月 15 日に CAS の下した仲裁判断を不服とした騎手エルマー・ガンダル氏により、スイス最高裁判所に上告がなされた。上告理由は、仲裁判断を下した仲裁人の独立性・公平性の欠如であった。スイス最高裁は上告を棄却したが、傍論において、IOC が CAS の規則を改訂できること、および、CAS 仲裁人を選任できることは CAS 仲裁人の独立性を疑わせる重大な問題であるとの指摘を行った。

　上記ガンダル氏に係る上告棄却判決が引き金となり、1994 年に改革が行われた結果、IOC から独立したスポーツ仲裁国際理事会（The International Council of Arbitration for Sport：ICAS）が設立され、ICAS が IOC に代わって CAS を運営する

---

1) https://www.tas-cas.org/en/general-information/history-of-the-cas.html, last visited as of 29 August 2021
2) 前掲注 1)

母体となった[3]。

②　ICAS および CAS について[4]

ICAS は、仲裁法およびスポーツ法の問題に詳しい法律専門家 20 名から成っている。ただし、CAS のスポーツ仲裁規則によれば、そのうち 4 名は IOC により推薦される[5]。すなわち、IOC の ICAS への影響力は決定的ではないが、20％程度は維持されている。

特筆すべきことは、CAS のスポーツ仲裁規則（以下「CAS 仲裁規則」）は、「仲裁規則」という標題ながら、調停および調停人についての規定も存在することである。

なお、CAS 仲裁規則は、フランス語版、英語版、および、スペイン語版が作成されているが、これらの間に齟齬があった場合、フランス語版が優先される、とされていることに留意すべきであろう[6]。

スイスは多言語国家であり、CAS の本部があるローザンヌがフランス語圏だからということだけではなく、歴史的な理由があるのであろうか。初版がフランス語でドラフトされてから英訳されたという経緯があるのかもしれない。

CAS の本部には、事務局長（Secretary of General）の下、150 名超のスタッフが、以下の 3 つの部[7]において働いている。

①　一般部（The Ordinary Arbitration Division）：各選手から CAS に申立てられる紛争の処理を所管する。

②　アンチ・ドーピング部（The Anti-doping Division）：アンチ・ドーピングに係る紛争の処理を所管する。

③　上訴部（The Appeals Arbitration Division）

CAS は、各スポーツ団体から CAS に申し立てられる紛争の処理を所管する。

CAS 仲裁規則によれば、ICAS は仲裁人および調停人のリストを作成している（S14）。

CAS の仲裁人（4 年任期）は、2007 年の段階で、275 名が登録されていた。

---

3) 前掲注 1)
4) 前掲注 1)
5) Code of Sports-related Arbitration, S4　(c), https://www.tas-cas.org/fileadmin/user_upload/CAS_code_2021_EN_.pdf, last visited as of 30 August 2021
6) 前掲注 5) R69
7) 前掲注 5) S20

　CAS に申し立てられる紛争に種類は、以下の 2 つのカテゴリーがある。

　　ⓐ　商業的紛争：スポンサーシップ、TV 放映権、スポーツ・イベント、選
　　　　手の移籍、選手またはコーチとクラブとの関係、雇用契約、エージェント
　　　　契約、スポーツ・イベント中の選手の怪我に係る民事賠償責任

　　ⓑ　規律処分　：ドーピングに関する処分が多いが、その他、プレー中の暴
　　　　力、試合中のレフェリーによる権限濫用

　上記のカテゴリーⓐについては、CAS が専属的に判断を下す。

　上記のカテゴリーⓑについては、権限を有するスポーツ団体が 1 次的な処分
を行い、CAS に上訴された場合、CAS が最終的な判断を下すことになる。

　1996 年、CAS は、オーストラリアのシドニーに第 1 支部を、米国のデンバー
に第 2 支部を設置した。1999 年、デンバー支部はニューヨークに移転した。

　なお、1996 年、アトランタ・オリンピック開催に際し、CAS は、アドホック
部を設けて、アトランタ・オリンピック関係のあらゆるスポーツ紛争を 24 時間
以内に解決することとした。このアドホック部は、2 名の部長および 12 名の仲
裁人から構成され、アトランタ・オリンピック期間中、無料で 6 件の仲裁を審
理した。

　1996 年以降、夏季および冬季のオリンピック大会が開催される毎に、CAS は
アドホック部を設置している。なお、オリンピック大会に止まらず、1998 年以
降は、イギリス連邦が 4 年ごとに行う Commonwealth Games 大会、2000 年以降
は、欧州サッカー連盟が主催するサッカー・ヨーロッパ選手権大会、2006 年以
降は、FIFA ワールドカップ・サッカー大会においても、アドホック部が設置さ
れている。

③　CAS 調停規則 [8)]

　前述したスポーツ仲裁規則に基づき、ICAS は CAS 調停規則を定めている。

　1 条は、適用範囲について規定する。

　CAS 調停規則は、原則として、契約的紛争についての規則である。すなわち、
例えば、ドーピング、試合の組合せ、汚職というような規律処分に係る紛争には、
CAS 調停規則は適用されない。

　ただし、状況により、当事者の明確な同意がある場合には、その他の規律処分

8）CAS Mediation Rules, https://www.tas-cas.org/en/mediation/rules.html, last visited as of 29
　August 2021

に係る紛争に、CAS 調停規則は適用される場合がある、とされる。

5 条は、調停人のリストについて規定する。

ICAS は調停人のリスト（CAS 調停人リスト）を作成する。

6 条は、調停人の指名について規定する。

紛争当事者が共同して CAS 調停人リストから調停人を選任できない場合、CAS の長（CAS President）が、紛争当事者と協議した後、CAS 調停人リストから調停人を選任する。

なお、この 6 条 4 段には、調停人の忌避および回避が規定されている。

9 条は、調停人の役割について規定する。

調停人は、和解を推進しなければならない義務を負う。

和解を達成するために、調停人が行うことは、以下の 3 点であるとされる。

1. 紛争の論点（issues）を確認すること
2. 上記の論点について当事者の協議を促進する（facilitate）こと、
3. 解決案を提案すること

ただし、調停人は、いずれの当事者に対しても解決案を強要してはならない。

10 条は、調停人の守秘義務について規定する。

3 段において、調停人は一方当事者から開示された情報を、その当事者の同意を得ることなく、相手方当事者に開示してはならないことが明記されている。

13 条は、調停不調の場合について規定する。

調停が不調となり、調停合意が終了した後、紛争当事者の書面による合意がある場合には、当該調停人が CAS 仲裁人リストである場合に限り、CAS 仲裁規則に則り、仲裁判断を下すことができることが、同条 3 段に規定されている（Med-Arb Procedure）。

④　日本におけるスポーツ仲裁・調停

2003 年、スポーツをめぐる争いを公正・適正かつ迅速に解決し、アスリートがスポーツに打ち込みやすくするために、「日本スポーツ仲裁機構」（Japan Sports Arbitration Agency : JSAA）が設立された[9]。

2013 年、JSAA は公益社団法人となり、公益社団法人・日本オリンピック委員会（JOC）他、計 5 団体からの拠出金等により運営されている。事務所は東京都新宿区にある。

---

9) www.jsaa.jp/guide/doping/p04.html, last visited as of 31 August 2021

　JSAA の活動も含め、日本におけるスポーツ仲裁・調停の実態に関しては、第二東京弁護士会の講演録「スポーツ仲裁の現状と展望（前編）[10]、同（後編）[11]が詳しい。

　この論考によれば、日本におけるスポーツ調停手続は、ADR 法による裁判外紛争解決手続であり、法務省「かいけつサポート」の第 1 号とのことである[12]。

　JSAA は、スポーツ調停（和解あっせん）について、アナウンスを行っている[13]。

　また、アスリートのために、カラーでわかりやすいパンフレットも用意されている[14]。

　スポーツ調停に関して、2013 年 9 月 30 日付で、スポーツ調停（和解あっせん）手続の取扱件数が更新されているが、2007 年度～2013 年度の間に成立した和解は 9 件中 3 件であり、件数は多くなかった[15]。

　最近、JSAA のスポーツ仲裁および調停について、国際的基準からの再考を促す論考が発表されている[16]。

　2021 年、コロナ禍第 5 波が襲来する最中に、東京にてオリンピックおよびパラリンピック競技大会が開催され、CAS は、東京にアドホック部を設置した。

　上記に関連し、日本におけるアスリートとコーチあるいは競技団体との紛争が、頻繁にマスコミによって報道されている。

　オリンピックが商業化され、各国のアスリート強化費も増加傾向にある状況下において、スポーツ ADR は注目されるべき分野であり、その更なる研究は、国際調停論の発展に寄与するものであろう。

10）高松政裕＝杉山翔一「スポーツ仲裁の現状と展望（前編）」Niben frontier（2019 年 3 月号）https://niben.jp/niben/books/frontier/backnumber/201903/post-143.html, last visited as of 30 August 2021

11）高松政裕＝杉山翔一「スポーツ仲裁の現状と展望（後編）」Niben frontier（2019 年 4 月号）https://niben.jp/niben/books/frontier/backnumber/201904/post-14.html, last visited as of 30 August 2021

12）高松＝杉山・前掲注 10）

13）www.jsaa.jp/sportsrule/mediation/index.html, last visited as of 31 August 2021

14）www.jsaa.jp/guide/sports/index.html, last visited as of 18 August 2021

15）www.jsaa.jp/sportsrule/mediation/medstatistic.html, last visited as of 31 August 2021

16）小川和茂「スポーツ仲裁における和解」仲裁・ADR フォーラム 7 号（2021）pp.21-31

5　国際投資仲裁と調停

（1）　国際投資仲裁と国際商事仲裁

　第Ⅰ章「イントロダクション」において、学生向けの模擬仲裁大会に関連して、国際投資仲裁について言及した。

　また、国際商事仲裁については、第Ⅰ章2において、国際商事紛争の解決手段として、裁判、調停、および交渉との比較検討を行った。

　国際投資仲裁とは、投資家と投資対象国との紛争を仲裁によって解決することを目的とした特別な紛争解決メカニズムである。ただし、国際商事仲裁と国際投資仲裁とは、同じ仲裁であることから、以下のように、明らかに類似点がある[1]。

　まず、仲裁の出発点として、両当事者が、両者間の紛争を仲裁によって解決することに合意しなければならない。

　第2に、両当事者が手続規則および仲裁人を選定する。

　これらの手続に関して、国際商事仲裁と国際投資仲裁の双方を支える手続、仲裁人、および、仲裁代理人に関係する法律、ルール、および、ガイドラインの多くは、両制度に共通している。

　以上のような類似性および共通性にもかかわらず、国際商事仲裁と国際投資仲裁は、以下に述べるような根本的な相違点があることに留意しなければならない[2]。

　まず、国際商事仲裁の結果は、ビジネス関係にある両当事者に影響するに留まるが、国際投資仲裁は社会に対する広範な影響を与えうる点である。国際投資仲裁においては、仲裁廷が、各国が行った規制（例えば、環境規制、消費者保護、経済政策決定や健康増進策）または当該国の裁判所が下した裁判を見直し、当該国に対して制裁を課すことができる。

　第2に、国際投資仲裁において投資家が当該国に対して勝訴すると紛争および仲裁の当事者ではない当該国の納税者が支払った税金から、勝訴した投資家に損害賠償金が支払われることになる点である。

1）James Claxton "*A Survey of Japan-Related ISDS*" 国際商取引年報 18 巻（2016）p.99
2）前掲注 1）p.100

　第3に、国際商事仲裁は、民間企業と民間企業の紛争解決手段であるが、国際投資仲裁は一方当事者が必ず国である。

　第4に、国際商事仲裁は、通常、ある国の法律を準拠法とする契約に基づく権利義務関係について判断するが、国際投資仲裁は、通常、国際法に基づく投資受入国の責任について判断する[3]。

　第5に、国際商事仲裁においては、当事者の同意がない限り仲裁結果や仲裁審理内容は開示されないが、国際投資仲裁は、国際法に基づく投資受入国の責任の公共性から、当事者、仲裁人、代理人、仲裁結果等、その概要が開示される。

　この点で、注目すべきは、通称「透明性に関するモーリシャス条約」（Mauritius Convention on Transparency）である[4]。モーリシャスの国としての特異性については、**本章** 1 (15)で述べたとおりである。

　透明性に関するモーリシャス条約には、2014年に5カ国が署名したが、2021年9月現在までに、未だ10カ国しか批准していない。

　思うに、投資受入国は、将来の投資を呼び込む必要があるので、対外的に、現在進行中の紛争を開示したくないのであろう。また、国内の納税者に対しても、国際投資家との紛争を全面的に開示することは現政権にとって痛手となる可能性がある。そのため投資受入国としては、同条約を締結して投資紛争解決過程を透明にしたくないのが本音ではあるまいか。

　国際投資仲裁手続がなかった時代に、投資家である民間企業が外国に行った投資の保護を受けるためには、まず、自国の政府に紛争情報を報告して自国を動かし、外国との外交ルートを通じての交渉を行ってもらうか、または、武力をもって外国に善処を迫るという方法しかなかった（19世紀のいわゆる砲艦外交）。

　その後、投資家と投資対象国との紛争について、契約に規定された仲裁条項に従って、投資家が国に対して仲裁を申し立てるケースがみられるようになった。例えば、Suez Canal Corporation（Turkey）v. Egypt（1864）がそのような例である。

　第2次世界大戦が終結した1945年以降、新たな独立国および国際仲裁が増加した。

　このような状況において、投資紛争解決国際センター（International Centre for Settlement Investment Disputes：ICSID）が、世界銀行の下、1966年に発効した

3）前掲注1）

4）濱本正太郎「条約に基づく投資家対国家仲裁の透明性に関するUNCITRAL規則および同規則の実施に関する条約 コメンタリー（その6）」JCAジャーナル62巻4号（2015）pp.20-23

投資紛争解決条約（ICSID 条約）によって設立された[5]。2021 年 7 月の時点で ICSID 条約の締約国は日本も含め 155 カ国である[6]。

　1990 年以降、国際取引・条約（2 国間および多国間）の増加に伴い、投資仲裁の興隆期を迎えた。世界では今、国家と投資家の間の紛争解決（Investor-State Dispute Settlement: ISDS）条項に基づく投資仲裁の件数が増加している[7]。2011 年から毎年 50 件以上の紛争が ISDS の投資紛争仲裁に付託されており、2000 年以降の累計件数は、2019 年 7 月末時点で合計 983 件であった[8]。さらに、2019 年だけで、少なくとも 55 件の新たな ISDS 投資紛争仲裁が開始されており、1987 年以来の累計数は 1023 件となった[9]。

　そのうち ICSID に付託された投資仲裁（以下「ICSID 仲裁」）は、半数以上を占める[10]。

　ICSID 仲裁において、仲裁廷が日本の投資家に有利な仲裁判断を下した場合、その仲裁判断は ICSID 条約を批准した全ての国で執行可能となる。また、ICSID 条約には投資家にとってもう 1 つのメリットがある。それは、ICSID が世界銀行の支援の下にある組織であることである。ICSID の仲裁判断の未履行は、違反している投資受入国による世界銀行の資金へのアクセスを制限する際の考慮事由となりうるのである[11]。

　なお、ICSID の資料には「Non-ICSID」仲裁の内訳は示されていないが、UNCITRAL 規則（1976 年）に基づき Permanent Court of Arbitration（PCA）に申し立てられた投資仲裁、ICC 仲裁、および Ad Hoc 仲裁等であろう。

　2012 年の時点で、ICC 仲裁のうち約 10％は、国または国営企業が当事者となっていた。また、世界の 2 国間投資協定の約 18％は、ICC 仲裁規則を使う可能性を有していた。そこで、2012 年の ICC 仲裁規則改訂に際して、国または

5）柳原正治＝森川幸一＝兼原敦子編『プラクティス国際法講義〔第 3 版〕』（信山社、2017）p.325
6）https://icsid.worldbank.org/about/member-state/databease-of-member-states, last visited as of 13 July 2021
7）山田広樹「世界で普及する投資仲裁の活用、日本企業による利用機会も拡大」日本貿易振興機構（ジェトロ）地域分析レポート（2020 年 2 月 20 日）https://www.jetro.go.jp/biz/arearep orts/2020/2c7c30fd310221a2.html, last visited as of 10 July 2021
8）山田・前掲注 7）
9）https://unctad.org/en/PublicationsLibrary/diaepcbinf2020d6.pdf, last visited as of 14 July 2021
10）前掲注 9）
11）サム・ラトレル＝ピーター・ハリス「ISDS の下で日本の投資家が得る権利とは」国際商事法務 47 巻 2 号（2019）p.155

国営企業が当事者となることがICC仲裁の当事者になることが意識された[12]。2015年までにICCは35件の投資仲裁を管理した[13]。

　従来、投資仲裁は先進国企業が新興・途上国政府に対して活用することが多かった。

　日本の主要な投資先であるアジアの振興・途上国でも投資仲裁の活用が進む。在外日系企業を対象としたジェトロの調査によれば、こうした国々では「現地政府の不透明な政策運営」や「法制度の未整備・不透明な運用」を投資環境上のリスクとして挙げる声が多い。予見可能性が低い途上国の投資環境において、政府の不当な措置から投資財産を守る手段として、投資仲裁の意義は大きい[14]。

　他方、近年では先進国に対する投資仲裁活用が増えてきた。スペインでは、2007年から太陽光発電事業者に対し、固定価格買取り制度（フィード・イン・タリフ制度）を導入したが、2010年からは複数の立法を通して同制度の運用に制限をかけはじめ、2013年に同制度の全廃を決定した。この一連の措置が引き金となり、エネルギー憲章条約の下で少なくとも45件の投資仲裁がスペイン政府に対して申し立てられている。2019年7月末時点で、仲裁廷は12件中10件において、投資の前提となる規制枠組みを大幅に変更することは投資家の「正当な期待」に反するものであったとし、企業側の損害賠償請求を認めた。

　民間企業が、このような投資仲裁の手続によって投資先の国を訴えるという判断は重い。民間企業の業種にもよるが、投資仲裁提起の前提として、その国のマーケットからは完全に撤退するという覚悟が必要となる場合がある。また、期待される損害賠償金額が多くなければ、仲裁費用（主として弁護士費用）倒れになる。その意味では、投資仲裁を提起すること自体が当該民間企業にとって新たな「投資」ということもできよう。

　ICSIDは、ICSID仲裁の費用の構成を解説している[15]。また、この費用構成の単価も開示している[16]。ICSID仲裁を申し立てる場合の費用の全体感については、

---

12) ICC COMMISSION REPORT STATES, STATE ENTITIES AND ICC ARBITRATION, https://iccwbo.org/publication/iss-arbitration-commisssion-report-on-arbitration-involving-states-and-state-entities-under-the-icc-rules-of-arbitration/, last visited as of 16 July 2021

13) Rocio Dion and Marek Krasula *"The ICC's Role in Administering Investment Arbitration Disputes"* (2015) p.58

14) 山田・前掲注7)

15) https://icsid.worldbank.org/services/content/cost-of-proceedings, last visited as of 13 July 2021

16) https://icsid.worldbank.org/services/content/schedule-fees, last visited as of 13 July 2021

これらの ICSID の解説を参照しつつ、仲裁コスト計算のシミュレーションのサイト[17] を利用することができる。同サイトによれば、仲裁申立額が 5000 万米ドルと想定した場合 ICSID 仲裁の費用は最低でも 100 万米ドルはかかるとされる。紛争の規模・種類にもよるが、筆者の聞いたところでは、ICSID 仲裁の費用は普通 300 万米ドル以上はかかると思われる。

(2)　日系企業が申し立てた国際投資仲裁

　日系企業が申し立てた国際投資仲裁の数は、英米やオランダの企業の申立数に比して少ないといわれる。以下、日系企業が関係する国際投資仲裁について概観する。

①　Saluka Investment BV（Saluka）対 チェコ

　公表されている仲裁判断の中で、日系企業が投資仲裁を申し立てた最初の事例である。

　このケースの時代背景を時系列でまとめてみると以下のようになる。

＜背景＞

　1989 年　チェコスロバキアが共産党一党独裁から民主化（ビロード革命）。

　1993 年　チェコおよびスロバキアが分離独立。

　1998 年　チェコの 4 大銀行のうち、国立銀行 Investicni Postovno Banka（IPB）が民営化。

　　　　　IPB 株式の売出し等を野村證券（以下「野村」）がアレンジし、当該株式の 46％を野村英国現地法人のオランダ子会社である Saluka が取得。

　1999 年　チェコ国内の企業破綻が相次ぎ、銀行の貸出債権の不良化増大。

＜事件の発端＞

　チェコ政府は、4 大銀行のうち、IPB を除く 3 行には公的資金の投入など財政支援を行ったが IPB に対しては財政支援を行わず、IPB の経営はさらに悪化し、最終的には公的管理下に置かれ、別の国営銀行に譲渡された[18]。

17）https://www.international-arbitration-attorney.com/ja/icsid-arbitration-cost-calculation-2, last visited as of 13 July 2021

18）外務省「国家と投資家の間の紛争解決（ISDS）手続の概要」（2019）p.13 https://www.mofa.go.jp/mofaj/files/000089854.pdf, last visited as of 11 July 2021

＜投資仲裁の推移＞

2001 年　Saluka はチェコとオランダの投資協定に依り、UNCITRAL ルール
　　　　（1976 年）に基づいて投資仲裁を申し立てた。

2004 年　仲 裁 人 3 名 に よ る 仲 裁 廷 は 本 件 仲 裁 が Permanent Court of
　　　　Arbitration（PCA）によって管理されるべきことを提案し、両当事者
　　　　はこれを承知した[19]。

2006 年　6 月、仲裁廷は本件につき部分的仲裁判断を下した[20]。

　　　　仲裁廷は、チェコ＝オランダ投資協定が、投資の促進による両国間
　　　の経済関係の強化を目的としているため、投資関連協定における投資
　　　家の保護に関する規定は、投資家に過剰な保護を与えることによって
　　　投資受入国による投資の受入れを萎縮させないように、調和的に解釈
　　　すべきであると述べた。そして、仲裁廷は、チェコ＝オランダ投資協
　　　定上の公正衡平待遇義務について、チェコ政府が公共の利益のために
　　　適切な措置を講ずる権利を奪われるわけではないが、チェコ政府は外
　　　国投資家の正当かつ合理的な期待を損なわないように外国投資家を
　　　扱わなければならず、外国投資家は、チェコ政府が明らかに矛盾する、
　　　不透明な、非合理的なまたは差別的な態様で行動しないことを期待す
　　　る権利があると判断した。

　　　　その上で、仲裁廷は、4 大銀行はいずれもチェコの経済にとって重
　　　要な役割を担っており破綻させるわけにはいかなかったため、Saluka
　　　およびその株主は、チェコ政府が他の 4 大銀行に対して資金援助を
　　　行ったのと同じように、IPB に対しても資金援助を行うであろうと合
　　　理的に期待していたが、チェコ政府が IPB を公的支援の対象から外
　　　すことで、IPB を合理的な理由なく差別的に取り扱ったと認定した。

　　　　また、チェコ政府の Saluka およびその株主との交渉態度は、チェ
　　　コ政府の C 銀行（4 大銀行の 1 つ）との交渉に比べて公平でなく、
　　　チェコ政府が Saluka およびその株主と適切なコミュニケーションを
　　　行わなかったこと等から、チェコ政府の行動は Saluka およびその株
　　　主の正当かつ合理的な期待に反していると述べた。これらの理由から、
　　　仲裁廷は、チェコ政府は公正衡平待遇義務に違反したと認定した[21]。

19）http://www.italaw.com/cases/961, last visited as of 11 July 2021
20）前掲注 19）

＜投資紛争の和解による終結＞

　本件では、両当事者は仲裁廷に対し損害額の審理を先送りするよう要請したため、損害額の認定のための手続は分離され、部分的仲裁判断ではチェコの協定違反のみを判断している。なお、野村は、2006年11月にチェコ政府と和解契約を締結し、チェコ政府が野村側に対して約28億チェココルナ（約187億円）および金利を支払うことで紛争は解決したと公表している[22]。

　野村は、当時、日本政府の支援をほとんど受けることなく、自力で当該紛争を解決し、チェコ政府から一定の金額の支払を得た。かかった弁護士費用等のコストおよび担当者の負担も決して少なくなかったと推察されるが、日系企業が投資仲裁を申し立てた最初の事例で好結果を出したことは大いに評価されよう。

② 日揮（JGC）対 スペイン（ICSID Case No. ARB/15/27）[23]

　前述したスペインの電力固定価格買取り制度（フィード・イン・タリフ制度）に関し、太陽光発電事業者としてコルドバの2カ所のソーラー発電所に投資したJGCとスペインの紛争である。

　JGCのスペインに対する請求は、売電収入に対する7％の税金および継続的発電業者への補助金削減を含む発電業者に対するスペインのエネルギー改革から生じた。

　2015年、JGCはエネルギー憲章条約により、ICSIDに投資仲裁を申し立てた。

　JGCの請求金額は9350万ユーロ（1億860万米ドル）である。

　3名から成る仲裁廷が構成され、審議中である。

③ Eurus Energy（ユーロス[24]）対 スペイン（ICSID Case No. ARB/16/4）[25]

　本件も、JGCのケースと同様、前述したスペインの電力固定価格買取り制度

21) 経済産業省、https://www.meti.go.jp/policy/trade-policy/epa/investment/qa/cases.html#cases1, last visited as of 11 July 2021

22) 前掲注21)

23) https://investmentpolicy.unctad.org/investment-dispute-settlement/cases/638/jgc-v-spain, last visited as of 11 July 2021

24) ユーロス社は、豊田通商が60％、東京電力が40％を出資して設立した共同出資会社である。

25) https://investmentpolicy.unctad.org/investment-dispute-settlement/cases/703/eurus-energy-v-spain, last visited as of 11 July 2021

（フィード・イン・タリフ制度）に関し、太陽光発電事業者として参入したユーロスとスペインとの紛争である。

　ユーロスのスペインに対する請求は、売電収入に対する7％の税金の賦課および継続的発電事業者への補助金削減を含む発電事業者に対するスペインのエネルギー改革から生じた。

　2016年、ユーロスはエネルギー憲章条約により、ICSIDに投資仲裁を申し立てた。

　ユーロスの請求金額は2億6300万ユーロ（3億580万米ドル）であった。

　3名から成る仲裁廷によって審議がなされ、2021年3月17日に仲裁判断が下された。

　結論として仲裁廷の多数意見は、ユーロスのスペインに対する請求の大部分を退けた[26]。

　ユーロスに選任された仲裁人は、この多数意見に対して反対意見を表明している[27]。

　ユーロスは、スペインに対して勝算があったからこそ、本件仲裁を提起したものと思われるが、この仲裁判断はユーロスにとって残念な結果となった。仲裁提起以来5年間に発生した外部弁護士費用は、ユーラスが負担するのか、あるいは、Third Party Funding のスキーム等によりユーラスの負担はないのか、気になるところである。

　いずれにしても、仲裁判断まで至れば、結果は勝つか負けるかであり、中間的な解決はないことをあらためて想起させる事例である。

④　Itochu（伊藤忠）対 スペイン（ICSID Case No. ARB/18/25）[28]

　本件も、JGCおよびユーロスのケースと同様、前述したスペインの電力固定価格買取り制度（フィード・イン・タリフ制度）に関し、太陽光発電事業者として参入した伊藤忠とスペインとの紛争である。

　伊藤忠のスペインに対する請求は、売電収入に対する7％の税金の賦課および

26）https://www.italaw.com/sites/default/case-documents/italaw16123.pdf, last visited as of 11 July 2021

27）https://www.italaw.com/sites/default/case-documents/italaw16125.pdf, last visited as of 11 July 2021

28）https://investmentpolicy.unctad.org/investment-dispute-settlement/cases/865/itochu-v-spain, last visited as of 11 July 2021

継続的発電事業者への補助金削減を含む発電事業者に対するスペインのエネルギー改革から生じた。

2018年、伊藤忠はエネルギー憲章条約により、ICSID に投資仲裁を申し立てた。

3名から成る仲裁廷によって審議がなされているようであるが、伊藤忠の請求金額は明らかではない。

2020年末時点で ICSID には354件のケースが係属中である[29]が、本件もその1つである。

⑤　Nissan Motor Co. Ltd.（日産）対 インド（PCA Case No.2017-37[30]）

日産は、2008年の合意に基づき、インド南部のタミルナドゥ州チェンナイの郊外において、610億ルピーを投資し、年産48万台の生産能力を持ち、4万人以上の雇用を創出する自動車製造工場を設立した。

2017年、日産は、タミルナドゥ州が2008年の合意に基づくインセンティブを支払っていないとして、日本・インド経済連携協定（2011年）により、UNCITRAL 仲裁規則に則り6億6000万米ドルの支払を求めてインド政府に対する投資仲裁を申し立てた[31]。

3名の仲裁人による仲裁廷が構成されたが、このケースのステータスは、2020年末の段階で"Settled"となっている[32]。

2020年5月の報道によれば、日産はタミルナドゥ州と和解し、1億8500万〜2億3800万米ドル程度の支払を受け取ることになるとみられる[33]。

⑥　日本アサハンアルミニューム（NAA）対 インドネシア[34]

この事例は、NAA のインドネシアからの撤退を巡る係争であった。

29）前掲注28）

30）https://investmentpolicy.unctad.org/investment-dispute-settlement/cases/828/nissan-v-india, last visited as of 11 July 2021

31）前掲注30）

32）前掲注30）

33）アラブ・ニュース https://www.arabnews.jp/article/business/article_15510/, last visited as of 11 July 2021

34）太田洋「投資家 vs. 国家の紛争を解決するための TPP の ISDS 条項」（2016）、https://webronza.asahi.com/judiciary/articles/2716010600001.html, last visited as of 25 November 2021

　2013年10月、NAAがインドネシア政府に対して書簡を送付し、NAAとインドネシア政府との合弁会社（インドネシア所在）の株式評価に関する紛争について、ISDSの仲裁手続によって解決する意向がある旨を伝えたところ、最終的には、仲裁判断に至ることなく、インドネシア政府との交渉により、NAAが保有する当該合弁会社の株式を、同政府に対して（同政府が一方的に決定した価格ではなく）約570億円で売却するとの合意に至っている（2013年12月合意文書に調印）。

　この事例は、日本企業が投資先の国の政府に対して国際投資仲裁を申し立てる寸前までいったケースとして紹介されている[35]。

　実際の投資仲裁申立てまで至らなかった事例ではあるが、申立て寸前から相対交渉が進展して早期の合意に至ったことは特筆すべきであろう。

⑦　ブリヂストン対パナマ（ICSID Case No. ARB/16/34）[36]

　この事例は、ブリヂストンの米国法人（ブリヂストン・アメリカ）によるパナマでのタイヤおよびゴム製品事業および関連する登録商標への投資を巡る係争であった。

　そもそも、本件係争は、2005年4月5日に、本件申立人（ブリヂストンの米国法人2社）が、Muresa Intertrade S. A. 社（Muresa）の商標「リバーストーン」の登録に反対する訴えをパナマにて提起したことが発端であった[37]。当該訴訟はパナマ最高裁判所に上訴され、2014年5月28日に、当該訴えは悪意に基づくものとの理由で、本件申立人にMuresaに対して損害賠償金500万米ドル、および、弁護士費用43万1000米ドルの支払が命じられた[38]。

　ブリヂストン・アメリカは、2007年のパナマ−米国FTAに基づき、2016年にパナマに対して本件ICSID投資仲裁を申し立てた。ブリヂストン・アメリカの主張は、「リバーストーン」の商標はブリヂストン・アメリカの登録商標と類似しており、ブリヂストン・アメリカの訴えは善意に基づくものであるとするものであった[39]。

35）太田・前掲注34）

36）https://investmentpolicy.unctad.org/investment-dispute-settlement/cases/750/bridgestone-v-panama, last visited as of 12 July 2021

37）https://www.italaw.com/sites/default/files/case-documents/italaw11771.pdf, last visited as of 13 July 2021, p.249

38）前掲注37）p.269

3名による仲裁廷が構成され、2020年8月14日に、ブリヂストン・アメリカの申立ては棄却され、ブリヂストン・アメリカはパナマに690万米ドルを支払うべきとの仲裁判断が下された[40]。

⑧　Nusa Tenggara 対インドネシア（ICSID Case No. ARB/14/15）[41]

この事例は、インドネシア大統領に承認された契約に基づく銅および金の鉱山事業への投資を巡る係争であった。

申立人は、インドネシア政府による輸出規制により、銅および金の鉱山事業が行き詰ったと主張していた。なお、申立人のうちの1社である PT Newmont Nusa Tenggara の35％を住友商事が所有していた[42]。

本件仲裁は、2014年6月30日に ICSID に申し立てられたが、仲裁廷成立前に申立人の要求およびインドネシア政府の同意により、2014年6月30日に手続が中断された[43]。

詳細は不明であるが、おそらく住友商事とインドネシア政府が和解したのではないか、と推察される。

（3）　国際投資仲裁と調停

以上、みてきたように、国際投資仲裁は平均的に規模が大きく、審理に要する時間も長い。国際商事仲裁について指摘されている以上に、国際投資仲裁については、当事者同士の敵対化、手続の長期化・高額化、そして訴訟化が懸念されている[44]。そこで、このような懸念への対応策として、国際調停の利用が考えられるところである。

1990年代から、国際投資仲裁が急増した。そこで、国際法曹協会（IBA）は、投資家と投資対象国との紛争を調停によって解決することを促進するために、

39）前掲注36）

40）前掲注37）

41）https://investmentpolicy.unctad.org/investment-dispute-settlement/cases/5841/nusa-tenggara-v-indonesia, last visited as of 11 July 2021

42）https://en.wikipedia.org/wiki/PT_Newmont_Nusa_Tenggara, last visited as of 12 July 2021

43）https://italaw.com/sites/default/files/case-documents/italaw4005.pdf, last visited as of 12 July 2021

44）Kun Fan *"Mediation of Investor-State Disputes: A Treaty Survey"* J. Disp.Resol.（Volume 2020, Issue 2）p.1, https://scholarship.law.missouri.edu/jdr/vol2020/iss2/8, last visited as of 15 July 2021

2012 年に "IBA Rules for Investor-State Mediation[45]"（以下「IBA Mediation Rule」）を作成・発表した。

実は、この IBA Mediation Rule に先立ち、ICSID は、2006 年に ICSID Conciliation Rules を作成していた[46]。ICSID Conciliation Rules は、一方当事者が一度その手続に合意すると、最後までその手続から離脱することはできない等、ミディエーションに比して柔軟ではなかったからかもしれないが、2013 年 9 月末、ICSID に登録されていた紛争 448 件のうち、ICSID Conciliation Rules に則っていたケースは 9 件（3％）に過ぎなかった[47]。

しかしながら、そもそも ICSID は、成立した時から、実は Conciliation を少なくとも 1 つの焦点として考えていたのではなかったか。1990 年代に投資仲裁が急速に増えたため、Conciliation はほとんど使われなかった、というのが真相ではないか[48]。

また、前述したエネルギー憲章条約は、ICSID 条約の締約国 156 カ国のうち、56 カ国が締約国となっている。エネルギー憲章の事務局は、2015 年に紛争解決センターを立ち上げた[49]。事務局の問題意識は、紛争がエスカレートしないうちに対話を行い、長期間にわたる関係を維持すべきであるということであったが、課題として、①友好的な紛争解決のメカニズムを効果的に立案すること、および、②関係者が紛争解決のメカニズムを知らないことにより紛争解決の確信と信頼を持てないこと、が認識された。

以上を考慮して、エネルギー憲章会議は、2016 年に "Guide on Investment Mediation" を採択し、2017 年のワシントンを皮切りに、パリ（2018 年）、香港（2019 年）において投資調停のセミナーを行った。

エネルギー憲章の事務局は、2018 年に "Model Instrument for Management of Investment Disputes" を発表した[50]。この資料は、政府の関係者に効果的な投資紛争管理の包括的な見通しを与えることを企図して作成されたものであり、交渉

45）https://www.ibanet.org/MediaHnadler？id=C74CE2C9-7E9E-4BCA-8988-2A4DF573192C, last visited as of 14 July 2021

46）Frauke Nitschke *"The IBA's Investor-State Mediation Rules and the ICSID Dispute Settlement Framework"* ICSID Review, Vol.29, No.1（2014）p.113

47）前掲注 46）p.117

48）James M. Claxton *"Compelling Parties to Mediate Investor-State Disputes: No Pressure, No Diamonds？"*, 20 Pepp. Disp. Resol. L.J. 78（2020）pp.81-82

49）https://uncitral.un.org/sites/uncital.un.org/files/media-documents/uncitral/en/ecs-statement_-en.pdf, last visited as of 15 July 2021

50）https://www.energychartertreaty.org/model-instrument/, last visited as of 17 July 2021

および調停の戦略的重要性および使い勝手のよさを強調している。特に、被投資国の政府は、投資紛争管理の司令塔となるべき政府機関を設立して柔軟な対応をすべきことが強調されている[51]。

2018年に採択されたシンガポール調停条約は、国連総会において、投資紛争にも適用するようにするため、条約名から「商事」が削除された[52]。

(4) 中国と香港

ここ数年、中国と香港の関係は、その帰趨に目が離せなくなっている。

ところで、本項に関わる側面については、2017年6月28日に、Mainland and Hong Kong Closer Economic Partnership Arrangement（CEPA）[53]の枠組の下で締結された投資協定が注目に値する[54]。この投資協定は、投資紛争を解決する調停メカニズムを規定し、調停の利用方法、調停人の選任、および特定調停機関の紹介に関する詳細なガイダンスを記述している。香港およびマカオの投資家は、この投資協定19条に従って中国との投資紛争を解決できる。一方、中国の投資家は、この投資協定20条に従って香港政府との投資紛争を解決できる[55]。

中国政府が是認した2つの調停機関は、以下の2つである。

① Mediation Center of China Council for Promotion of International Trade/the China Chamber of International Commerce

② China International Economic and Trade Arbitration Commission（CIETAC）Chamber of International Commerce

香港の2つの調停機関は、以下の2つである。

① Hong Kong Mediation Commission（HKMC）of Hong Kong International Arbitration Centre

② Mainland-Hong Kong Joint Mediation Centre（MHJMC）

(5) パナマにおける国際投資仲裁

日本企業のパナマ運河拡張工事に対する関与は限定的なものに留まっていたの

---

51) 前掲注50)
52) 山田文『国際的な調停による和解合意に関する国際連合条約』（シンガポール調停条約）の概要（上）」JCAジャーナル66巻11号（2019）p.4 注4
53) https://www.tid.gov.hk/english/cepa/cepa-overview.html, last visited as of 17 July 2021
54) Kun Fan, 前掲注44) p.8
55) https://www.tid.gov.hk/english/cepa/legaltext/cepa14.html, last visited as of 17 July 2021

だが、今世紀を代表するこの大規模な国際工事（「本件工事」）に関し、紛争が生じ、国際投資仲裁に至っていることは、**第Ⅰ章**の冒頭で触れた。

　この紛争は、国際調停の可能性を探るうえで重要と思われるので、項をあらためて以下、詳述する。

①　パナマ運河建設・運営の歴史

　19世紀にスエズ運河建設で名を上げたフランスのレセップスが、当時コロンビア領であったパナマ地峡において本件工事の建設に取り掛かったのが、1881年であった。しかしながら、技術面、衛生面、資金面で問題が生じ、建設は頓挫した[56]。資金調達のための宝くじ付きの債権販売はフランスで疑獄事件に発展し、レセップスの長男には逮捕状が出た。

　この疑獄事件については大佛次郎が「パナマ事件」において詳しく書いている[57]。

　1903年、米国が独立派を支援して、パナマ地峡をコロンビアから独立させ、パナマ共和国が成立した。1904年から、米国の工兵隊（Corps of Engineers）が工事を開始、パナマ運河は1914年に完成した。しかし、やはり難工事であったため、途中で米国人プロジェクト・マネージャーが交代している。特に衛生面では、黄熱病およびマラリアとの闘いであった。この側面は、現代におけるコロナ禍との闘いとも共通する。

　本件工事の建設には日本人の青山士（あきら）も従事した。彼は日本に帰国後、内務省の技官となり、信濃川大河津分水路補修工事や荒川放水路建設工事に携わった[58]。

　1914年は、第1次世界大戦が勃発した年であり、米国にとって、太平洋と大西洋の間の戦艦の往来のためにパナマ運河は戦略的に重要なインフラストラクチャーであった。

　パナマ運河の完成以来、パナマ地峡は米国の主権下にあったが、パナマの民族主義が高まり、オマール・トリホス・エレラ将軍と米国のジミー・カーター大統領との間で、1977年にワシントンにおいてトリホス―カーター運河条約が締結された[59]。両国は交渉を経て、1979年に主権がパナマに返還された。

　1970年代、日本の経済的躍進を含む世界経済の発展により、このパナマ運河

56）山本厚子『パナマ運河百年の攻防』（藤原書店、2011）p.51

57）大佛次郎「パナマ事件」『詩人・地霊・パナマ事件』（朝日新聞社、1976）p.129-406

58）https://ja.wikipedia.org/wiki/パナマ運河

59）山本・前掲注56）p.297

の交通量が増えたため、より大型の船舶が航行できるよう、パナマ、米国、日本の3カ国により同運河の拡張調査委員会が組織された（1982年）[60]。

ところが、1981年にトリホス将軍は飛行機事故で他界、後継者のノリエガ将軍は米国と対立し、1989年、米国はパナマに侵攻した。この時、日本企業の多くはパナマから撤退したとされる[61]。

1999年に、米国が長年有していたパナマ運河の施設管理権がパナマに返還された[62]。

② パナマ運河拡張工事

1977年トリホス―カーター運河条約には、パナマ返還の条件として、パナマ運河拡張の条項が入っていた[63]。

2006年6月、パナマにおいてパナマ運河拡張工事のマスタープランが公表された。しかしながら、同マスタープランには様々な問題があることが、指摘されていた[64]。とりわけ、同マスタープランの財務分析の中には多くのブラック・ボックスと疑問点が残されていたことが日本の専門家によって記録されている[65]。

同年12月、パナマ運河庁：ACPは、金融分野の専門家との顧問契約を国際入札することを発表し、みずほフィナンシャルグループがこの契約を落札した。運河収入の前提となる通航料金の値上げ率を確定しプロジェクトの資金計画やブラック・ボックスとなっている空白部分を埋める作業を行うことが期待されていた[66]。

この計画案を世界に発表したのは、オマール・トリホス・エレラ将軍の息子のマルチィン・トリホス大統領であった。同年10月、国民投票が実施され、パナマ運河拡張工事計画案の実施が決定された[67]。同計画案によれば、完成後、同運河の交通量は約1.4倍に増加される見込みであった[68]。

---

60) 前掲注58)
61) 山本・前掲注56) p.307
62) 山本・前掲注56)
63) 山本・前掲注56)
64) 小林志郎『パナマ運河拡張メガプロジェクト』（2007、文眞堂）
65) 小林・前掲注64) p.218
66) 小林・前掲注64) p.219
67) 小林・前掲注64) p.30
68) Irene Nuviala Lapieza *"The Expansion of the Panama Canal and its Ruling International Contract: A Mega-Project Sailing in Troubled Waters?"* (2017) p.11

パナマ運河拡張工事の国際入札には、4つの国際コンソーシアム（4連合体）が名乗りを上げた。50回におよぶ発注者（パナマ運河庁：ACP）と4連合体との個別・全体協議を経て、2009年3月3日、最終的に3つの国際コンソーシアムが応札した。3つの国際コンソーシアムの入札書は、技術提案が55％、価格提案が45％で評価された。

2009年7月1日、商業畑出身でイタリア系のリカルド・マルチィネリ・ベロカルが大統領に就任し、7月3日、この新大統領によってパナマ運河第3閘門の設計施工プロジェクト（以下「本件プロジェクト」）の落札者 Grupo Unidos Por El Canal（GUPC）が発表された。受注額は31億2000万ドル（約3400億円）であった。

GUPC は、スペインのサクイル社をリーダーとし、イタリアのインプレジーロ社、ベルギーのジャンデヌール社等をメンバーとするコンソーシアムであった。

GUPC の受注については疑念も指摘された。その第1はサクイル社の財務状態が悪かったことである。同社は約160億ドル（約1兆6000億円）という巨額の負債を抱えていたため、スペイン政府が入札保証をし、スイスのチューリッヒ・アメリカン社が保証金を積んだといわれている。第2に、イタリア系のリカルド・マルチィネリ・ベロカル大統領とコンソーシアム・メンバーであるインプレジーロ社との関係である。インプレジーロ社の会長は2009年6月の時点で、入札書の評価を知っていたという記事が新聞に掲載されたとされる[69]。

応札した3連合体の1つは、ベクテル（米国）、大成建設（日本）、三菱商事（日本）、のコンソーシアムであった。三菱商事の下で武昌造船所（中国）が閘門建設を担当する計画であった。同コンソーシアムの評価は、技術点で第3位、価格評価も第3位であり、総合評価は第3位であった。

ベクテル社は米国政府とタイアップして、本件工事の落札過程に疑念ありと表明したが、パナマ政府はかかる疑念は単なるうわさに過ぎないと否定した[70]。

なお、歴史的な見地から、この米日コンソーシアムは落札できないかもしれないと感じたパナマ通もいたようである、との指摘もある[71]。

また、ACP の元職員が「なぜ、日本は米国と組んで入札に参加したのか？」という疑問を呈したということから[72]、ACP およびパナマ国民の反米的感情が

---

69) 山本・前掲注56) p.311
70) 前掲注68),pp.12-13
71) 山本・前掲注56) p.312
72) 山本・前掲注56) p.312

みてとれる。

　上記日米連合の要ともいえるベクテル社は米国サンフランシスコ市に本社を持つ巨大エンジニアリング企業であるが、ベクテル家がオーナーである非公開会社であるため、業績の詳細は明らかにされていない。しかし、同社は、米国政府との結びつきが強いことは、かつて、同社社長であったシュルツ氏が国務長官に、またワインバーガー氏が国防長官にと、相次いで米国閣僚に就任した人事等からみてとれる。

　ベクテル社は、1970年代に日本の鹿島建設および大成建設と協力する意向を示していたが、1980年代以降は大成建設とプロジェクト・ベースでの共同企業体（Joint Venture：「JV」）組成実績が日本国内で積み重なっていった。主なプロジェクトとしては、羽田空港西側旅客ターミナルビル建設工事（1989年）、東京湾横断道路川崎人工島（1989年、1991年）、関西空港旅客ターミナルビル（南工区）新築工事（1991年）が挙げられる[73]。

　また、1993年には、ベクテル社と大成建設とのJVによって、米国アリゾナ州ウィットマンにおいてトヨタ自動車のテストコースが完成した[74]。

　1993年頃にはインドネシアのジャカルタにおいて、タンジュン・プリオク複合火力発電所の発注者であるインドネシア電力庁（PLN）側のコンサルタントとして、土木・建築工事請負者のP.P.- Taisei Indonesia Construction 社とも接点があった。

　2001年、中部国際空港旅客ターミナルビル新築工事（その1）は、大成建設、鹿島建設、大林組、東急建設、戸田建設、オーバーシーズ・ベクテル・インコーポレーテッド、佐藤工業、矢作建設工業の共同企業体が施工業者であった[75]。ここでも大成建設とベクテルは共同企業体を組んでいる。

　最近では、2014年に竣工したカタールにおける新ドーハ国際空港プロジェクトにおいても、ベクテル社は発注者である空港公団のコンサルタントとして、工事請負者であったJVのリーダーを務めた大成建設と関わりがあった。

　2009年8月11日、パナマ運河拡張工事の発注者であるパナマ運河庁（ACP）とGUPCとは本件プロジェクトの設計施工契約を締結した。本件プロジェクト入札のベースとなった国際建設工事約款であるFIDIC Yellow Bookの特記事項は

---

73) https://www5.cao.go.jp/access/japan/chans/betten2.html, last visited as of 2 August 2021

74) https://www.toyota.co.jp/jpn/company/history/75years/text/taking_on_the_automotive_business/chapter2/section9/item7_b.html, last visited as of 2 August 2021

75) https://www.centrair.jp/corporate/release/pdf/20011026.pdf, last visited as of 2 August 2021

24 回も書き直されたといわれている[76]。

　本件プロジェクトの紛争解決のためには、契約後、3 名のメンバーによる常設 DAB（紛争処理委員会）が組成された[77]。

　本件プロジェクトは、2016 年 5 月 31 日に完成し、同年 6 月 26 日に完成式典が行われた[78]。

③　パナマ運河拡張工事に係る紛争

　本件プロジェクトの竣工予定は、パナマ運河 100 周年記念の 2014 年であったが、工程遅延およびコスト・オーバーランが発生してこの原工期は守れなくなった。

　2013 年 12 月に ACP から出された設計変更命令に関し ACP と GUPC は激しく対立し、2014 年 2 月に GUPC は一時工事を中断した[79]。

　2016 年末までに常設 DAB が決定により解決し得た紛争金額は、全体係争金額 56 億 3300 万米ドルのうちの 3 億 5100 万米ドルであった[80]。すなわち、常設 DAB が解決し得たのは、全体係争金額の 6.2％に過ぎなかった。

　2015 年 3 月 17 日、GUPC は ICC ルールに基づき、米国フロリダ州マイアミ市において、ACP に対して商事仲裁を提起した[81]。3 名の仲裁人による仲裁廷が組成された[82]。

　2021 年 2 月 17 日、仲裁廷は、GUPC が ACP に対して 2 億 3846 万 621.8 米ドルの損害賠償金およびコストを支払うべきとの仲裁判断を下した[83]。

　DAB に提出された全体係争金額 56 億 3300 万米ドルを考えれば、GUPC は上記仲裁判断を到底受容することはできないものと思われる。

　一方、2020 年、GUPC のメンバーであったイタリアのインプレジーロ社

76）Lapieza 前掲注 68）p.37

77）前掲注 68）p.2

78）https://ja.wikipedia.org/wiki/ パナマ運河

79）前掲注 68）p.36

80）前掲注 68）p.34

81）https://jusmundi.com/en/document/decision/en-1-grupo-unidos-por-el-canal-s-a-2-sacyr-s-a-3-webuild-s-p-a-formally-salini-impregilo-s-p-a-4-jan-de-nul-n-v-v-autoridad-del-canal-de-panama-ii-final-award-wednedday-17th-february-2021#decision-15065, last visited as of 19 July 2021

82）Lapieza 前掲注 68）p.33

83）前掲注 81）

は、2009 年に締結されたイタリア–パナマ間の BIT に基づき、パナマ共和国に対して ICSID 投資仲裁を提起し 22 億米ドルを要求している（ICSID Case No. ARB/20/10）。2020 年末までに、3 名の仲裁人が選定され、仲裁廷が構成されている [84]。

④　小括

以上、パナマ運河の歴史から、本件プロジェクトの入札、そして発注者・請負者間の紛争（以下「本件紛争」）をみてきた。

本件プロジェクトの契約的ベースとなった国際建設工事約款である FIDIC Yellow Book の枠組みは、契約時点では維持されていた。すなわち、発注者と請負者間の紛争は、第 1 次的にはエンジニアに報告され、エンジニアの決定に不満がある場合は、常設 DAB に付託され、常設 DAB の決定に不満がある場合は、最終的に仲裁に付託されるという契約的な枠組である。

ところが、実際の運用は、契約的枠組みから乖離していたようである。

象徴的な例は、2013 年 12 月に ACP から出された設計変更命令に対する GUPC の工事中断である。この件については、追加費用の請求、エンジニアの査定、DAB の査定という FIDIC 所定の紛争解決手続が踏まれることなく、GUPC は ACP との激しい直接交渉を行った後に、感情的に工事中断を行った。

全体係争金額 56 億 3300 万米ドルの中には、エンジニアの査定を受けていないクレームや、エンジニアの査定を受けていても DAB の査定を経ていないクレームがあったようである [85]。

本件紛争は、紛争金額が大きいだけでなく、その内訳が複雑である。

また、当事者である ACP および GUPC は、共に、契約的枠組みから乖離していることにつき深刻な認識を持っていなかった。そのため、せっかく契約直後から構成されていた常設 DAB という第三者専門家組織を十分に活用できていなかった。

一方、当事者である ACP および GUPC は、自らの要求については貪欲であり、相手方である請負者とは感情的に対立していた模様である。

以上のような状況において、常設 DAB とはまた別の第三者による Mediation による本件紛争の一挙解決にはなじまず、ICC 規則による仲裁判断まで行かざる

84）https://investmentpolicy.unctad.org/investment-dispute-settlement/cases/1044/webuild-v-panama, last visited as of 20 July 2021

85）Lapieza 前掲注 68）p.35

を得なかった事例といえるのではなかろうか。

　本件紛争は未だ終わっていない。GUPC のメンバーであったイタリアのインプレジーロ社とパナマ共和国との ICSID 投資仲裁手続の途中である。

　一方、ICSID は、2018 年から、新たな Mediation Rules の検討を開始しており、ICSID 条約締約国に積極的な相談を行っているところである[86]。

　そうであるとすれば、イタリアのインプレジーロ社とパナマ共和国との投資仲裁が調停に移行し、和解に至ることも十分に考えられる。

　以上のように、本件プロジェクトが巨大かつ複雑であったこと、および、契約メカニズムの機能不全に陥っていた、という現場的な側面からだけみれば、本件の紛争は仕方がなかったようにも思える。しかしながら、あらためて歴史的・政治的な経緯をみてみると、パナマと米国の長年にわたる軋轢が背景に存在したことに思い至らざるを得ない。

　3 つのコンソーシアムのうち、米・日コンソーシアムを落札候補者から除外することができれば、パナマのかつての宗主国であったスペインの会社をリーダーとする 2 つのコンソーシアムが残り、そのどちらかが受注することになる。その 2 つのコンソーシアムのうち、イタリアのインプレジーロ社が入っていたコンソーシアムに受注させることにしようとするシナリオが、2009 年 3 月〜6 月の間に発注者内において固まっていたのではないかという推測もあながち憶測ではないと思われる。

　本件パナマ運河拡張プロジェクトにおいては、さらに、**本章 7 (2)**で検討を加える。

(6)　国際投資調停の可能性

　本項の(1)〜(5)においては、国際投資調停の対象となりうる紛争事例を数多くみてきた。

　いずれも、当事者である投資家および投資受入国にとって極めて重大な事例ばかりであり、簡単に妥協できるタイプの紛争ではないことは明らかである。

　しかしながら、これらは究極的には、投資家が投資したマネーの帰趨問題である。

　子供の将来や、男女関係が複雑に入り組み、感情的になりやすい家事問題と比べれば、最終的には「投資額の回収」というミッションに鑑み、金銭的な問題に

---

86) Kun Fan・前掲注 44) p.13

収斂させて、客観的に解決することができる問題である。

　では、投資家ではなく、「国対国」の紛争の場合はどのようになるのであろうか？

　また、国際投資紛争と比べて、「国対国」の紛争の調停可能性はどうであろうか？

　次節で、「国対国」の紛争を分析した後に、再び、国際投資紛争の問題に戻りたいと考える。

6　国と国との紛争解決

(1)　国際間の紛争の平和的解決

　国と国との紛争に関しては、**第Ⅰ章**「イントロダクション」において、ジョージ・ワシントン大学における Negotiation の授業に関連し、米国とパナマの国際紛争について言及した。

　また、**本章5**では、民間企業である投資家と投資対象国との紛争についての特別な解決メカニズムである国際投資仲裁について検討した。その中で、国際投資仲裁がなかった 19 世紀においては、武力による砲艦外交が紛争解決の基本であったことを指摘した。ところが、20 世紀になっても、投資紛争が武力行使にエスカレートした実例がある。その典型的な例が、1989 年 12 月の米軍のパナマ侵攻[1] であった。米国は、前述したように、20 世紀初頭からパナマ運河に多大の投資をしてきた歴史的経緯があり、その投資利益を守るために武力を行使したのであろう。もちろん、中米はワシントン DC に事務局がある米州機構[2] の枠内であり、このような中米での限定的な武力行使がより大きな戦争へとエスカレートしないであろう、という地政学的な読みが第 1 にあったと思われる。

　また、時代的にみても、1989 年当時は、ベルリンの壁が崩壊し、ソビエト社会主義共和国連邦およびコメコン解体が開始された年であった。いわゆる米ソ冷戦時代が終わり、中華人民共和国の国力が未だ脅威にはならなかったことにより、米国は軍事的には世界唯一のスーパーパワーであった。したがって、中米地域においてキューバ危機（1962 年）のように、米国本土が危険な状況にさらされにくい時代背景があったと理解される。

　本章5において検討されたパナマ運河拡張工事紛争のように、本来商業ベースの紛争のようにみえても、超大型プロジェクトの場合には、単なる民間企業に止まらず、その背後にいる国が実質的な当事者に近くなる。そのような超大型プロジェクトにおける紛争がエスカレートしていくと、民間企業ではなく、国が前面に出て、国と国との国際紛争となる場合がある。

---

1) 国本伊代編著『パナマを知るための 70 章〔第 2 版〕』（明石書店、2018）p.175〔小澤卓也〕
2) 1951 年に設立された Organization of American States（OAS）のことである。https://www.mofa.go.jp/mofaj/area/latinamerica/kikan/oas_gaiyo.html, last visited as of 28 October 2021

本節では、国と国との紛争を調停で解決するメカニズムを検証する。

なお、この国際法の分野においては、Conciliation と Mediation が使い分けられているようである。すなわち、Mediation では、解決案が提示されないのに対し、Conciliation では解決案が提示される、という定義が主として使われている[3]。しかしながら、本節では、便宜上、Mediation と共に Conciliation も日本語では「調停」と表現する。

(2) 国際間の紛争解決のための手段としての調停の歴史[4]

① 国家間の紛争解決の枠組み

国際法では、紛争とは「当事者が互いに相反する主張を相手方に提示し続けている状態をいう」とされ、紛争解決とは、そうした状態が解決されることをいう、とされている[5]。

国際法の基本原則として「紛争の平和的解決原則」があるとされ、戦争は国際法によって認められた紛争解決手段ではない、とされている[6]。

平和的紛争解決手段として、国連憲章 33 条は、交渉、審査、仲介、調停、仲裁裁判（arbitration）、司法的解決（judicial settlement）、そして地域的機関または地域的取極を挙げている[7]。

司法的解決を行うために、1946 年に誕生したのが国際司法裁判所（ICJ）である。ICJ はオランダのハーグに所在しており、その法的根拠は、国連憲章と不可分の一体をなしている（国連憲章 92 条）といわれる国際司法裁判所規定（ICJ 規定）である[8]。

② 国家間の紛争解決と調停

一方、1899 年ハーグの国際紛争平和会議によって、Permanent Court of Arbitration（PCA）が設立され、"commissions of inquiry" が設けられた[9]。これが、国際法の分野での調停のルーツであると考えられる。

---

3) Christian Tomuschat and Marcelo Kohen *"Flexibility in International Dispute Settlement – Conciliation Revisite*d" Brill/Nijhoff（2020），p.27

4) 前掲注 3) pp.157-158

5) 浅田正彦編著『国際法〔第 4 版〕』（東信堂、2019）p.424

6) 浅田編著・前掲注 5) p.425

7) 浅田編著・前掲注 5) p.426, 429

8) 浅田編著・前掲注 5) p.431-2

9) 前掲注 3)

　1907年の第2回ハーグの国際紛争平和会議には、ラテン・アメリカ諸国が参加した。

　明確に「調停」が規定された最初の条約は、1921年のスウェーデンとチリとの条約であった。

　1920年に設立された国際連盟は、紛争解決のための調停を推奨した。

　1930年代になり、PCAにおいては、国と民間企業との間の紛争について、仲裁または調停で解決することとなった。

　第2次世界大戦後、1945年に設立された国際連合は、国際連合憲章33条において、紛争の平和的解決メカニズムの1つとして、調停を明確に位置付けた。そのため、1945年以降、多国間条約には、調停が規定されることが多くなっていった。

　また、国際連合と同様に、ヨーロッパ保障協力機構（OSCE）も調停を重視していた。

(3)　調停手続の種類 [10]

　国と国との紛争解決のための調停手続には、任意手続と強制手続がある。

　任意手続は、アドホックに国と国とで合意される手続である。

　一方、強制手続は、一方の当事国の申立てによって、他方当事国との調停が開始される手続である。

　両手続に共通しているのは、事実関係の確定、および、和解の勧奨という2つの機能である。また、調停手続の前提として、調停委員会の独立・公平性、秘密保持、および、紛争悪化の防止が挙げられる。

(4)　東ティモールとオーストラリアの国境紛争（ケース8）

　16世紀からポルトガルの植民地であった東ティモールは、1975年にインドネシアに併合されて同国27番目の州となったが、2002年に東ティモール民主共和国（以下「東ティモール」）として独立を果たした。

　同国の面積は約1万4900㎢（東京都、千葉県、埼玉県、神奈川県の合計程度）、人口約126万人の小国 [11] であるが、近海の大陸棚に石油および天然ガス資源が存在することが、1970年代までの調査によって明らかになっていた。

10）前掲注3）p.160

11）https://www.mofa.go.jp/mofaj/area/easttimor/data.html#section1, last visited as of 19 July 2021

2016 年 4 月 11 日、東ティモールは、オーストラリアとの海洋紛争につき、国連海洋法条約（United Nations Convention on Law of the Sea, 10 December 1982：UNCLOS）に基づく強制調停を申し立てた。

以下、この強制調停を**ケース 8** として詳しく検証していくこととする。

(5)　天然資源を巡る交渉から紛争に至る歴史的経緯

1960 年代から 1970 年代にかけて、オーストラリアとポルトガルは、近海の大陸棚にある石油および天然ガス資源の探査について、各々、別の会社に許可を与えていた [12]。

1972 年、オーストラリアは、ポルトガルとの大陸棚交渉を継続せず、インドネシアと大陸棚協定を締結した。

1975～6 年、インドネシアが東ティモールを併合した後、オーストラリアは、インドネシアといわゆる「ティモール・ギャップ協定」を締結した（1989 年）。

1991 年になり、ポルトガルはオーストラリアとの紛争を ICJ に提訴したが、ICJ は当時国としてインドネシアの参加が必要であるとしてこれを却下した。

2002 年に東ティモールが独立を果たした直後、東ティモールとオーストラリアは、いわゆる「ティモール海条約」を締結した。

2003 年、東ティモールとオーストラリアは、資源の共同開発について、ある地域について 90 対 10 に分配することを約束した。

2006 年、オーストラリアと東ティモールとは、さらに「ティモール海における海洋諸協定に関する条約（2006 年ティモール海境界線条約）」を締結して、近海の大陸棚にあるグレーター・サンライズ油田からの収入を 50 対 50 に分配することを約束した。

2012 年、東ティモールはオーストラリアがスパイを使って不当に「2006 年ティモール海境界線条約」を締結させたとして、上記のティモール海条約に基づいて仲裁（以下「本件仲裁」）を提起した。

(6)　本件仲裁の経緯

①　差し押さえた書類の返還

2013 年 10 月 21 日、仲裁廷が構成された。しかし、仲裁審理開催直前に、東ティモールの弁護士がオーストラリアの諜報機関に拉致され、関係書類が差し押

12) Tomuschat and Kohen・前掲注 3) p.163

さえられた。東ティモールはこれに抗議して関係書類の返還を求めたが、オーストラリアは国家の安全を理由にこれを拒否した。

2013 年 12 月 17 日、東ティモールは関係書類の返還仮処分を求めて国際司法裁判所（ICJ）[13] に提訴した。

2014 年 3 月 3 日、ICJ はオーストラリアに対し、関係書類の保管および東ティモールに対する不当使用を禁ずる命令を発出した。

2014 年 4 月 22 日、ICJ はさらにオーストラリアに対し、関係書類を東ティモールに返還するように命じた。

2015 年 6 月 15 日、東ティモールが関係書類を受け取ったことを確認して ICJ は手続を終了した。

②　調停手続の概観 [14]

2016 年 4 月 11 日、東ティモールはオーストラリアに対し、海事紛争を最終的に解決すべく、国連海洋法条約に基づき PCA に強制調停（以下「本件調停」）を申し立てた。

申立書には、2 名の調停委員が記載された。

2016 年 5 月 2 日、オーストラリアは東ティモールに対し、2 名の調停委員が記載された答弁書を送付した。

2016 年 5 月 11 日、オーストラリアおよび東ティモール（以下「本件当事者」）は PCA に対し、本件調停の事務局となることを要請した。

2016 年 6 月 25 日、4 名の調停委員は、本件当事者と協議した後、大使 T 氏を議長として選任し、5 名の調停委員会（以下「本件調停委員会」）が構成された。

2016 年 8 月 12 日、オーストラリアは、本件調停委員会の管轄に反対する旨の申立てを行った。

2016 年 9 月 19 日、本件調停委員会は、オーストラリアの反対を退けて、本件調停についての調停委員会の管轄を肯定した。

2017 年 8 月 30 日、本件当事者は、包括的な合意に至った。

2018 年 3 月 6 日、調停委員会の支援を通じ、オーストラリアと東ティモールは海事条約を締結した。本件調停に係る調停委員会の報告は同年 3 月 9 日に発

13）ICJ は、第 1 次世界大戦後に設立された常設国際司法裁判所を引き継いで第 2 次世界大戦後に組織化され、1945 年からの 64 年間に 140 近いケースと 26 の勧告的意見を扱った。柳原正治ほか編『プラクティス国際法講義〔第 3 版〕』（信山社、2017）pp.367-368

14）http://pca-cpa.org/en/cases/132, last visited as of 29 July 2021

表された。

　なお、PCA に報告書（以下「本件調停報告書」）が登録された日付は、2018 年 5 月 9 日である。

③　本件調停の意義

　本件調停は、1950 年代にポルトガルとオーストラリアとの間で始まり、インドネシアの実効支配期を経て長年にわたった紛争を概ね解決した。その際、国連海洋法条約の紛争解決手続が十分に活用された。

　国と国との紛争は公的なものであるので、透明性が求められる。そのため、調停のオープニング・セッションをビデオ放映したこと、手続の区切りでプレス・リリースを行ったことなど、調停委員会によってメディア対応・広報に工夫がなされた。しかし、その一方で、政治的な影響が微妙になされる事項については、参加者を特定するに留めてあえて議事録を作成しない等、配慮がなされている。

　調停手続については、12 カ月の強制調停期間を当事者の和解促進に利用した。その一方では、手続の詳細は調停委員会が決めて柔軟性を確保した。

　調停の場所は、当事国ティモールの首都であるディリおよびオーストラリアの首都キャンベラを始め、シドニー、メルボルン、ブリスベン、シンガポール、クアラルンプールが使われた。

　本件調停の背後には、石油資源開発に関わる民間企業が存在した。オーストラリア側には、ロイヤル・ダッチ・シェル社の他、LNG ユーザーと思われる大阪ガスの名前がある[15]。

　2020 年 6 月 26 日、本件調停委員会の議長であったピーター・タクソージェンセン氏（駐日デンマーク大使、以下「本件議長」）を迎えて、ジェームス・クラクストン立教大学教授の Zoom インタビューが行われた。このインタビューに、筆者も含め、京都国際調停センター関係者 10 名程が参加することができた。

　本件調停報告書にも示されているが、本件議長は、本件調停のミッションを「和解促進」とした。また、商業上の秘密を確保しながら透明性を原則としたこと、当事者間の信頼関係を構築すること、手続を柔軟にすることに重点を置いた。

　一方、議長は、5 名の調停委員会の意見とりまとめには苦労した様子で「4 方向の『交渉』をしなければならなかったので大変であった」と語っていた。

　議長は、本件調停が難局を乗り越えられた要因の 1 つとして、よき助言者で

---

15) 本件調停報告書 p.61 注 64

あり、多くの書類作成支援業務を行った PCA の事務局機能を挙げた。

　本件議長の説明によれば、本件調停で使われた調停手法は、別席調停であったようである。徹底的に各当事者の話を傾聴する姿勢は、CEDR の調停手法に極めて近いと思われた。調停場所については、ディリおよびキャンベラを始め、シドニー、メルボルン、ブリスベン、シンガポール、クアラルンプールの 4 カ国内、7 都市が使われた。

　調停の場所を変え、同じホテルに宿泊することにより、当自国同士の理解が深まり、和解の機運が高まったものと推察される。

　また、手続的な観点からみれば、本件調停は、Arb-Med の典型的な成功事例といえよう。

(7)　日本の東ティモール調停制度整備支援

　本章 [1] (16)で言及したように、法制度整備支援の対象国の 1 つとして、我が国は東ティモールと密接な関わりがある。

　法務省法務総合研究所の国際協力部は、2008 年から、東ティモール司法省法律諮問立法局に対し、法案起草能力強化支援を実施してきた[16]。以下、その歩みを時系列に沿って振り返る。2012 年には、「調停・仲裁法」に関する共同法制研究（於・大阪）および現地調査・ワークショップが行われた[17]。

　2013 年 6 月には、東ティモールにおいて、JICA の協力を得て、調停法セミナーが行われた[18]。JICA は、本部主管案件「法制度アドバイザー」という案件名にて、2013〜4 年の東ティモールへの国際協力を記録しており「東ティモールにおいて喫緊の課題となっている調停・仲裁法の草案起草プロセスへの協力等を通じ、司法省の起草能力向上を図る事とする」として目標を明確化していた[19]。

　2015 年 7 月には、東ティモールから日本に、ネンリホ・ヴィダル氏（司法省国家法律諮問立法局長）ほか、計 4 名の方々を招聘して、婚姻法と調停法をテーマ

16) 江藤美紀音「東ティモール現地調査・現地セミナー報告」ICD news 54 号（2013）www. moj.go.jp/content/000112973.pdf, pp.5-12

17) 江藤美紀音「東ティモール法整備支援・共同法制研究」ICD news 53 号（2012）（www. moj.go.jp/content/000112972.pdf) pp.158-164

18) 辻保彦「東ティモール調停法セミナー」ICD news 56 号（2013）www.moj.go.jp/content/ 000121632.pdf, pp.7-14

19) https://www.jica.go.jp/activities/project.list/knowledge/ku57pq00002jvcq3-att/2013_026_eti. pdf, last visited as of 28 July 2021

20) 渡部吉俊「東ティモール共同法制研究」ICD news 65 号（2015）（www.moj.go.jp/ content/0011697222.pdf) pp.41-46

に、東ティモール共同法研究が行われた[20]。この研究は、同年12月の現地セミナーを経て、2016年に継続された[21]。

　以上のように行われた現地調査および共同研究については、調停論の視座から、大阪大学の仁木恒夫教授による分析がなされている[22]。

　2019年、東ティモールにおける司法改革について、ネンリホ・ヴィダル氏による発表がなされた[23]。2021年6月、ヴィダル氏による発表の紹介および東ティモール法整備支援の歩みを振り返る報告が発表されている[24]。

(8)　小括

　本項では、(4)～(6)において、東ティモールが当事者である国連海洋法条約上の調停を、そして、(7)においては、東ティモールへの我が国の法制度整備支援をみてきた。

　上記(6)②で紹介したように、オーストラリアと東ティモールとの調停委員会報告書には、2018年1月に、シドニーにおいて開催された調停会議に、世界屈指の石油メジャーであるロイヤル・ダッチ・シェル社、および、2017～2020年に1兆円を超える売上を上げている大阪ガス株式会社[25]からの参加者がいたことが記載されている[26]。

　本件紛争は、ロイヤル・ダッチ・シェル社の事実上の代理人ともみられ得るオーストラリア政府と、同社と競合する別の資源会社があったとすれば、その会社の事実上の代理人である東ティモール政府との資源利権獲得紛争であったのかもしれない。

　いずれにしても、かかる紛争は一応和解により決着したので、これ以上、背景となっている資源ビジネスに関する調査は行わないこととする。

　一方、我が国の法制度整備支援は、(7)において紹介したように、東ティモール

---

21)　渡部吉俊「東ティモール共同法制研究」ICD news 67号（2016）（www.moj.go.jp/content/001187318.pdf）pp.136-140

22)　仁木恒夫「東ティモール社会における調停の発展可能性」ICD news 68号（2016）（www.moj.go.jp/content/001297794.pdf）pp.18-24

23)　Nelinho Vital *"Legal Assessment and Challenges of the Judicial Reform in Timor-Leste"* www.moj.go.jp/content/001288124.pdf, last visited as of 11 August 2021

24)　川野麻衣子「東ティモールに対する法制度整備支援活動を振り返って」ICD news 87号（2021）www.moj.go.jp/content/001352455.pdf, pp.98-102, last visited as of 28 November 2021

25)　https://osakagas.co.jp/company/about/profile/index.html, last visited as of 11 August 2021

26)　前掲注15)

に寄り添い、長い年月をかけて、東ティモールの司法省の法案制定能力向上を支援する息の長いものである。その中には本書のテーマに関わる「調停法」という分野も入っていた。仁木教授による分析の対象は、東ティモールでの土地問題を裁判外の調停で解決するモデルであったと理解される[27]。

　等しく「調停」に焦点を当てていながらも、大陸棚にある石油資源の国際的な開発問題と、東ティモール国内の土地問題は、全く別の枠組みで解決されてきたようである。東ティモール政府内において、前者は外務省、後者は司法省の管轄下にあったからかもしれない。

　ところで、2021年11月の時点で、調停に関するシンガポール条約に対する我が国の立ち位置は、未だ定まっていない。国際調停にのみ執行力を与えるべきか、この際、国内の調停の執行力付与方法を見直すか、という点について議論が収斂していないようではあるが、少なくとも議論の俎上には上ってきている。

　東ティモールに関しても、国際調停と国内調停の相互関係を意識した議論がなされれば、調停論の更なる発展のためになるのではないか、と考えているが、上記管轄の問題もあり、さほど簡単なことではないかもしれない。

27）渡部・前掲注21）

7 調停成立と不成立

(1) 序

　本章においては、6 まで、様々な分野、諸々の国における様々なタイプの調停をみてきた。

　調停は、成功すればコストおよび時間が大きくセーブされるというメリットがある。しかし、失敗すれば、結局のところ、紛争解決を他の手段に委ねざるを得ないこととなる。では、調停の成功と不成功を分けるものは何なのであろうか。

　以下、この本節では、調停の成功と不成功を分けるファクターを分析していく。

(2) 調停に馴染むケースと馴染まないケース

① パナマ運河拡張工事

　当事者同士の交渉がうまくいかず、訴訟や国際仲裁になっている事例を目の当たりにすると、私は常に「何とか Mediation で解決できないものか?」と考えている。

　では、調停を業とするプロフェッショナルな国際調停人は、紛争事例をどのようにみているのであろうか。

　例えば、本章5(5)で紹介したパナマ運河拡張工事の場合、追加工事代金紛争は、交渉 ⇒ エンジニアの裁定 ⇒ 紛争処理委員会(DAB) ⇒ 国際商事仲裁 ⇒ 国際投資仲裁とエスカレートしており、2021 年 10 月の時点になっても、なお完全な紛争解決のスケジュール感を見通すことはできない。

　ところが、同じような巨大な建設工事に係る紛争であっても、例えば、トルコ・イスタンブールのボスポラス海峡海底横断鉄道建設プロジェクト(以下「ボスポラス・プロジェクト」)の場合、発注者および請負者間の追加費用に係る紛争は、両者共に基本的に交渉で解決しようとしていたことが紹介されている[1]。

　なお、ボスポラス・プロジェクトについては、大成建設の今石尚氏が、2015 年 11 月に福岡市にて開催された第 15 回国際地盤工学会アジア地域会議[2] 向け

---

1) https://www.nikkei.com/article/DGXLASDZ03UP_U5A400C1TJC000/, last visited as of 14 August 2021

に発表した論考がある。同プロジェクトについては、以下、今石氏が作成したこの国際会議の英文資料[3]に依拠する。

　以下、パナマ運河拡張工事とボスポラス・プロジェクトとの比較を試みる。

ⅰ）歴史

　両工事共に、古くからの「夢」の土木工事を実現する、という当初目標は共通していたものと思われる。

　パナマ運河は1903年から1999年まで、96年間米国の主権下にあり、アメリカ世界戦略の拠点施設であった。1903年米国が独立派を支援してパナマ共和国をコロンビアから独立させたのは、パナマ運河を建設するためであった。ところが、運河地帯が米国からパナマ共和国に返還（むしろ移譲と表現すべきか？）される頃には、戦争の主役は戦艦から航空機になっており、パナマ運河は、各国の船舶通行料を生み出す商業施設としてより重要性を増すようになっていた。この商業施設は、パナマ共和国の財政上、今も最大の収入源である。

　ボスポラス・プロジェクトにも、ボスポラス海峡の戦略的価値（同海峡は、ロシアの潜水艦等が黒海から外海に移動する出口に位置するとされる）という要素はある。しかし、同海峡において、一度構造物（函体）が海底下に沈埋されれば、潜水艦や船舶の航行の妨げにはならない。あくまでも、トルコ共和国イスタンブール広域市の欧州サイドとアジアサイドを鉄道で結び、イスタンブール広域市の交通渋滞問題および大気汚染問題を解決することがボスポラス・プロジェクトのトンネル建設の目的であった[4]。

ⅱ）政治

　本章[5]にて記述したとおり、パナマ運河拡張工事は、パナマ共和国の政治、特に歴代パナマ大統領と密接な関わりがあった。

　同工事開始時のパナマ共和国大統領マルティネリ氏はイタリア系であり、イタリアのインプレジーロ社との密接過ぎる関係を疑問視する報道がなされている。

　日本はパナマ運河の利用国として、米国、中国に次ぐ第3位であるが、日本とパナマとはほかに接点は多くない。

　ボスポラス・プロジェクトは、トルコ共和国の威信に関わる大工事であり、埋

2）https://www.geosyntheticssociety.org/event/the-15th-asian-regional-conference-on-soil-mechanics-and-geotechnical-engineering/, last visited as of 16 August 2021

3）https://doi.org/10.3208/jgssp.ESD-KL-5, last visited as of 15 August 2021（「今石論考」）

4）今石尚ほか「ボスポラス海峡海底横断鉄道建設プロジェクト - ヨーロッパとアジアを結ぶ巨大プロジェクト」大成建設技術センター報46号（2013）p.07-1、https://www.taisei.co.jp/giken/report/2013_46/paper/A046_007.pdf, last visited as of 14 August 2021

蔵文化物調査等により当初工期（2009年4月）は延長された[5]ものの、比較的安定したエルドアン政権下で竣工（2014年10月）を迎えた[6]。

　また、トルコと日本とは、1890年のオスマン帝国海軍軍艦エルトゥールル号和歌山沖遭難救助、日露戦争（1904年〜1905年）を経て、概して関係が良好であった。

　第1次世界大戦および第2次世界大戦では敵国同士となった両国であるが、直接軍事対決する関係にはならなかったことも幸いした。

　1985年、イラン・イラク戦争開始中に、イランから脱出したくとも日本からの救援機が来ないで困っていた在イラン日本国民215名を、トルコが自国民よりも優先させてトルコ航空機に搭乗させ、テヘランよりイスタンブールに脱出させた件は、トルコと日本の両国関係をさらに強固なものにした。

　1988年、日本からの円借款により「第2ボスポラス橋」が、石川島播磨重工業、三菱重工、JFEから成るコンソーシアムによって完成された[7]。

iii）財政面

　パナマ運河は、パナマ共和国の最大の商業施設であり、国家予算の要である。ボスポラス海峡トンネルは、イスタンブール市の公共施設であり、鉄道収入は重要ではあるが、国家予算に比してさほど大きくはなかったであろう。

iv）工事の難易度

　パナマ運河工事は、パナマ地峡の複雑さから本質的に難工事である。このことは、19世紀から知られていた。今世紀になって開始された第三閘門工事は、1914年に完成し現存しているパナマ運河に併行した新たなルートを建設する複雑な大工事であり、世界最先端の土木技術をもってしてもチャレンジングな工事であった。

　この難工事を遂行するにあたり、マスタープランが重要であるが、第三閘門工事のマスタープランには様々な問題があったことが指摘されている[8]。

　一方、ボスポラス・プロジェクトの工事は、大規模であり、トンネル施工技

5）今石ほか・前掲注515）p.07-7

6）大成建設テクノロジー＆ソリューション実績紹介「ボスポラス海峡トンネル」篇、https://www.taisei.co.jp/about_us/library/cm/tvcm/bosporus/bos_index.html, last visited as of 14 August 2021

7）December 2011 JICA's World, p.24、https://www.jica.go.jp/publication/j-world/1112/pdf/06.pdf, last visited as of 17 August 2021

8）小林志郎『パナマ運河拡張メガプロジェクト──世界貿易へのインパクトと第三閘門運河案の徹底検証』（文眞堂、2007）

術の粋を集めた工事であった。ボスポラス海峡は、世界有数の海流速（約2.5m／秒）と、上下で逆向きの2層流がある複雑な海流で知られ、沈埋工法での施工は高度な技術を必要とする難工事といわれていた[9]。

ⅴ）工事請負者

パナマ運河の工事請負者代表であったスペインのサクイル社の財務状態が悪かったため、スペイン政府が入札保証をし、スイスのチューリッヒ・アメリカン社が保証金を積んだといわれている[10]。その分、第2の構成会社であるイタリアのインプレジーロ社の責任は重くなったと推察される。サクイル社もインプレジーロ社も文化的にはラテン系であり、良くいえば楽天的、悪くいえばやや粗い会社の体質があったと思われる。

一方、ボスポラス工事の工事請負者JV代表であった大成建設には特に財務的な問題はなかった。同社は、前身の大倉土木の時代から土木工事の伝統があるが、日本国内では、青函トンネル、東京湾横断道路、UAEドバイ・パームジュメイラ地下道路、スロバキア高速道路等、トンネル工事の工事履歴があり、工事品質についての評判は高かった。

ⅵ）ファイナンス

パナマ運河第三閘門工事の資金は、日本のJBIC（8億米ドル）を含む海外投融資5機関からの総計23億米ドルが融資された[11]。

一方、トルコに対し、日本は、1999年から有償資金協力によりボスポラス海峡を横断する地下鉄の建設に協力していたが[12]、トルコの要請に応じて約1533億円の円借款を供与した[13]。供与機関は国際協力機構（JICA）であった[14]。

ⅶ）国際入札手続

パナマ運河第三閘門工事の国際入札招聘は英語でなされたが、関係書類はパナ

9）大成建設テクノロジー＆ソリューション実績紹介「ボスポラス海峡鉄道トンネル貫通」2011年2月28日、https://www.taisei.co.jp/about_us/wn/2011/110228_3743.html, last visited as of 14 August 2021
10）山本厚子『パナマ運河百年の攻防──1904年建設から返還まで』（藤原書店、2011）p.311
11）国本伊代編『パナマを知るための70章（第2版）』（明石書店、2018）p.136〔小林志郎〕
12）http://www.mofa.go.jp/mofaj/gaiko/oda/shiryo/hakusho/10_hakusho/column10.htm/#chu1, last visited as of 14 August 2021
13）森田昌宏「日本支援で夢の海底トンネル　海外黒字化へ高度な技術力活用（1/4頁）」SankeiBiz 2013.11.8, https://www.sankeibiz.jp/business/news/131108/bsc1311080504015-n1.htm, last visited as of 14 August 2021
14）今石ほか・前掲注4）p.90

マ運河庁のホームページから既に削除されており、確認することができなかった。

　パナマの公共工事入札規則はスペイン語である。

　国際入札1位落札者は、最有力視されていた日・米チームに比べ11億米ドルもの安値で応札したスペイン・イタリア・パナマ企業連合体であった[15]。

　一方、ボスポラス・プロジェクトの国際入札手続については、確認できていないが、約款としては、FIDIC-Silver book EPC-Contract が使用された[16]。

viii) 紛争解決メカニズム

　パナマ運河拡張工事の場合、紛争は、交渉 ⇒ エンジニアの裁定 ⇒ 常設紛争処理委員会（DAB）⇒ 国際商事仲裁という FIDIC 国際建設工事約款の枠組みが用意されていた。しかし、その枠組みを超えて、インプレジーロ社は既に ICSID における国際投資仲裁を提起したことは、5(5)③でみたとおりである。

　一方、ボスポラス・プロジェクトの紛争メカニズムについても、DAB が構成された[17]。なお、メディアに掲載された記事からすると[18]、ボスポラス・プロジェクトについては仲裁が最終的な紛争解決手段とされていたと推察される。

ix) 紛争の経緯

　2009 年に開始されたパナマ運河拡張工事では、作業員のストライキ、コンクリート強度の不足問題、予想外の雨量等に直面し、2012 年 8 月時点で、半年の工事遅延が発生していた[19]。

　2013 年末から 2014 年にかけ、工事遅延と工事費用の支払いを巡り、発注者 ACP と請負者 GUPC 間の亀裂が深まり、両者全面対決という事態に至った。工事を中断した GUPC を説得するため、スペイン政府の勧業大臣がパナマに飛んだとされる[20]。

　一方、パナマ国内では、議会を初め各界が GUPC の契約違反を糾弾、ACP 全面支持の世論が沸き起こった[21]。

　2015 年 9 月にイタリアで製造された 16 基の閘門をセットして注水したところ、いくつかの閘門の基底部から漏水が発生するという想定外の事故が発生した。

　2016 年 6 月 26 日、パナマ運河拡張工事は、足掛け 9 年、2 年遅れでようやく

15）前掲注 7）
16）今石ほか・前掲注 4）p.90
17）今石ほか・前掲注 4）p.90
18）森田・前掲注 13）
19）小林・前掲注 8）
20）小林・前掲注 8）
21）小林・前掲注 8）p.137

開通式を迎えた。

　一方、ボスポラス・プロジェクトの発注者および請負者間の追加費用に係る紛争については、詳細は公開されていないが、少なくとも、追加費用金額について両者間で交渉がなされていたことが報道されている[22]。

　以上からみるに、パナマ運河拡張工事の紛争が完全には収拾せずに現在も継続している原因は、まず第1に、杜撰なマスタープランを実行に移し、問題が生じて世論が沸騰した時に請負者の責任を追及してきた発注者側の問題が挙げられよう。第2には、作業員のストライキや諸々の品質問題を生じさせた請負者側にも多々問題があったことが指摘できる。

　第3に、発注者・請負者に共通した問題は、常設紛争処理委員会（DAB）の軽視であったと思われる。本章⑺⑵でみたとおり、パナマ運河拡張工事は、工事開始当初から経験豊富なメンバー3名によるDABが設立されていた。しかしながら、金額ベースでみれば、合計紛争額の6.2％分しか、当該DABは紛争処理ができなかった。

　当該DABがなぜ機能しなかったのか、あるいは当該DABメンバーに問題があったのかもしれないが、資料が公開されていないため、残念ながら、現在のところはこれ以上客観性を持った分析をすることができない。

　第4に、紛争解決に従事した外部専門家の多さを指摘することができる。

　特に、国際仲裁の申立人である請負者GUPC側についた以下の弁護士事務所のレベルおよび人数に注目したい。

　まず、ホワイト＆ケースであるが、世界的に有名な法律事務所である。弁護士数の多さもさることながら、ADRに強いという評判がある。

　ホワイト＆ケースのワシントンDC、パリ、マドリード、ロンドンの各オフィスから計11名、その他、ミラノ、ジュネーブ、パナマの事務所等から計12名、合計23名の弁護士がGUPC側についていた[23]。

　一方、国際仲裁の被申立人である発注者ACP側には、ロンドンのビンソン＆エルキンス弁護士事務所から12名、メイヤーブラウン法律事務所から2名、アトキン・チェンバースから3名、その他4名、計19名の弁護士がついていた[24]。

22）前掲注1）

23）https://jusmundi.com/en/document/decision/en-1-grupo-unidos-por-el-canal-s-a-2-sacyr-s-a-3-webuild-s-p-a-formally-salini-impregilo-s-p-a-4-jan-de-nul-n-v-v-autoridad-del-canal-de-panama-ii-final-award-wednesday-17th-february-2021#decision-15065, last visited as of 19 July 2021

　発注者 ACP 側は、かかる GUPC 側の弁護士費用は 5000 万米ドルを超えており、不当に高額であると主張した。なお、発注者 ACP 側の弁護士費用は 3000 万米ドルを超えていた[25]。

　しかしながら、仲裁廷は「両当事者は、法律的、契約的、事実的に複雑な論点についての紛争に直面した当事者が費やした費用については、全て正当化される」とした。

　さて、以上のような経緯をたどったパナマ運河拡張工事の紛争であったが、果たして、工事期間 9 年間およびその後 6 年間の間に、調停の機会はなかったのだろうか？

　パナマ運河拡張工事においては、FIDIC 国際建設工事約款の枠組みの中で、工事開始直後に、既に常設 DAB という第三者機関が立ち上げられていた。このような場合に、あらたな第三者としての「調停人」に紛争解決を依頼するのは、屋上に更に屋を架す感がある。さらに、請負者が複数の会社から成る共同企業体であるので、共同企業体構成会社同士の関係も不確定要因である。しかも、2021年に ICC の仲裁判断が出され、請負者の追加工事代金請求は否定されている。タイミング的にも、紛争が仲裁判断によって処断されるルートに乗ってからは、1 本道となっており、調停の出番はなかったのであろう。

　一方、ボスポラス・プロジェクトはどうであろうか？　調停人の出番はあり得たのか、気になるところである。

　ボスポラス・プロジェクトにおいて、発注者と請負者は緊張関係をはらみながらも基本的に信頼関係が継続していたと思われる。両当事者のバックには良好な関係の両国政府の存在があった。資金供与についても日本 1 国からトルコ共和国へと明確なスキームであった。さらに、請負者は大成建設とトルコ業者であるガマ社およびヌロール社との共同企業体であったが、このトルコ業者 2 社と共同企業体（JV）リーダーの大成建設との関係が、たいへん良好であったとされている[26]。

　あるいは、トルコ業者 2 社は、発注者と大成建設との間で紐帯的な大きな役割を果たしていたかもしれない。このトルコ業者 2 社の存在と働きによって、追加費用請求交渉が発注者および請負者の当事者同士で成功したのであれば、第三者である調停人の出番はなかった、ということになろう。

24）前掲注 23）
25）前掲注 23）para.125
26）森田・前掲注 13）2/4 頁

　筆者は、2016年の段階において、国際調停とFIDIC国際建設工事約款の枠組みの中にあるDB（Dispute Board）は、機能する場合が異なるのであろう、と考えており、その旨、国際商取引学会誌に発表した[27]。今回、あらためてパナマ運河拡張工事の紛争をボスポラス・プロジェクトと比較しながら調査してみたが、上記の考えを変更する必要はないと思料する。

　すなわち、パナマ運河拡張工事は、第三者機関であるDABを機能させることができなかったことが混乱の原因であった。もともと、不完全なマスタープランに基づいて着工された複雑な工事が、多くの後発的事象によって、さらに複雑なプロジェクトになってしまい、混乱を招いてしまった。

　2018年以降、建設プロジェクトについても、DBの他にMediationが働く余地がないのか、研究が開始されてきた。

　しかしながら、FIDICの枠組みによって、常設DBが設置され得るのであれば、第三者機関としてのパワフルな常設DBにすることに注力するべきであり、新たなMediatorに紛争解決を依頼するのはコストとリソースの無駄ではないか、と思われる。

　以上の点に関し、参考になると思われるのは**本章⑥**で紹介した調停委員会である。東ティモールとオーストラリアとの間の大陸棚をめぐる紛争は、5名の調停委員会によって和解に至った。

　伝統的な国際仲裁の枠組みの中では、どのように巨大な紛争であっても、仲裁人は3名である。また、FIDICのDABも3名である。しかしながら、DABを5名の調停委員会のような常設組織として立ち上げれば、仲裁の前に紛争解決ができたかもしれないと考えられる。

　パナマ運河拡張工事における両当事者は、国際仲裁に費やしたリソースと費用を、DABの機能強化、例えば、請負者からのクレームを迅速に判断する事務局を伴う5名の新DABの立ち上げなどに使うべきだったのではあるまいか。

　いずれにしても、パナマ運河拡張工事紛争のように巨大であるのみならず、複雑な論点が絡み合っているようなケースは、1人の調停人による調停には馴染みにくい性質の紛争ではないかと思われる。

②　調停に馴染まないケース
　第Ⅲ章②(3)で、調停が中断した**ケース3**をご紹介した。

27）小倉隆「米国における建設ADR」国際商取引学会年報19巻（2017）pp.23-24

　このケースは、第1ラウンドで調停が不成立になり、第2ラウンドに呼ばれた同じ調停人が、調停を断った事例であった。建設紛争であったが、パナマ運河拡張工事のような複雑性はない大学の校舎の建築工事であった。

　このケース3では、当事者の一方が頑なであり、現実的な妥協額を理解しようとしなかったように思われる。

　おそらく、調停人は、そのような当事者の特性を感じ取り、第2ラウンドの調停を受任しなかったのではないだろうか。

　このケース3をもっと極端にしたようなケースを耳にしたことがある。

　それは、ある日本企業が、外国での調停に際し、出張者に妥協する権限を一切与えなかったという事例であった。すなわち、この日本企業は調停開始前の自社ポジションに固執していた。これは、当該日本企業が調停のフレキシブルな特性を理解できなかったか、あるいは、意図的に無視しようとしたケースであったと思われる。

　このような当事者が一方にいる場合は、調停には馴染まないといえるだろう。

　第Ⅲ章の冒頭で、ベトナム・ホーチミン市の建設工事紛争について、東京における調停が試みられた事案を、ケース0としてご紹介した。

　このケースでは、両当事者の契約には、最終的な紛争解決方法として「東京地方裁判所における訴訟」が明記されていた。

　日本企業にとって評価が高い地方裁判所が紛争の最終的な解決の場とされている場合には、訴訟の前にどうしても調停で解決しなければならない、という熱意は、いずれの当事者からも出てきにくい。

　その理由は、いくつか挙げられる。

　まず、ビジネスの世界で調停の評判は未だ高いとはいえない。

　第2に、当事者は、国際的な調停人のスキルを知らない。

　第3に、国際的な調停人を知らない。

　第4に、国際的な調停人のスキルは聞いたことがあっても、どこにコンタクトすれば、そのような国際調停人に連絡が取れるのかわからない。

　その他、当事者の主張が乖離している場合、当事者が多数いる場合等は、一般に調停が困難といわれる。

　紛争のカテゴリーによって、調停の成功率を分類したオーストラリアの例が参

28) Ulrich Magnus *"Mediation in Australia: Development and Problems"* in Klaus J. Hopt and Felix Steffek *"Mediation"* Oxford University Press (2013) Chapter 17, p.903

考になる[28]。

　オーストラリアの連邦裁判所調停の平均和解率は 55％であるが、最も和解率が高いカテゴリーは、海事法関係（86％）、2 番目は費用関係（85％）であった。

　また、同国ビクトリア州のデータによれば、医療関係の和解率（60％）に比して、名誉棄損関係の和解率は極端に低かった（10％）。サイエンスよりも感情が大きな比重を占めるタイプの紛争は、調停に馴染みにくいといえよう。

　もちろん、調停の成功率は、紛争カテゴリーのみならず、調停人の質によるところが大であろう[29]。

③　調停に馴染むケース

　第Ⅲ章・第Ⅳ章では、ケース 1〜8 まで、調停の成功事例をご紹介した（ただし、ケース 3 は前②において言及したように不成功事例であった）。

　このような調停成功事例の共通点はどのようなものであろうか？

　以下、分析を試みることとする。

　まず、当事者の属性である。

　「調停」（Mediation）という柔軟な手続についての理解がない当事者がいる場合、調停は成立し得ない。調停手続の中で、全く妥協せず、従来の自分の立場（position）に固執したまま、将来に向けての新たな考えも提案できない当事者が一方にいる場合は、調停成立は難しい。なるほど、個人であれば、調停人と対話している過程に考えが変わる可能性がある。しかし、例えば、古い体質の日本企業において「いかなる妥協もするな！」と本社に厳命され会社の代表として調停の場に臨んだ出席者は、基本的に、本社へのメッセンジャー以上の機能を果たすことができないであろう。しかし、例外的に、この出席者が調停のメリットを把握し、本社を説得することができれば、調停成立への道は開かれる。第Ⅱ章でみたように、ソニーの盛田昭夫氏は、ブローバとの契約を受け容れようとしていたソニー本社と異なった判断をして、結果的にソニー本社をリードした事例が参考になるかもしれない。

　当事者の数が多ければ調停は困難であろうか？　この問いについて、私は困難とは思わない。カリフォルニアで 25 当事者が和解したケース 2 を想起いただきたい。

　第 2 に紛争の種類・類型である。

29）前掲注 28）

　家事調停は、お金だけでなく、子供（達）の将来や、家族間の愛憎という感情が絡むという面で難しいカテゴリーといえる。しかし、この分野に特化した専門的な調停人が担当すれば、解決への道筋をつけることができる。

　名誉毀損（defamation）はどうであろうか。**前**②において米国に次ぐ調停大国オーストラリア・ビクトリア州のデータ（調停成立率10％）に言及したが、このカテゴリーは、当事者同士の個人的信頼が破壊され、心が傷ついてしまった紛争である。壊れたグラスを修復するのは困難であり、訴訟または仲裁によって、第三者に決定する慰謝料での決着が原則となろう。

　以上からすると、家事調停を除くビジネスの調停は、結局は、お金の使い方についての解決策を出す、ということに尽きるのではないだろうか。

　ビジネスといっても、スモール・ビジネスから巨大インフラ工事まで、規模は千差万別である。また、カテゴリーも、プロジェクト・ベースの共同企業体、合弁会社、売買、請負、委任、ライセンス、代理店、フランチャイズ、共同開発、等々、詳細にみていくと、限りがない。しかし、これらに係る紛争は、いずれも調停による和解解決が可能である。

　例外的に、これらのビジネスの中で、紛争金額が巨大で、歴史的経緯も含めて複雑な紛争は、一個人である調停人の手で解決する機会はなかったのではないか、というのが⑤におけるパナマ運河プロジェクト分析の結論であった。

第 V 章
国際調停から交渉への
フィードバック

1　成功する交渉 〜ケース9：台湾における訴訟終結

　第Ⅲ章・第Ⅳ章において、国際調停について、まず時間的順序という縦の線を踏まえ、また、世界の調停という横の広がりを追いながら概観した。また、国際スポーツ調停、国際投資調停、および、国と国との調停という専門的な分野のケースや特徴について検討を行った。

　このような国際調停論の検討成果は、逆に、第Ⅱ章で検討した国際交渉論に生かせるのではないか、と考えている。

　調停と交渉との交錯については、「交渉学と調停」という視点で、交渉学の立場から調停の分析が試みられている[1]。かかる先行研究も参考にしつつ、筆者が論じられるのは、国際的な諸実例に基づく検証および更なる検討、そして企業法務への示唆であろう。

　上記を考える手がかりとして1つのケース（ケース9）を、その背景も含めて紹介しておきたい。

①　背景

　台湾については、我が国との関わりも含め、第Ⅳ章 1 (14)において言及した。

　台湾における建設工事は、第二次世界大戦前、同地が大日本帝国の領土（ただし、本土と対比して当時の朝鮮と台湾は「外地」といわれていた）であった時代からの歴史がある。

　中でも有名なのは、土木技師・八田與一が指揮して1920年に着工した烏山頭ダムであろう。同ダムの完成によって、台湾の西側大地に農業用水が行きわたることとなり、台湾の農業生産力が飛躍的発展をみた。全くの私事ながら、筆者の祖父・小倉孝三は八田與一の大学の後輩であったが、卒業直後、日本総督府管轄下の台湾を最初の赴任地とし、台北において農業土木に従事していた。祖母と新婚生活を送った官舎は現在の松山空港の近くにあったようである。

　2021年、台北において上述した烏山頭ダム着工100年記念式典が挙行され、蔡英文総統を始めとする台湾行政府トップ3が出席した[2]。

---

1) 小林秀之編・安達明久ほか『交渉の作法——法交渉学入門』（弘文堂、2012）pp.334-374

　X社は、第2次世界大戦前から台湾において土木・建築事業を行った実績のある建設会社であるが、現地法人設立を経て1980年代には台北営業所を開設し、国際級ホテルや高級マンションの民間建築工事のみならず、公共インフラストラクチャー工事についても、ダム、橋梁、トンネル、港湾施設、鉄道等の建設を行い、実績を積み上げていた会社であった。

　以前、このX社と台湾のY社との紛争について知見を得たので、ここで交渉・調停論のケース・スタディーの題材として取り上げる。なお、事実関係および現地法の把握は不十分な部分もあろうかと思われるが、了承を願いたい。あくまで、今後の国際調停論および国際交渉論を深める研究がこれらのケース引用の目的である。

②　紛争および調停・訴訟手続

　X社は、台湾の公共発注者（以下「発注者」）からインフラストラクチャー工事を受注し、工期約4年半（2004年3月〜2008年10月）をかけてこれを完成させた。

　この工事施工に際して、X社は、Y社と土木工事下請負契約（以下「本件契約」）を締結した（工期約3年：2005年3月〜2008年4月）。

　Y社は、工期延長に伴う追加工事費等をX社に請求したが、認められなかったため、元請負者X社を飛び越えて、直接、発注者に公共工事紛争の調停を求めた。しかし、この調停は不調に終わった。

　2009年1月、Y社は、台北の地方裁判所においてX社に対し追加工事代金等、数億円相当の支払を求めて提訴した。

　同年7月、X社は、工事品質不良、工事遅延等、Y社の工事契約違反を理由に、Y社に対してほぼ同額の支払を求めて反訴した。

　証人尋問を含む審理を経て、2013年4月、台北の地方裁判所は、X社勝訴の判決を下した。

　X社は、この勝訴判決を検討した結果、勝訴のポイントは、Y社の工事遅延が事実認定され、X社の遅延損害金請求権が認められたことにある、と結論づけた。しかし、実は、発注者とX社との間では一定の工期延長が認められていたので、X社は、控訴審では逆転敗訴するリスクがあることが担当弁護士から指摘されて

2）産経新聞電子版（2021年5月8日）、https://www.sankei.com/world/news/210508/wor21050 80021-nl.html, last visited as of 8 September 2021

いた。また、台北地方裁判所は必ずしもX社の主張を全て認めたわけではなく、第1審判決では「工事期間中に激烈な物価変動が生じた」というY社の主張を採用して、Y社の物価変動に基づく工事代金増額請求権が認められていた。

また、第1審で判決まで4年3カ月の日数および相当額の弁護士費用が費やされたところであったが、第2審では、X社、Y社には、さらに少なくとも各々約1500万円の弁護士費用がかかると試算された。

なお、台湾は3審制であり、控訴審にて両当時者の紛争が最終解決される保証は全くない。

そこで、X社、Y社は双方の弁護士とも相談のうえ、和解のテーブルにつくこととなった。

③　和解交渉

2013年3月までのところでは、X社は本件契約担当者が中心となり、台湾におけるスタッフの全面的な支援を受けて、交渉および訴訟に携わってきた。しかし、新たに日本から法務担当者も出張して、台北において交渉が行われることとなった。

交渉は、台北市のホテルの会議室で行われた。X社側は、法務担当者H氏、契約担当K氏の他、X社の弁護士2名、そして、日本語／中国語（台湾のローカル言語は別にあるようであるので、台湾の標準Mandarinのことを、ここでは以下「中国語」とする。）通訳のA氏およびB氏、計6名であった。

Y社側は、Y社社長F氏と顧問弁護士G氏の2名であった。

交渉当日の冒頭、まず、初対面のH氏の挨拶があった。

「初めまして。X社から参りましたHでございます。この度は、お集まりいただき、誠にありがとうございます」ここまでの日本語をA氏は直ちに中国語に訳して、眼の前にいるF氏とG氏に伝えた。

次に、Y社のF氏とG氏の中国語による自己紹介があった。B氏は直ちにF、G両氏の発言を日本語に訳した。すなわち、H氏には、自分の発言に際しての通訳者A氏と、Y社側の発言の通訳者B氏が二重につけられ、通訳者の役割分担がなされていた。

F社長は、エネルギッシュで、いかにも建設工事で鍛え上げられた社長らしく雄弁な人物であった。画面越しでなく、同じ部屋において対面で話を聴くと、中国語をほとんど解さないH氏にも、その生の迫力が伝わってきたことであろう。

G弁護士はH氏よりもシニアで温厚な感じの紳士であった。Y社の顧問弁護士

というよりは、F氏の個人的友人のような印象をX社側に与えていた。

X社側・Y社側、互いの自己紹介が終わった後、H氏がオープニング・ステートメントを行った。

「この工事では、Y社さんは本当に苦労されたと認識しております。貴社の工期は当初予定より伸びて3年になりました」この中国語訳をF氏とG氏は黙って聞いていた。

「私が残念に思っているのは、3年間工事で苦労した後に、裁判所での訴訟が4年も続いたことでございます」この中国語訳を聞いた時、G弁護士は上体を大きく動かした。

そして、その表情は実に残念だ、という感情が表れていたようであった。

その後、X社はメイン・スピーカーをK氏に代え、Y社社長のF氏との話し合いになった。お互い自社のポジションに立った主張が繰り返され、時に、相手方の非を指摘する場面もあったようである。

上記のような交渉を断続的に行っている間に、控訴期限が迫ったので、2013年5月末、Y社は高等裁判所に控訴を行った。続けてX社も控訴した。

しかしながら、同年6月に入って間もなく、控訴費用を高等裁判所に納付する期限の直前に、両社は和解することができたのであった。

Y社社長のF氏は、X社との交渉中に激高して「訴訟継続だ！」と叫んだ場面もあったようだが、G弁護士が、その度に部屋から連れ出して、別室で話して落ち着かせたようであった。

一方、X社のK氏も交渉中、感情的になった場面があったようだが、社内の各氏とコミュニケーションを取る中で、クールダウンしたようであった。

④　小括

ケース9は、両当事者の紛争勃発以来、交渉 ⇒ 調停 ⇒ 訴訟 ⇒ 交渉というプロセスを経て和解合意に至った。

決して簡単な交渉ではなかったと思われるが、結果は成功であったこのケース9から、我々は、多くの教訓を学ぶことができる。

まず、第1に挙げられるのは、当事者の役割分担である。

X社において、本件の経緯を最も良くわかっているのは現地に長く駐在していたK氏であった。しかし、X社は、ターニング・ポイントになった和解交渉には、あえて日本からH氏を送り出してメイン・スピーカーとした。

X社の弁護士2名の役割も重要であった。彼等は台湾トップ・クラスの米国系

有名国際法律事務所の男女中堅弁護士であったが、交渉会議においては同席したのみで、一言も発言をしなかった。

　彼らが発言すると、どうしても法的立場（ポジション）や契約の解釈論に踏み込むことなり、法廷闘争の蒸し返しになる。優秀であるが故に、Ｘ社の法的ポジションに則りＹ社を徹底攻撃することになってしまう危険性が高い。この交渉会議において、Ｘ社の弁護士２名が同席しながら、なおかつ発言しなかったのは値千金であった。まさに「沈黙は金なり」という格言が当てはまった場面である。

　対するＹ社のＧ弁護士の役割はどうであったかというと、彼もＹ社の法的ポジションの話を一切しなかった。ひたすら、Ｘ社とＦ社長の話を聴いて時々うなずいていた。考えてみれば、Ｘ社とＹ社は、裁判所で４年間、法的争いをしてきたのであった。Ｆ社長が交渉中に感情的になると、Ｇ弁護士は休憩を提案し、別室でＦ社長と話していた。

　対するＸ社の法務担当Ｈ氏の役割は、Ｙ社のＧ弁護士のカウンター・パートであった。Ｈ氏は、Ｇ弁護士と同様、法的ポジションの話を一切しなかった。Ｙ社のＦ社長の話だけでなく、Ｘ社の同僚であるＫ氏の話もよく聴いた。しかし、Ｆ社長やＫ氏の責任を追及したり、過去の細かい事実関係についての質問をしたりはしなかった。Ｈ氏の発言は少なかったが、Ｘ社とＹ社の双方に対して中立的な発言をしていた。

　通訳の２人の役割分担も見事であった。

　Ｂ氏は、中国語 ⇒ 日本語の専門通訳であった。Ｙ社のＦ社長およびＧ弁護士の話を正確な日本語に訳していた。

　Ａ氏は、日本語 ⇒ 中国語の専門通訳であった。Ｘ社のＨ氏およびＫ氏の話を直ちに中国語に訳していた。

　最近、全く別の案件で、通訳の負担が大きく、疲労困憊して会議が進まなくなった、という事案を耳にしたことがあるが、本件の事前準備は見事であり、Ａ氏およびＢ氏は十分に通訳の職責を果たした。中国語／日本語の言葉の壁が極小化された交渉会議であったといえよう。

　上記に加えて、Ｘ社が、優秀な通訳２名を交渉会議に配置した交渉場所の準備も適切であった。まず、日本と台湾との関係を考え、Ｘ社の歴史を考えれば、インフラストラクチャーの整備された台北市は妥当な場所であった。交渉場所となったホテルよりも、もっと豪華絢爛で新しいホテルは、当時の台北に多くあったと思われるのであるが、やや老朽化した当該ホテル（Ｘ社の当時の定宿）は、スペースが広く、会議室の数が多かった。

　したがって、X社とY社との交渉会議は、第三者の眼に触れることなく、貸し切りの会議センターで、ゆったりした3部屋を使うことができた。この3部屋とは、メインの交渉会議室、Y社控室、およびX社控室であった。

　第2に挙げられるのは、地方裁判所の判決の分析・評価である。

　そもそも、本件については、X社は4年かかった第1審で勝訴をしている。

　しかしながら、その判決内容を分析してみると薄氷の勝利であった。

　専門家からみれば、工事工程の分析が曖昧なまま、裁判所はX社の反訴を評価していた。本来、工事遅延の科学的・客観的分析は、1960年代に米国連邦政府工事にて採用されたCritical Path Method（CPM）分析をしなければ、X社、Y社の責任分担は解明できないはず、とうのが国際建設契約の常識であったが、第1審の証拠調べはそこまで行っていなかった。もっとも、CPM分析といっても人間が行う限りは、原告と被告の行った分析結果が180度異なることは、米国をはじめとして、世界の他の法域においてもたびたび経験するところである。

　2013年当時、台湾の裁判所でなくカリフォルニア州裁判所やシンガポールの裁判所のように建設紛争を多く取り扱っている裁判所であれば、もう少し効率的に（すなわち短時間に）より深い審理がなされたのではないかと思われる。日本の裁判所であったならば、どのような状況になっていたのか、興味があるところである。

　いずれにしても、本件においては、第2審の高等裁判所において、第1審の証拠調べの見直しが行われた場合、X社は弱点をつかれて逆転敗訴するリスクがあった。

　第3に挙げられるのは、X社およびY社の経済的・社会的な状況である。

　X社は、本件訴訟終結までの予算措置をしていた。その枠内での早期解決を望んでいた。

　一方、Y社は、早期に本件契約に係る工事代金を回収したかった。また、台湾の公共工事業者として、台湾における発注者や業界からの評判が悪化することは回避したかったと思われる。

　第4に挙げられるのは、「調停」のタイミングである。本件は、**第Ⅲ章1(1)**で紹介した「**ケース0**」と同様、訴訟の前に調停が行われ、調停は不調となった。台湾の公共工事における建設調停は、特に発注者と元請負者間で、一定機能していると理解されていたので、この調停不調は当事者にとって残念であったと思われる。

　なお、当時は、現在ほどには、国際調停についての理解が進んでいない時代で

あったので、行政調停の他に新たに民間調停を行うという革新的なアイディアは、関係者から出てこなかったのであろう。

　また、台湾においては少額（50万新台湾ドル〔約1万6700米ドル〕まで）の特定分野に係る紛争については、訴訟開始前に調停を行わねばならない、とされている[3]。

　第5は、第1と関係するコミュニケーションについてである。これには、X社－Y社間のコミュニケーションと、各々の当事者チーム内のコミュニケーションという2つの側面がある。

　上述したように、X社－Y社間のコミュニケーションはスムーズであった。何とか交渉をまとめたいという信頼関係が両社の交渉チーム間で成立していたと推察される。

　また、X社－Y社、各々の内部においてもコミュニケーションはよくできていた。

　特に、X社のK氏は、ホテルでの交渉会議の後、台北に留まって日本との電話連絡を密にしながら、交渉の詰めを最後まで行った。一方、H氏は、日本に戻り、X社社内の関係各部署へ本件交渉の経緯および結果を報告・説明して、各々の了承を得た。

　このケース9は、訴訟になっていた当事者間の紛争が、当事者間の交渉によって解決された好例であったといえよう。

---

3) Phillip Greenham and the Society of Construction Law Australia *"The International Compendium of Construction Contracts – A Country by Chapter Review"* Walter de Gruyter GmbH, Berlin/Boston（2021）p.1210

② 今後の国際交渉論のダイナミズム

　本書では、国際交渉および国際調停の進捗という時系列軸に沿った縦の切り口と、近時、進境著しい世界の調停という横の広がりとの2つの視点から、国際交渉および国際調停の歴史および現状に光をあてることを試みた。

　代表的なケースを深掘りしていく途上で、いくつかのことに気付かされた。

　その第1は、国際調停を深く研究・学習することによって、第三者のプロフェッショナルに依頼することができない場合であっても、当事者だけで良い交渉ができるのではないか、ということである。もちろん、そのためには、**第Ⅱ章**で述べたような国際交渉についての基礎的理解が前提となる。

　第Ⅱ章②では、日本プロ野球のストライキ事件が、調停という手段を使わずに交渉によって妥結したケースを検討した。

　また、**第Ⅳ章①**(2)「アメリカ合衆国」では、MLBのストライキ事件においては、前労働長官および大統領による調停が失敗に終わり、結局は当事者同士の交渉によって終結を迎えたことを紹介した。

　日本プロ野球のストライキは2日間で終わったが、MLBのストライキは234日続いた。

　交渉論・調停論から、この2つの紛争解決の違いをどう捉えるべきであろうか。いくつかの視点から比較を試みる。

①　野球ビジネス

　米国では、他のプロ・スポーツ同様、1990年代に、野球もビッグ・ビジネスとして既に確立していた。この点、ビジネス・モデルの変革が問われた日本の野球界とは事情が異なる。

　また、人気の高い球団と人気のない球団の財政状況に乖離があったことは日米両球界に共通であったが、選手の年俸レベルおよび球団の財政規模には日米で大きな差があった。

②　ストライキ回避のマインド

　MLBは、1972年以来、1985年に至るまで、4回のストライキを行っていた[1]。9年ぶり5回目となるストライキに選手も球団側も拒否反応はなかったようで

ある。

　これに対して、日本では野球界のストライキは前代未聞であった。球団側は収入減を憂い、選手会は、野球ファンが離れていくことを懸念していた。日本球界の両当事者に、ストライキを最小化するモメンタムが共通していたことが、米国との大きな違いである。

③　法制度利用のマインド

　日本の選手会は、選手会が「労働組合」であることすら否定する球団側に対し、対等な交渉者としての地位を確立するために法的手段を用いた。

　これに対して、米国では、前労働長官および大統領による調停が失敗に終わり、最終的には連邦地方裁判所のソニア・ソトマイヤー判事が両当事者に誠意ある交渉を行わせることで和解に至った[2]。

　日本では法的手段は最後の手段として必要最低限の利用にとどまったのに対し、米国では、政治家の調停すら失敗した場合に大きな役割を果たしたのは裁判所であった。

　そもそも、日米の法制度に対するマインドは大きく異なっていたとみることができよう。

④　調停論の視点から

　MLBのストライキでは、前労働長官およびクリントン大統領による調停が失敗した。

　そもそも、この2名は、専門的な調停人教育を受けたプロフェッショナルではなかった。米国の政府高官であったというだけで、両当事者から調停人としての信頼を得ていたわけではなく、たまたま、政治的に「調停人」として押しかけただけであったといえる。その意味で、調停大国である米国において、当事者によって選任された調停人のスキルによってもたらされた数々の成功例とは全く異なるケースであったといえよう。

　一方、日本球界のストライキについては、一度も調停人を選任しようという動きはなかった。当事者同士の交渉によって、和解にこぎつけたのは、前節のケー

1）https://ja.wikipedia.org/wiki/1994年から1995年のMLBストライキ、last visited as of 1 December 2021

2）ロジャー・I・エイブラム原著・大坪正則監訳・中尾ゆかり訳『実録メジャーリーグの法律とビジネス』（大修館書店、2006）p.168

ス9と同様である。その実績と意義は大きい。

　第2の気づきは、「国際的な紛争」というのは、純粋に商事的な紛争にとどまる場合もあろうが、国と国の国益衝突と交錯する場面があるということである。大規模な民間事業の紛争において、民間企業が国に支援を求めるのはよくあることである。**第Ⅳ章5**で取り上げたパナマ運河拡張工事の投資仲裁がその例となる。また、**第Ⅳ章6**で紹介した東ティモール対オーストラリアの紛争は、実は、コンセッションを得たいLNG開発会社同士の争いを両国が代弁した構図のように思われる。東ティモールが独立したのは2002年であるが、歴史を遡ってみれば、1975年にインドネシアが同国の地域を武力で制圧して併合する以前、同地域はポルトガルの植民地であった。そして、ポルトガルおよびオーストラリアは、1950年代に東ティモールとオーストラリアの間の大陸棚に資源があるらしいと予想していた模様である[3]。

　以上に鑑みれば、国対国の紛争解決についての研究は、それらの国々の歴史に光を当てる必要がある。すなわち、歴史学の知見も必要と考えられる。

　歴史学の大家が交渉を分析した好例が、私が現在勤務している同志社大学にあった。

　同志社大学においては、新島襄に始まる教育体制の整備について、常に歴史的な検討が加えられており、法学部の教員もそのような検討の成果に接する機会があるのである。

　以下、時代は19世紀末まで120年強遡ることになるが、国際交渉論で取り上げるべきと思われる事例につき検討を行う。

ⅰ）同志社紛争

　明治初期（1870年代）にアメリカから日本にやってきたプロテスタントの宣教師達は、1875年の同志社設立後、1880年代は概ね好意的に日本人に受け容れられていた。

　ところが、1890年に新島襄が病没すると、西洋思想に対する反動の時代背景の下、同志社の運営を巡って、アメリカ人宣教師達と日本人との間で、学校の管理を巡って紛争（同志社紛争）が生じた[4]。

　同志社は、設立以来、米国ボストン市を本拠とする福音派プロテスタントのア

---

3) PCA Case No.2016-10 *"Report and Recommendations of the Compulsory Conciliation Commission between Timor-Leste and Australia of the Timor Sea"*（9 May 2018）p.6
4) ポール・F・ボラー著、北垣宗治訳『アメリカンボードと同志社—— 1975-1900』（新教出版社、2007）p.6

メリカンボードから財政支援を得ていた、しかし、同志社の管理を行う社員会は日本人のみから成っていた。

　当時の日本は、1889年の大日本帝国憲法発布に続く教育勅語制定（1990年）によって、明治天皇を頂点とする帝国の基礎を固めつつあった。高等教育について、国は官立学校を優遇し、帝国大学の学生には徴兵猶予を与えた。しかしながら、私立学校については、徴兵猶予がないため、同志社は退学者が相次ぎ、学校運営は一時期困難となった。

　現代の理事会に相当する当時の同志社社員会は、全員クリスチャンでありながら、学生の徴兵猶予を確保するために、キリスト教の色を薄めて教育勅語を掲げる文部省と妥協する方向に舵を切った。

　1893年、同志社社長が、当時の日本を代表するクリスチャンの牧師である小崎弘道であった時期に、同志社社員会は、以降のアメリカンボードから財政支援を謝絶した。

　この1年後、大日本帝国は日清戦争（1894年〜1895年）で勝利を収め、西欧列強に追いつく橋頭堡を確保する。

　1895年、同志社には以下の問題があった。

① 　厳格な伝統的福音派プロテスタントと新しいリベラルなキリスト教との宗教観の対立

② 　アメリカンボードが宣教師達のために建てた宣教師館の帰属

③ 　同志社病院の管理権の帰属

　以上につき、アメリカ人宣教師達と同志社社員会は対立し、1896年、アメリカ人宣教師達は、全員、同志社の教員を辞任したため、ネイティブの英語教員がゼロとなる事態となった。

　この状況は2年間打開できず、1898年、アメリカンボードは同志社社員会に対して、同志社がアメリカのクリスチャンから得たそれまでの全ての寄付金を返納するようレターで勧告した。しかし、同志社社員会はこの勧告を拒絶した。

　アメリカンボードは、元米国総領事マッキーヴァー等、3名の米国弁護士が中心となって法的検討を行った結果、当時の日本では、英米法下で認められている「信託」の概念が曖昧であり、日本の法廷では勝てないかもしれないが、寄付金の返納を求めるには訴訟を提起するしかないとの結論に至った[5]。

　1898年9月、マッキーヴァーは内閣総理大臣大隈重信と会談し、訴訟提起の

5）ボラー・前掲注4）p.190

方針を伝えた。悲願の不平等条約改正が念頭にあったと思われる大隈はアメリカンボードの主張に同意し、同年10月、同志社社員会に財産の分離案を提案したが、同志社社員会はこれを受け容れなかった[6]。

そこで、アメリカンボードは、東京で当時有名であった弁護士・増島六一郎と訴訟準備の打ち合わせを開始した[7]。当時日本に進出していた外国商社各社も、アメリカンボードの訴訟提起を望んでいた。アメリカ側が敗訴することによって新しい条約の施行が遅れることを望んでいたからである。しかしながら、日本の主要な銀行家、実業家、政治家は、大隈重信と共に、本件が法廷に持ち出されてはならないことで一致していた。彼らは日本の商業上の利益と外国での評判が傷つけられると信じていたからである[8]。

しかしながら、1898年11月8日に、成立以来94日続いた大隈内閣は瓦解[9]し、伊藤博文が内閣総理大臣となった。このような状況の下、マッキーヴァーは、増島弁護士と共に、アメリカ公使バックの支援を得て、文部省を通じて、同志社に圧力をかけた[10]。また、増島弁護士は、同志社社員が辞任するよう工作を行った[11]。

1898年12月26日、同志社社員会が全員辞任したため、アメリカンボードは訴訟を提起することを取り止めた[12]。

上記の同志社紛争を経て、1899年から1900年にかけ、同志社の再建が行われた[13]。

以上、同志社の学校運営が危殆に瀕した1898年を概観した。

この同志社の歴史は、現代の国際交渉・調停論にとって、重要な示唆に富んでいると思われる。

その理由の第1は、日米紛争の明確な構図である。時代は遥かに下った1970年代以降、日米間においては、先端産業における大企業同士の大きな紛争が存在した。例えば、1982年、日立および三菱電機の社員がIBMから機密情報を盗み

6）ボラー・前掲注4）pp.194-195
7）ボラー・前掲注4）pp.195-196
8）ボラー・前掲注4）p.197
9）御厨貴監修・大隈重信＝渡辺幾治郎『歴代総理大臣伝記叢書第5巻　大隈重信』（ゆまに書房、2005）p.224
10）ボラー・前掲注4）p.198
11）ボラー・前掲注4）p.198
12）ボラー・前掲注4）p.199
13）ボラー・前掲注4）p.200

出したとして米連邦捜査局（FBI）のおとり捜査で逮捕された IBM 産業スパイ事件である [14)]。

　時代は異なるが、同志社紛争は、まさに日米両国政府をも巻き込んだ日米間の紛争であった。しかしながら、同志社紛争における主要論点は、ビジネスではなく、同志社教育の基本となるべきキリスト教に対する考え方であったことは、1970 年代以降の日米ビジネス紛争とは異なっていた。

　同志社紛争を通じて、アメリカから来た厳格な福音主義的プロテスタントの宣教師達は、リベラル・アーツ教育的な要素を持った新キリスト教主義に基づく学校運営に暗黙の理解を示すように変わっていったと分析されている [15)]。当時、米国のエール大学等でもリベラル・アーツ重視の流れになっていたのである。

　第 2 に、同志社紛争の解決は、単に一私学校の運営問題から、不平等条約改正という当時の日本が欧米と同じ土俵に立たんとする国益が関係していた。明治政府にとって欧米との不平等条約の改正は悲願であり、大隈政権はこの改正を政権の優先課題とみていた。

　第 3 に、紛争の背景として、日本の法制度整備の課題が関わっていた。当時の日本では、初めて民法典が制定され（1896 年）、2 年後の 1898 年に施行された。この日本民法によって、日本における外国人の不動産所有や法人への参加の法的根拠が提供されることとなった。

　第 4 にアメリカ側による実戦的な交渉が展開されたことである。アメリカンボードは、不平等条約改正に絡めて、米国の国務省、大日本帝国首相、同国文部省（エール大学に留学した同省官僚がいたとのことである）に関係する人脈を十分に利用し、増島弁護士を起用して、戦略的交渉を行った。なお、西欧列強の中で、日本との不平等条約改正に最初に踏み切って調印を行ったのは、米国であった。

　第 4 に調停の試みがなされたことである。大隈重信は、交渉の当事者に同志社の財産分離案を提示した。これは、自ら、調停人となり、Evaluative な調停案を提示することによって、同志社紛争を終結させようとした斬新な試みを行ったと理解することができる。

14）石井茂「［電子産業史］1982 年：IBM 産業スパイ事件——互換機ビジネスをめぐる日米の駆け引き」日経クロステック（2008 年 8 月 14 日）、https://xtech.nikkei.com/dm/article/COLUMN/20080807/156203/,last visited as of 11 October 2021

15）ボラー・前掲注 4）p.2

16）本井康博「『商法上の大王』渋沢栄一と同志社——新島襄との交遊」同志社時報 152 号（2021 年 10 月）p.37

　なお、大隈重信は、自らと同様、同志社への出資者である渋沢栄一にも同志社紛争の相談をしていたことが記録に残っているとのことである[16]。

　同志社は、以上の 1898 年の紛争終結後、1900 年にキリスト教を正面から表明した寄付行為証の承認を受けたため、同志社の学生は、公立学校と同等に徴兵されることなく高等学校に入学し、卒業後は、日本の公務員として就職できるようになった[17]。

ii）　国と国との紛争

　さて、国際交渉を論ずる場合、その対象を商事紛争だけに留めるのは、狭きに失すると思われる。第Ⅳ章6で詳述した東ティモールが 2002 年に独立するまでには、武力衝突の鎮静化のために、国連難民高等弁務官事務所（UNHCR）が関与していた[18]。1999 年〜2002 年は、国連東ティモール暫定行政機構（UNTAET）により、対峙した勢力（インドネシア国軍と独立軍）をクールダウンさせる期間となった[19]。

　我が国は、1999 年に、国連東ティモール・ミッション（UNAMET）の政務・文民警察等の活動を支えるために、国連信託基金に 1100 万米ドルを拠出、要員 3 名を派遣し、ラジオ 2000 台を供与した。また、オーストラリアを中心とする多国籍軍に対して、国連信託基金に 1 億米ドルを拠出した[20]。以降も、①人材育成・制度づくり、②農業・農村開発、③インフラ整備、を重点分野として、日本政府／JICA は復興開発支援を行った[21]。

　以上に加え、日本政府は、2002 年に難民が流入して財政を圧迫したインドネシアに対し、総額 538 万 6000 米ドルの緊急援助（無償資金協力）を行うことを決定した。

　武力紛争を鎮静させる第三者としての国連関係機関や第三国の役割は大である。

　ひとつ間違えば、武力紛争の再燃という事態になることは、世界の各地において経験されていることである。そのような紛争の代表的なものは、"Getting to Yes" にも取り上げられた中東におけるアラブとイスラエルの争いである。シナ

17）ボラー・前掲注 4) p.224

18）島田久仁彦『交渉プロフェッショナル』（NHK 出版新書、2013）p.23

19）浅田正彦編著『国際法〔第 4 版〕』（東信堂、2019）p.486

20）国際協力事業団アジア第一部「JICA の対東ティモール復興・開発支援総括報告書」（2002）p.51、https://www.jica.go.jp/easttimor/office/activities/ku57pq0000/uyovv-att/report200206.pdf, last visited as of 16 October 2021

21）前掲注 20) p.60

イ半島を巡るこの紛争は、エジプトのシナイ半島領有権を認めるかわりに、イスラエル軍のみならずエジプト軍も同半島から撤退することで決着をみた。交渉によって、当事者がこのような解決の知恵を出すことがベストである。

　東ティモールの独立にかかる紛争の場合は、国連機関や、日本、ポルトガル[22]、オーストラリア等の第三国の支援のもとで、独立派とインドネシア派とが折り合いをつけた。

　以上のような状況において、国と国、あるいは、独立派と反対派の間に入って交渉や調停を行うプロフェッショナルが存在する[23]。修羅場を潜り抜けてきた彼らの知見は、ビジネスにおける交渉・調停論にとっても役に立つであろう。

22）前掲注 20）p.42、ポルトガルは東ティモールの旧宗主国として積極的に支援を行った。

23）島田・前掲注 18）

第 VI 章

まとめ

1　Lessons Learned

　本書では、まず、**第Ⅰ章のイントロダクション**において、国際紛争の解決手段である訴訟、仲裁、調停、および交渉を対比しながら概観した。**第Ⅱ章**においては国際交渉、**第Ⅲ章**において国際調停の手続きを時系列に沿って検討した。**第Ⅳ章**においては、世界における調停の現状にできる限り光を当て、国際調停の最前線について詳しく論じた。国際調停論の**第Ⅲ章**および**第Ⅳ章**を受けて、**第Ⅴ章**において、国際調停から国際交渉へのフィードバックを考察した。

　世界中の様々なケースから、国際交渉と国際調停を貫く赤い糸を探し、国際紛争のより良い解決方法を探ることを試みたつもりである。

　昨今、AIの進化により、リーガル・ワークのかなりの部分は人の手を離れ、徐々にではあるが、AIが処理するようになってきている。しかしながら、紛争の解決は、感情という極めて人間的な要素も加味されていることもあり、果たして全て機械による処理ができるものなのか、疑問がある。

　まず、そもそも、どのような紛争なのか、その内容を把握することが解決への第一歩となる。実は、紛争当事者も当該紛争の内容を把握できていないままに争いになっていることも多い。真実は1つのはずなのであるが、同じ時間を過ごしてきた両当事者の頭の中にインプットされた諸事実は全く異なることは、**第Ⅲ章**[1]で紹介したカリフォルニア州における建設紛争ケース1でもみてとれた。

　このような両当事者の事実認識の違いについて、"Getting to Yes" は「紛争は当事者の頭の中にある」と指摘している[1]。

　確かに、AIのような機械には膨大な情報をインプットすることが可能である。しかしながら、紛争およびその解決に関わる情報を分析する手法は、法学のみならず、経済学、社会学、歴史学、心理学等、学際的な研究に支えられている。それらの学術的成果を、特定の紛争解決にどう生かしていくのかという命題は、学習機能があるとしてもAIが解決できるものなのであろうか。

　第Ⅴ章のケース9（台湾における訴訟終結）においては、あらためてコミュニケーションの重要性が認識された。企業対企業のビジネス紛争も、国と国との紛争も、最終的にはキーパーソン同士の関係如何によって結果が左右されることが

---

1) Roger Fisher et. al *"Getting to Yes"* Third Edition, Penguin Books（2011）p.24

多い。コミュニケーションの主たるツールは言語であるが、人と人とを結びつけるにはボディ・ランゲージ（Body Language）や何気ない仕草も重要である。

　コミュニケーション論においては、良いこと・悪いことを含め、あらゆるフィードバックを大事にすべきと説かれている[2]。これらの情報が、コミュニケーションを更なる段階へと押し上げてくれるからであろう。

　以上のように見てくると、国際調停から得られた様々な知見は、コミュニケーション論を含めた学際的な研究と相まって、今後の国際交渉論に役立つことになると思われるのである。

2）ダグラス・ストーン＝シーラ・ヒーン・花塚恵訳『ハーバードあなたを成長させるフィードバックの授業』（東洋経済新報社、2016）p.3

②　国際交渉および国際調停と企業法務

(1)　序

　国際交渉および国際調停の主役は、あくまでも当事者である。そして当事者が企業である場合、企業法務パーソンの役割は大きい。

　そこで、**第Ⅰ章**から**第Ⅴ章**での検討を踏まえ、以下、あらためて企業法務の役割について論じることとする。

　その前に、国際交渉および国際調停にまたがる重要な事例について検討し、本書中の最後のケース・スタディーとしたい。

(2)　DRAM 国際カルテル事件（ケース 10）

　本件は、DRAM（Dynamic Random Access Memory）に関するメーカー各社による国際カルテル事件[1] に端を発している。

　この DRAM とは、キャパシタ（コンデンサ）に電荷を蓄えることにより情報を記憶し、電源供給がなくなると記憶情報も失われる揮発性メモリ媒体（記憶保持動作が必要な随時書き込み読み出しできる半導体記憶回路）であり、コンピュータの主記憶装置、デジタルテレビ、デジタルカメラ等の情報機器の記憶装置に用いられている。

①　DRAM 国際カルテル事件についての事実関係[2]

　2006 年 3 月、日本の DRAM 製造業者であるエルピーダメモリ（エルピーダ）は、米国司法省との間で、8400 万米ドルの罰金を支払う司法取引に合意した。エルピーダは、他の独占禁止法違反行為者との間で、

　①供給する DRAM の価格を維持する行為を行っていたこと、および、

---

1) 東京高判平 23・6・22 判例時報 2116 号 p.64 取消（確定）。なお、判例時報 2116 号では、当事者を甲、乙、丙と仮名表記しているが、後掲注 2) の資料には実名が記載されているので、本書においては、以下、甲：エルピーダ、乙：日立、丙：NEC と表記する。

2) 「国際カルテル事件における各国競争当局の執行に関する事例調査報告書」経済産業省（2016 年 6 月）pp.29-30、https://www.meti.go.jp/policy/kyoso_seisaku/downloadfiles/karuteruuuu.pdf, last visited as of 18 October 2021

② Sun Microsystems が米国等で発注する DRAM の入札案件において受注調整を行っていたこと、

につき、シャーマン法 1 条に違反するものとされたからである。

一方、欧州委員会は、2010 年、日立製作所（日立）、東芝、三菱電機、日本電気（NEC）、エルピーダ、サムスン電子、ハイニクス、インフォニオン、ナンヤの 9 社が、DRAM 等の価格調整を行っていたとして、これらの 9 社に対し、総額 3 億 3127 万 3800 ユーロの制裁金を課した。

エルピーダが米国司法省に課された罰金、8400 万ドルの罰金等の損害については、エルピーダ、日立、NEC の 3 社で "Judgment Sharing Agreement Civil Dram Cases"（JSA）という損害分担合意がなされていた。

②　エルピーダ対日立／NEC の紛争経緯[3]

エルピーダは、日立および NEC に対して、両社がエルピーダ設立以前からカルテル行為を行っており、エルピーダ設立以後もエルピーダを実質的に支配することによって 118 億 6206 万 3965 円の損害を被ったとして、両社に対し、2009 年 7 月 24 日、東京簡易裁判所に民事調停を申し立てた。しかしながら、この民事調停は 2010 年 1 月 12 日、不成立に終わった。

2010 年 1 月 25 日、エルピーダは、東京地方裁判所において、日立および NEC に対して、損害賠償請求訴訟を提起した。

2010 年 10 月 1 日、エルピーダ、日立および NEC の間では、JSA9 条に定める民間調停手続が開始され、選任された調停人の下で民間調停手続が進行した。

2010 年 12 月 8 日、東京地方裁判所は「訴訟を提起する前に調停手続を経るべきである」という日立および NEC の主張を容れて、エルピーダの訴えを却下した。

エルピーダは控訴した。控訴審の東京高等裁判所は、ADR 法を参照しつつ、エルピーダが時効中断の措置を取ろうとして訴訟を提起したこと等に鑑みれば、訴え却下は不当であるとして、2011 年 6 月 22 日、原判決を取り消し、原審に差し戻す判決を下した。この判決は確定している。

③　エルピーダ対日立／NEC 紛争から得られるもの

このケース 10 においては、裁判所が主導する「民事調停 ⇒ 訴訟」という手

3）前掲注 1）pp.64-75

続と民間調停が併行して進められた。

　民間調停では、日本（人？）[4]の調停人が選任されたようであるが、その後の帰趨は公開されていない。その後、おそらく民間調停は不調となったのではないだろうか。そうだとすれば、**第Ⅲ章**の冒頭で紹介した 1990 年代のベトナムにおけるホテル建設紛争ケース・ゼロと同じ結果になったということになろう。

　ケース 10 は、日本企業同士の紛争であったために、ケース 0 と同様に、やはり最終的な紛争解決機関としての日本の裁判所への信頼は厚かったのであろう。2010 年当時、日本の裁判所への信頼は、日本（人？）[5]の調停人への信頼を上回っていたということになるのかもしれない。

　そもそも、エルピーダは、日立と NEC が出資した合弁事業会社であった。

　しかしながら、米国および欧州の当局により独占禁止法／競争法違反を追求されて、エルピーダは損害を被ってしまった。

　エルピーダとしては、カルテルという負のプラクティスの遺伝子を両親から受け継いで損害が生じてしまったので、その補償を両親に求めたいという趣旨の主張であったと理解される。

　両親としての日立と NEC としては、「子供には独り立ちしてもらいたい、国際社会の荒波にさらされたからといって、今さら、親に泣きついてこないで欲しい、親も生き抜くのに大変なのだから」ということであったかもしれない。

　以上のように考えれば、究極的には親子会社間におけるリスクおよびマネーの分担問題でありながら、その背後にあるのは、ビジネスというよりは家事紛争の構図のようにも思われる。

　2017 年、CEDR のトレーニング・プログラム後半で扱われたミディエーションのケース 7 件を**第Ⅳ章3**にてご紹介したが、これら 7 件は全て CEDR が関与した実際のケースからヒントを得て作成されたものと CEDR の講師から聞いた。それらの中には、家事とマネーが交錯する遺産相続のケースもあった。

　2020 年、京都国際調停センターが扱った国際調停案件では、離婚した男女の間の紛争において、家事に関する面と資産分配の面との両面があったようだが、バランス感覚に富んだ国際調停人によって、日曜日 1 日のミディエーション期日で解決し、和解に至ったと聞いている。

4）前掲注 1）に引用されている JSA9 条の英語原文は "Japanese Mediator" であるが、その翻訳は「日本人の調停人」ではなく「日本の調停人」とされている。

5）前掲注 4）

　以上からみるに、仮に、多くの実戦的なケースに基づいて国際調停のトレーニングを積んだ国際調停人によってケース 10 における調停が担当されていたならば、あるいは、裁判ではなく民間調停による和解への道が開けたかもしれないと考えられる。

　しかしながら、**第Ⅲ章**の冒頭でご紹介した 1990 年代のケース 0 についてコメントしたように「調停前置」というフォーメーションは、そもそも、和解への機運が盛り上がりにくい。紛争解決の最終的手段として、仲裁ではなく、日本国裁判所が規定されている場合はなおさらのことである。その意味で、ケース 10 は、調停では解決しにくい紛争であったと思われるのである。

　ところで、前掲東京高判平 23・6・22 の紹介コメント[6]では、重要な指摘がなされている。

　第 1 は、本件合意の効力については、裁判例が乏しかったという当時の日本法の実態である。これは、10 年程経った現在も同様ではないだろうか。

　第 2 は、アカデミクスに対するコメントである。「学説上も……最近は、あまり活発な議論がみられない」というコメントおよび「本件合意のような民間調停前置合意の効力について触れたものは、あまり見当たらないようである」という最後の一文が重要であると思われる。

　僭越ではあるが、本書に記した国際的なケースの分析が、アカデミクス、国際調停人、国際調停代理人、企業法務等の方々による議論の活発化の一助となり、国際調停が日本企業によってより多く利用されるようになることを望んでいる。

(3)　国際交渉における企業法務の役割

　国際交渉への企業法務の参画は、様々な形態があり得る。

　大型プロジェクトの交渉団の一員として参画する場合から、たった 1 名で外国出張して、全て自分で行うという場合まで、バリエーションは無限にある。

　自分 1 人が交渉者である場合は、基本的なことではあるが、健康管理がとても重要である。

　特に、日本との時差が大きいアメリカ大陸へ出張して交渉するのは体力（耐力？）が必要である。時差との闘いは、近時のオンライン交渉・調停・仲裁の場合でも同様である。個人企業やトップダウン型企業の代表者にとっては、これはあたりまえのことかもしれない。注意しなければならないのは、交渉だけでなく、

6)　前掲注 1) p.65

他の予定も入っていて、多忙な時であろう。気持ちが張っているので、疲労の蓄積について自覚症状がないことがあり、ついつい無理を重ねがちであるからである。

　ベルリンの壁が崩壊する 1989 年から遡ること 27 年前に、単身、東ベルリンに乗り込んだニューヨーク・ロイヤーの話が数年前に映画作品[7] になっていた。米国は、ソビエト社会主義共和国連邦上空で撃墜されて捕虜となった米空軍の虎の子パイロットおよび米国人留学生の計 2 名と、ニューヨーク市ブルックリンでスパイ活動をしていたベテランのソ連諜報部員との人質交換を試み、彼が自ら交渉に出向いたようである。

　しかし、真冬のベルリンで強盗に遭遇し、厚手のコートを剝がされて風邪をひいてしまう。単独行動は危険である。現代であれば、サイバー攻撃等、別のリスクにさらされるケースであったかもしれない。

　複数人によるチームでの交渉が望ましかったが、常にチーム組成が許される場合ばかりではあるまい。

　国際交渉をチームで行うことができる場合は、チームワークが大切であることは言うまでもないであろう。重要なのは、チームから企業法務パーソンに何が求められているかということである。そこで、次節においては、企業法務の役割について考えたい。

（4）　国際調停における企業法務の役割

　第Ⅲ章・第Ⅳ章において、様々な角度から国際調停の現状と到達点を論じてきた。しかしながら、当事者の事情ならびに調停人および代理人の守秘義務もあり、個々のケースの詳細が公表されることは少ない。そのような状況において、企業法務に求められることは何であろうか。

　まず、第 1 に、国際調停というものが、どのように機能するか、企業内でしっかりと説明できることが必要である。その前提として、**第Ⅰ章**のイントロダクションで述べたように、国際紛争解決手続の比較検討が重要である。また、国際調停の歴史という縦の軸、および、近時の世界への広がりという横の軸を理解しておくことが関係各部署への説得力を増すであろう。

　ビジネスのトップに理解されやすいのは、費用対効果である。

---

7) スティーブン・スピルバーグ監督、トム・ハンクス主演 "Bridge of Spies"（20 世紀フォックス、2015）

　訴訟や仲裁を最後まで遂行した時に、どれだけのコストがかかるか、そして、そのようなコストの大幅な削減によって、どのような結果に至るか、実例を提示してシミュレーションができればよいだろう。訴訟社会である米国の企業を相手にした訴訟や仲裁になっている場合には、かかるコストの大きさが比較的明確であり、企業トップにも理解されやすいと思われる。

　開発途上国における紛争については、過去のデータが少なく、費用対効果のシミュレーションには困難が伴う。そのような場合に、十分な情報収集をすることなく、当該国における一見もっともらしい意見に依拠して、現地での訴訟や仲裁の手続を開始することは「暗闇への跳躍」になりかねない。このような場合、現地弁護士および国際弁護士あるいは国際コンサルタントといった異なった角度からの分析が重要となる。

　法的問題については、疑問がある場合は、複数の弁護士意見を取得して比較検討するべきであろう。偏った弁護士意見に基づいて費用対効果を論ずるのは、蜘蛛の糸にぶら下がるが如き危険な行為である。

　第2に、直面している紛争についての深い理解が必要である。

　紛争によっては、台湾での**ケース9**のように、第三者の解決力と調停技術に委ねることなく、相対交渉で解決できるかもしれない。一方では、企業の将来のために、ある国において、あえて確定判決をもらうことが企業法務戦略として求められる場合もあるかもしれない。他方では、相手方が極めて悪質であり、ミディエーションに移行するための信頼関係が破綻してしまったような場合もある。

　従来、インドをはじめとする西南アジア諸国の当事者と日本企業の紛争は、総じて、日本企業が法廷で闘い続け、その国の最高裁判所判決書に名前を刻むまで、紛争が解決されない、という事案もみられた。

　しかしながら、最近西南アジア諸国を含む各国におけるミディエーションの興隆をみると、多くの分野において、実は、将来のことを考えてミディエーションで解決することが得策であるとの判断にたどりつける場合が、かつてより増えているように思われるのである。

　2021年12月11日、国際取引法フォーラムにおいて、加藤照雄・英国弁護士は、日本企業が当事者であった2つの国際調停の成功例を発表した。

　2つ目の調停は、CEDR香港事務所の国際調停人によって行われたが、実質的には、両当事者の代理人弁護士同士の信頼関係と働きが大きかった事例と理解された。

　近年、企業法務には、ロースクール修了者や弁護士資格を有する法務パーソンが増加している。かかる状況の下、企業法務が国際調停についての知見を深めていくことにより、より少ないコストで、ビジネス紛争を確実に解決に導いていくナビゲーター的な機能を果たしていくことが期待される。

　また、国際調停の知見を基にして、敢えて国際調停人を起用することなく、自ら国際交渉によって紛争を解決する機会も、企業法務パーソンには十分あるものと思われる。

事項索引

主要参考文献一覧

＜全般＞

・Roger Fisher and William Ury with Bruce Patton, Editor "Getting to Yes" Third Edition, Penguin Books (2011)

・R. フィッシャー＝W. ユーリー著、岩瀬大輔訳『ハーバード流交渉術——必ず「望む結果」を引き出せる！』（三笠書房、2011）

・小林秀之編・安達明久ほか『交渉の作法——法交渉学入門』（弘文堂、2012）

・中村達也『国際取引紛争 仲裁・調停・交渉』（三省堂、2012）

・八代京子監修、鈴木有香著『交渉とミディエーション』（三修社、2004）

＜交渉関係＞

・鈴木有香『人と組織を強くする交渉力——あらゆる紛争を Win-Win で解決するコンフリクト・マネジメント入門〔第3版〕』（自由国民社、2017）

・マーガレット・A・ニール＝トーマス・Z・リース著、渡邊真由訳『スタンフォード＆ノースウェスタン大学教授の交渉戦略教室——あなたが望む以上の成果が得られる！』（講談社、2017）

・G・リチャード・シェル著、成田博之訳『無理せずに勝てる交渉術——段階的なアプローチが分かりやすい』（パンローリング、2016）

・アラン・ランプルゥ＝オルレリアン・コルソン『交渉のメソッド——リーダーのコア・スキル』（白桃書房、2014）

・田村次朗＝隅田浩司『戦略的交渉入門』（日本経済新聞出版社、2014）

・島田久仁彦『交渉プロフェッショナル』（NHK 出版新書、2013）

・ウィリアム・ユーリー著、斎藤精一郎訳『【決定版】ハーバード流 "NO" と言わせない交渉術』（三笠書房、2010）

・太田勝造＝草野芳郎編著・奥村哲史ほか『ロースクール交渉学〔第2版〕』（白桃書房、2007）

・R．フィッシャー＝D．シャピロ著、印南一路訳『新ハーバード流交渉術』（講談社、2006）

・加藤新太郎編、柏木昇ほか『リーガル・ネゴシエーション』（弘文堂、2004）

・Akio Morita "Made in Japan —— Akio Morita and Sony" Harper Collins Publisher(1987)

・藤田忠『交渉力の時代』（PHP、1979）

＜調停関係＞

- Rachael Field and Jonathan Crowe *"Mediation Ethics From Theory to Practice"* Edward Elgar (2020)
- Christian Tomuschat and Marcelo Kohen *"Flexibility in International Dispute Settlement – Conciliation Revisited"* Brill/Nijhoff (2020)
- 草野芳郎『新和解技術論——和解は未来を創る』（信山社、2020）
- CEDR *"the CEDR MEDIATOR HANDBOOK SIXTH EDITION"* (2015)
- Ulrich Magnus *"Mediation in Australia: Development and Problems"* in Klaus J. Hopt and Felix Steffek *"Mediation"* Oxford University Press (2013)
- 入江秀晃『現代調停論——日米 ADR の理念の現実』（東京大学出版会、2013）
- ポール・F・ボラー著、北垣宗治訳『アメリカンボードと同志社—— 1875-1900』（新教出版社、2007）
- 早川吉尚＝山田文＝濱野亮編著『ADR の基本的視座』（不磨書房、2004）
- レビン小林久子『調停者ハンドブック』（信山社、1998）

＜国際法関係＞

- 浅田正彦編著『国際法〔第 4 版〕』（東信堂、2019）
- 柳原正治＝森川幸一＝兼原敦子編『プラクティス国際法講義〔第 3 版〕』（信山社、2017）

＜パナマ運河関係＞

- 国本伊代編著『パナマを知るための 70 章（第 2 版）』第 37 章〔小澤卓也〕（明石書店、2018）
- 山本厚子『パナマ運河百年の攻防—— 1904 年建設から返還まで』（藤原書店、2011）
- 小林志郎「パナマ運河拡張メガプロジェクト——世界貿易へのインパクトと第三閘門運河案の徹底検証」（文眞堂、2007）

●著者紹介

小倉　隆（おぐら・たかし）

同志社大学法学部法律学科教授
ニューヨーク州弁護士

【略歴】
1983 年　東京大学法学部卒業
1983 年　大成建設株式会社入社
1989 年　ジョージワシントン大学比較法修士
1993 〜 1997 年　インドネシア・ジャカルタ勤務
2005 〜 2008 年　米国カリフォルニア州勤務
2019 年　法学博士（神戸大学）
2019 年　同社退社、同志社大学法学部法律学科教授就任

国際交渉・調停論

2022年 2 月23日　初版第 1 刷発行

著　者　　小　倉　　　隆

発 行 者　　石　川　雅　規

発 行 所　　鱴 商 事 法 務

〒103-0025 東京都中央区日本橋茅場町3-9-10
TEL 03-5614-5643・FAX 03-3664-8844〔営業〕
TEL 03-5614-5649〔編集〕
https://www.shojihomu.co.jp/

落丁・乱丁本はお取り替えいたします。　印刷／そうめいコミュニケーションプリンティング
©2022 Takashi Ogura　　　　　　　　　　　　　　Printed in Japan
Shojihomu Co., Ltd.
ISBN978-4-7857-2934-9
＊定価はカバーに表示してあります。